2nd Edition

외환시장의 이해

백재승 저

명경사
MYUNGKYUNGSA

*책머리에

금융시장을 대별하면 화폐시장, 증권시장, 파생금융시장, 외환시장으로 나눌 수 있다. 그리고 주가, 금리, 환율을 3대 금융지표라고 한다. 인터넷의 누적 검색어에는 항상 환율이 상위를 차지하고 있다. 이렇게 거론한 내용들은 외환시장이 금융시장의 한 축으로서 경제주체의 경제적 행위에 큰 영향을 미치는 시장임을 보여주는 것이다.

그럼에도 불구하고 외환시장은 상대적으로 증권시장이나 다른 여타 금융시장에 비해 일반인들이나 학생들에게 어렵고 생소한 학습으로 다가오는 것 같다. '환율'하면 해외여행을 준비할 때나 선뜻 다가오는 용어이지 평소에 알아두어야 할 상식으로 인식되지 않은 이유 때문으로도 보인다. 그리고 무엇보다도 외환시장은 우리나라에 있어서 1997년 외환위기 이후 변동환율제도가 도입된 이후 본격적으로 학습의 대상이 되었기 때문에 학습역사가 일천하다는 것이 가장 큰 이유가 될 수 있다. 그 이전에는 우리나라가 오랫기간 동안 미국 달러화에 거의 고정된 환율을 유지하는 고정환율제도를 시행하였기 때문에 환율이 변하여 어떤 영향을 줄 것이라는데 익숙하지 않았던 터이다.

2008년 미국 금융시장으로부터 불어 닥친 글로벌 금융위기는 우리나라 금융시장에 큰 위협을 주고 세계 경제에도 큰 파동을 주었다. 세계적 금융위기는 외환시장의 환율폭등으로 인해 우리나라 경제를 더욱 어렵게 하였기 때문에 외환시장이 그만큼 위험요소가 크다는 걸 새삼 일깨운 대형 사건이기도 하다.

글로벌 금융위기를 극복한 이후 유가증권시장의 KOSPI가 다시 2,000pt를 넘어서는 등 우리나라 증권시장과 파생금융시장도 큰 폭의 상승세를 기록하였다. 2020년에는 COVID-19 사태로 세계 금융시장이 일시적 공황을 경험하였으나 단기간에 이를 극복하고 정상적인 수준으로 돌아와 금융시장의 체질이 이전보다 강화되었음을 증명하기도 하였다.

이들 시장의 호황은 증권회사가 대형 투자은행으로서의 기능을 수행할 수 있는 기반을 제공한 자본시장법의 시행과 함께 국내 금융시장의 질 변화를 가져왔다. 세계경제포럼(WEF) 보고서에서 우리나라의 경제규모와 걸맞게 실질 국가경쟁력이 세계 11위로 상승한 것도 이러한 금융시장의 성장세에 일부 힘입은 결과라고도 볼 수 있다.

증권시장은 국내적 영향력이 큰 반면, 외환시장은 국내 뿐만 아니라 국제적인 파급효과가 있기 때문에 외환시장과 외환시장의 가격지표인 환율을 파악하는 것이 선결요소가 되고 있다. 외환시장에 대한 관심에 힘입어 관련 연구나 보고서가 인터넷이나 지면을 통해 쏟아져 나오고 있지만, 실무적인 관점과 학문적인 요소를 함께 고찰함으로써 보다 근본적인 시각에서 외환시장에 관해 기술한 자료는 많지 않은 것 같다.

이 책은 저자가 그 동안 실무와 학계에서 습득한 이론을 바탕으로 저술되었다. 전반적으로 외환시장을 처음 접하는 초보자 및 중급자 모두에게 도움이 되도록 외환시장 전반의 이해를 위해 실무적인 관점과 학문적인 요소를 함께 고려하였다. 따라서, 외환시장에 대한 대학의 교양 및 전공 강의와 외환시장을 공부하려는 일반인들 모두에게 필요한 교재가 될 수 있다.

이 책이 글로벌 경제 하에서 가치 극대화를 추구하는 기업과 부의 극대화를 추구하는 개인 등 경제주체 모두에게 유익한 도움이 되기를 바란다.

2020년 8월

늦여름 정취가 물씬 풍기는 연구실에서

*차 례

PART 01
외환시장과 환율

CHAPTER 01 개 요

1. 글로벌 경제와 외환시장 5
   (1) 외환시장 / 5
   (2) 환율 / 6
   (3) 불확실성 하에서의 부의 극대화 / 7

2. 국제통화 10
   (1) 국제통화 / 10
   (2) 주요국 통화 / 11
   (3) 외환시장의 발전 / 12

3. 금융시장과 외환시장 14
   (1) 금융시장의 범위 / 14
   (2) 화폐시장 / 15
   (3) 자본시장(증권시장) / 16
   (4) 외환시장 / 17

4. 학습 범위 19

부록 | 주요 통화의 대원화 환율(1981~2020년) 22

CHAPTER 02 외환시장

1. 외환시장의 개요 29

(1) 외환 및 외환시장의 개념 / 29

(2) 외환시장 현황 / 32

2. 외환거래 37

(1) 외환거래의 목적과 종류 / 37

(2) 외환시장의 특징과 참가자 / 42

(3) 외환거래와 외국환은행 환포지션관리 / 47

(4) 외환거래의 결제 / 48

(5) 외환시장과 무역거래 / 49

CHAPTER 03 환 율

1. 환율의 기본개념 55

(1) 환율의 정의 / 55

(2) 환율제도 / 55

2. 환율의 분류 57

(1) 이론적 정의에 따른 분류 / 57

(2) 거래상대방에 따른 분류 / 59

(3) 거래형태에 따른 분류 / 61

(4) 기준환율인가, 간접환율인가에 따른 분류 / 64

3. 환율의 표시 방법 68

(1) 자국통화 기준 여부에 따른 표시 방법 / 68

(2) 외국환 시세 / 69

(3) 매입률과 매도율 / 71

(4) 환율변동률 및 선물환율의 표시 / 72

CHAPTER 04 외환거래와 환율

1. 환율변동 원인 77

(1) 외환거래와 환율 / 77

(2) 외환시장 수요 · 공급과 환율 / 79
(3) 외환 수요 · 공급의 예 / 80
(4) 환율변동과 시장경제 / 81

2. 외환딜링과 환율 83
(1) 외환딜링과 환율 / 83
(2) 외환딜링에 따른 외환포지션과 손익 / 84
(3) 선물환거래와 손익 / 86

3. 환율변동 기본 메커니즘 88
(1) 이자율과 환율 / 88
(2) 국민소득과 환율 / 89
(3) 물가수준과 환율 / 90
(4) 기타 요인 / 91

CHAPTER 05 국제통화제도와 우리나라 환율제도

1. 국제통화제도 99
(1) 국제통화제도의 주요 변천 / 99
(2) 유럽통화통합 / 102

2. 우리나라의 환율제도 106
(1) 우리나라 환율제도의 주요 내용 / 106
(2) 우리나라 환율제도의 변천과정 / 109
(3) 외환거래 관련 주요 기관 및 제도 / 112

부록 | 두 번의 외환위기 115

CHAPTER 06 국제수지, 환율제도와 무역금융

1. 국제수지의 개념 121
(1) 개념 / 121
(2) 국제수지표 작성 원리 / 122

2. 국제수지와 환율 127
(1) 국제수지 균형 / 127

(2) 우리나라의 국제수지표 / 128

3. 환율제도의 선택 ··· 131
(1) 투기적 시장거래와 환율 / 131
(2) 환율제도의 선택과 환율 / 134
(3) 환율제도와 환율변동 / 136

4. 무역금융(수출금융) ··· 138
(1) 의의 / 138
(2) 결제 방법 / 139
(3) 금융수단 / 143

CHAPTER 07 환율, 물가, 금리의 관계

1. 물가와 환율 ··· 149
(1) 명목환율과 실질환율 / 149
(2) 구매력평가설과 일물일가의 법칙 / 150
(3) 구매력평가의 균형조건 / 151
(4) 물가와 국제경쟁력, 국제수지 / 155

2. 자산가격과 환율 ··· 157
(1) 피셔효과 / 157
(2) 국제피셔효과 / 158

3. 금리와 환율 ··· 160
(1) 금리평가설 / 160
(2) 금리평가설과 국제피셔효과 비교 / 162
(3) 금리평가설과 무위험금리차익거래 / 163

4. 환율, 물가, 금리의 균형관계 ··· 166
(1) 환율, 물가, 금리 : 균형조건 종합 / 166
(2) 해외투자 경제성 분석 / 168

CHAPTER 08 외환시장 수요 · 공급과 환율예측

1. 환율과 외환수급 ··· 175

(1) 환율과 외환수급 / 175
(2) 외환의 수요 · 공급곡선 / 176
(3) 균형환율 / 180

2. 외환시장의 효율성 182
(1) 시장효율성 / 182
(2) 약형효율성 / 184
(3) 준강형효율성 / 185
(4) 강형효율성 / 187

3. 외환시장 환율예측 188
(1) 선물환율과 환율예측 / 188
(2) 환율예측의 성과 / 190
(3) 주요 환율예측기법 / 192

PART 02

환위험관리전략, 국제금융시장

CHAPTER 09 환위험의 인식과 측정

1. 환위험 203
(1) 환위험의 개념 / 203
(2) 환위험의 측정 / 206
(3) 환노출의 유형 / 208
(4) 환위험과 금리위험 / 209
(5) 환노출 대응전략 / 211

2. 경제적 환노출 212
(1) 경제적 환노출의 의의 / 212
(2) 경제적 환노출의 예 / 214

3. 거래적 환노출과 회계적 환노출 215
(1) 거래적 환노출의 개념 / 215
(2) 거래적 환노출의 예 / 216

(3) 회계적 환노출 / 217
(4) 환위험관리의 기준 / 219

CHAPTER 10 환위험 내부관리전략

1. 의 의 ······ 225
(1) 개요 / 225
(2) 상계전략 / 226

2. 매칭, 리딩, 래깅 전략 ······ 229
(1) 매칭전략 / 229
(2) 리딩, 래깅 전략 / 232

3. 기타 내부관리전략 ······ 235
(1) 자산부채종합관리전략(ALM) / 235
(2) 결제통화조정전략 / 237
(3) 가격정책 / 239
(4) 기타 전략 / 240

CHAPTER 11 파생금융상품의 이해

1. 파생금융상품 개요 ······ 247

2. 선물(futures) ······ 248
(1) 선물의 의의 / 248
(2) 선물계약의 구조와 종류 / 251

3. 옵션(option) ······ 255
(1) 옵션의 의의 / 255
(2) 옵션계약의 손익구조와 유형 / 257

4. 스왑(swap) 및 워런트(warrant) ······ 261
(1) 스왑의 의의 / 261
(2) 스왑의 손익 / 262
(3) 주식워런트와 주식옵션 / 264
(4) 기타 상품 / 265

CHAPTER 12 환위험 외부관리전략 Ⅰ

1. 선물환의 개념 ··· 271
(1) 선물환거래의 의의 / 271
(2) 선물환의 가격고시 / 273

2. 선물환거래와 환위험 헤지 ··· 275
(1) 선물환거래와 헤지 / 275
(2) 선물환보호약정 / 277

3. 선물환전략의 이해 ··· 279
(1) 이론선물환율 / 279
(2) 선물환전략 사례 / 282

4. 통화선물 ··· 283
(1) 통화선물의 개념 / 283
(2) 베이시스 / 289
(3) 통화선물거래전략 사례 / 291

CHAPTER 13 환위험 외부관리전략 Ⅱ

1. 통화옵션 ··· 297
(1) 옵션의 이해 / 297
(2) 통화옵션의 개념과 구조 / 300
(3) 통화옵션의 손익구조 / 302
(4) 통화옵션을 이용한 환위험관리전략 / 305

2. 통화스왑 ··· 309
(1) 통화스왑의 의의 / 309
(2) 통화스왑의 구조 / 311
(3) 통화스왑을 이용한 환위험 헤지 / 314

3. 기타 외부관리전략 ··· 315
(1) 단기금융시장 활용전략 / 315
(2) 환변동보험 / 317

CHAPTER 14 국제금융시장

1. 국제금융시장의 의의 ······ 325
(1) 개념과 범위 / 325
(2) 국제금융시장의 주요 기능 / 327
(3) 국제금융시장의 형태 / 329

2. 국제채권시장 ······ 332
(1) 국제채권시장의 의의 / 332
(2) 국제채권시장의 구조 / 334

3. 국제주식시장 ······ 337
(1) 각 국의 주식시장과 주가지수 / 337
(2) 국제주식투자 수단 / 339
(3) 우리나라의 자본 자유화와 주식시장 국제화 / 342

CHAPTER 15 외환시장 사례분석

1. 차익거래 ······ 349
(1) 개념 / 349
(2) 차익거래 사례 / 351

2. 경제적 환노출과 현금흐름 ······ 356
(1) 외국 현지법인의 경제적 환노출 / 356
(2) 경제적 환노출 하에서의 현금흐름 추정 / 357

3. 해외투자분석 ······ 359
(1) 자본비용과 요구수익률 / 359
(2) 해외투자의 가치평가 / 361
(3) 해외투자분석 사례 / 362

4. 통화선물, 통화스왑 및 통화옵션(키코) ······ 365
(1) 통화선물을 통한 환위험관리 / 365
(2) 통화스왑을 통한 환위험관리 / 368
(3) 통화옵션(키코) 사례 / 370

찾아보기 ······ 373
Index ······ 378

PART 01

외환시장과 환율

제 1 부 외환시장과 환율

제 1 장 개요

제 2 장 외환시장

제 3 장 환율

제 4 장 외환거래와 환율

제 5 장 국제통화제도와 우리나라 환율제도

제 6 장 국제수지, 환율제도와 무역금융

제 7 장 환율, 물가, 금리의 관계

제 8 장 외환시장 수요 · 공급과 환율예측

제 2 부 환위험관리전략, 국제금융시장

제 9 장 환위험의 인식과 측정

제10장 환위험 내부관리전략

제11장 파생금융상품의 이해

제12장 환위험 외부관리전략 I

제13장 환위험 외부관리전략 II

제14장 국제금융시장

제15장 외환시장 사례분석

CHAPTER 01

개 요

외국에 갈 때 언제 어떤 은행에서 어느 직원과 환전할 것이냐의 고민은 중국집에서 자장면을 먹을 것이냐 짬뽕을 먹을 것이냐의 고민과 맞먹는다는 속언이 있다. 그만큼 외환시장과 환율은 가까우면서도 어렵게 느껴지는 면이 있다. 이는 일반인들이 학습의 필요성을 가지게 된 시점이 1997년 외환위기 이후여서 다른 시장에 비해 짧다는 데 이유가 있기도 하다. 우리나라는 외환위기 이전에 고정환율제도를 시행하였기 때문에 원/달러 환율이 비교적 안정된 형태로 오랫동안 유지되었기 때문이다. 하지만 외환위기 때 환율의 급격한 변화가 가져온 여러 가지 경제적 영향은 외환시장과 환율에 대한 기존의 인식을 바꾸게 되었고 주요 관심사로 대두되었다.

이렇게 환율이나 외환시장에 대한 학습이 어렵기는 외국도 마찬가지이다. 환율변동이 경제적으로 큰 영향을 미친 것은 1970년대 후반 킹스턴체제 이후 변동환율제도가 도입된 이후이므로 그만큼 다른 경제적 대상에 비해 학습기간이 일천하다.

며칠 동안의 해외 출장이나 여행 중에서도 외환시장과 환율을 경험하게 되는데 이 장에서는 외환시장과 환율을 개괄적으로 소개한다.

1 글로벌 경제와 외환시장

(1) 외환시장

조각가 로댕의 작품 생각하는 사람 이후 세간의 가장 고민스러운 것이 중국음식점에서 자장면과 짬뽕 중 무엇을 먹을 것인가와 외국에 갈 때 언제 어디서 누구와 환전거래를 하느냐라는 우스갯소리가 있다. 거래시간, 장소, 상대방에 따라 환전금액이 달라지기 때문이다. 또한 주요 포털사이트의 검색어 누적 상위에는 매년 '환율'이 자리 잡고 있다. 그만큼 많은 사람들이 환율에 관심을 가지고 있다. 환전을 어디에서 누구와 하는가에 따라 환율이 다른 이유는 외환시장이 장외시장이기 때문이다.

외환시장에 대한 관심에도 불구하고 우리나라뿐만 아니라 세계적으로도 외환시장이나 환율은 다소 까다로운 학습대상으로 알려져 있다. 이렇게 생각하는 이유는 1970년대 이전에는 고정환율제도이어서 환율의 변화에 대해 큰 관심을 가지지 않다가, 1970년대 후반 이후 미국 달러화가 약세를 보이고 변동환율제도가 도입된 이후부터 환율의 변동폭이 커지면서 일반인이나 전문가들이 중요한 경제적 이슈로 고려하였기 때문이다. 우리나라에서도 1997년 외환위기 이후에서야 환율에 대한 학습이 본격적으로 이루어졌다. 그만큼 외환시장과 환율에 대한 학습기간이 짧아 다른 금융시장 내용에 비해 상대적으로 접근하기 어렵다고 느끼는 것이다.

서로 다른 통화가 지속적으로 매매되는 시장을 외환시장(foreign exchange market)이라고 하고, 통화 간의 교환비율이 환율(exchange rate)이다. 따라서, 환율은 외환시장의 가격지표이다. 환율이 오르면 통화가격이 상대적으로 떨어지는 것이고 환율이 내리면 통화의 가격이 상승하는 것이다. 또한 환율이 인상되고 인하됨에 따라 특정 통화를 보유한데 따른 이익이나 손실이 발생하게 되는데 이를 환위험(exchange risk)이라고 한다.

환율을 가격지표로 삼고 있는 외환시장이 지니는 기본적인 특징 가운데 두

드러진 점은 24시간 운영되는 장외시장 중심의 글로벌 금융시장이라는 것이다. 여러 나라의 통화가 거래되기 때문에 본질적으로 각국의 시차에 따라 24시간 운영되는 글로벌 시장이다. 그리고 아직까지 표준화된 체계적 거래시스템을 갖춘 장내시장이 없기 때문에 장외시장(non−floor market)이며, 따라서 시장에 고시된 환율은 종가(closing price)라기보다 가장 최근 거래된 가격(latest trading price)이라는 개념을 가진다.

(2) 환율

주식시장의 가격지표인 주가가 계속 변하는 것처럼 외환시장의 가격지표인 환율도 시간에 따라 바뀔 뿐만 아니라 해당 국가의 경제력, 환율의 과거 추이, 거래장소 및 거래당사자 등에 따라 계속해서 달라진다. 즉, 주가가 주식시장의 주요 가격지표이고, 금리가 채권시장의 주요 가격지표이듯이 환율은 외환시장의 가격지표이므로 주가나 금리처럼 환율도 여러 요인들에 의해 움직인다는 것이다.[1)]

환율을 학습할 때 가장 먼저 접하는 생소한 용어는 아마 환율인상과 환율인하일 것이다. 환율인상은 환율이 오르는 것이고 환율인하는 환율이 떨어지는 것이다. 1달러당 1,000원 하던 것이 1달러당 1,200원이 되면 환율인상, 1달러당 900원이 되면 환율인하이다. 1달러당 1,000원은 ₩1,000/U$로 표기하기도 한다.

환율인상이 되면 우리나라 입장에서는 원화의 가치가 약해지는 것(평가절하, depreciation)이므로 외국 물건을 살 때 이전보다 더 많은 원화가 필요해져서 수입이 줄고, 반대로 외국 입장에서는 통화가치가 강해져(평가절상, appreciation) 우리나라 물건을 보다 많이 또는 싸게 살 수 있어 외국으로의 수출은 증가한다. 그러므로 우리나라처럼 수출비중이 높은 나라는 환율이 떨어지는 것보다는 환율이 일정하게 유지되거나 환율인상이 더 유리하다. 어떤

---

1) 주가, 금리, 환율을 금융시장의 3대 지표라고도 한다.

나라든 환율인하 폭이 커지면 그만큼 자국상품의 해외판매가격이 높아지므로 가격경쟁력 차원에서 불리해져서 수출이 감소하기 때문이다.

환율인상과 환율인하

예를 들어, 작년 겨울 미국 방문 때 달러당 1,100원으로 환전하였다면 1달러=1,100원의 교환비율로 두 나라 통화가 거래된 것이고, 미국 달러당 1,100원의 원화환율이 형성된 것이다.

그런데, 올해 들어서 다시 미국 달러를 사려는데 은행에서 1달러=1,000원의 환율을 적용받았다면 그동안 미국 달러의 가치가 떨어지고, 원화의 가치가 상승하여 환율이 인하되었음을 의미한다. 작년에 1달러를 구입하기 위해 1,100원을 지급하던 것이 1,000원만으로 가능해졌기 때문에 그만큼 원화가 강세통화가 되었다는 것이다.

우리나라의 입장에서 볼 때 이렇게 환율이 인하된 것은 그동안 원화가치가 상승한 것이다. 즉, 이는 환율인하이고 반대의 현상이 환율인상이다. 환율인상이 되었다는 것은 해당 통화가 상대통화에 비해 약세통화가 되었다는 뜻이다.

1,000원/U$ → 1,000원/U$ =환율인하 (통화강세)

(3) 불확실성 하에서의 부의 극대화

① 글로벌 경제와 환율

경제주체가 수행하는 의사결정행위가 궁극적으로 추구하는 목적은 불확실성(위험) 하에서 가치(value)나 부(wealth)를 극대화하는 데 있다. 가치나 부의 극대화를 추구하는 데 있어서 고려해야 할 금융시장의 지표에는 주가, 금리, 환율 등이 있다. 이 가운데 환율은 글로벌 경제, 세계화 추세에 힘입어 중요한 지표로 부각되고 있다. 환율변동에 따라 발생할 수 있는 가치변화 또는 경제적 위험을 환위험(환율변동위험)이라고 한다. 쉬운 예로서, 1997년 외환위기와 2008년 세계 금융위기 동안 우리나라 원화가치가 폭락하여 경제위기를 가중시켰다는 점에는 재론의 여지가 없을 것이다.

대외거래가 일반화되고, 이에 따라 국제통화에 의해 수입이나 수출대금이 지급된다면 환율의 변화에 따른 환위험이 상존하게 된다. 원/달러 환율이 인하되면 달러를 보유하고 있거나 수취할 예정인 경제주체는 예기치 않은 손실을 입게 되고, 반대로 원/달러 환율이 인상되면 이득을 볼 가능성이 높아진다. 영업이나 매출, 기술력과 무관한 기업 외부적 경제상황인 외환시장의 움직임, 환율의 변화가 수익에 영향을 미칠 수 있다는 점은 각 경제주체가 이를 대비해야 할 요소라는 점을 일깨운다. 환율이 불리한 방향으로 움직여 손실이나 이익을 본 사례는 어렵지 않게 찾아볼 수 있다.

② 환율변동과 부의 극대화

치과의사 김OO씨

치과의사인 김OO 씨는 병원개업에 필요한 자금을 원화대출을 이용하지 않고 엔화대출을 받아 마련하였다. 엔화이자율이 원화보다 저렴하기 때문이다. 그러나 엔화가치가 크게 상승하여 대출상환을 하기 위해서는 많은 원화가 필요하게 되어 큰 낭패를 보았다. 결국 싼 이자율을 좇아 외화인 엔화자금을 이용한 것이 엔화가치 상승으로 도리어 화근이 되고 말았다.
예를 들어, 김OO 씨가 일본 엔화로 10만엔을 대출을 받을 당시 원/엔환율이 10원/엔이었다고 하자. 이는 원화금액으로는 100만원을 대출받은 셈이 된다. 그런데 대출금을 상환하는 시기에 원/엔환율이 12원/엔으로 환율이 올랐다면 원화로 상환해야 할 금액은 120만원이 된다. 그러면 김OO 씨의 입장에서는 대출원금 100만원 대비 20만원만큼 원화가 더 필요하게 되어 그만큼 부담이 되어, 치과병원 수입이 늘어나지 않았다면 환율인상으로 인해 어려움에 봉착하게 된다.

선박제조업체 ABC사

2021년 5월 국내의 ABC선박제조업체는 중동의 원유생산회사와 $5,000만 규모의 유조선을 건조하는 계약을 맺었다. 이 계약은 선박제조업체에게 50억원의 순이익을 가져다 줄 수 있는 대형계약이다. 계약 이후 선박제조업체는 원/달러 환율이 하락할 것에 대비하여 선물환시장에서 1년 후 1달러당 1,000원에 매도할 수 있는 선물환매도계약을 체결하였다. 1년 후인 2022년 5월 유조선을 인도함과 동시에 $5,000만을 입금받았다. 입금 받을 당시의 환율은 2011년 5월의 환율에 비해 크게 하락한 900원/U$1이었다. 하지만 이 업체는 1달러 당 1,000원에 매도할 수 있는 선물환계약에 따라 900원/U$1가 아닌 1,000원/U$1에 대금을 환전함으로써 환율인하에 따라 발생할 수 있었던 대규모 손실을 회피하게 되었다. 만일 이 선박제조업체가 선물환계약을 맺지 않고 그래도 환율변동위험(환위험)에 노출되어 있었다면 유조선 판매에 따른 이익 50억원은 고스란히 환율하락에 따른 손실로 전가되었을 것이다.

- 즉, (결제대금 $5,000만×달러당 100원 하락 → 50억원 손실) = 유조선 판매 이익 50억원

환율인하와 외화예금

원/달러 환율이 작년 1,100원/$~1,200원/$ 수준에서 1,050원/$ 수준으로 하락하였다. 이때 환율인상을 염두에 두고 외화예금에 가입하면 어떻게 될까? 만일 환율이 1,050원/$에서 1,150원/$로 상승하면 달러당 100원의 이익을 거둘 수 있다. 달러예금 금리가 1% 수준으로 낮지만 만일 환율이 상승하면 달러를 환전하는 데 따른 수익률이(1,150－1,050)/1,050원=9.52%에 달한다. 더불어 달러예금금리가 상승하면 금리상승이익도 덤으로 얻을 수 있어 환율이 많이 떨어졌을 때 외화예금을 고려해 볼 만하다.

환위험을 효과적으로 통제하기 위해서는 경제주체 내부·외부에 적절한 수단을 마련해 두어야 하는데, 이를 '환위험관리'라고 한다. 다양한 내부관리전략(상계, 매칭, 리딩, 래깅 등)과 외부관리전략(선물환, 통화옵션, 스왑, 환보험 등)이 이용된다.[2)]

환위험 내부관리전략의 쉬운 예로서, 원/달러 환율이 앞으로 오를 가능성이 크다면(원/달러 환율이 1,000원/달러에서 1,100원/달러로 상승할 경우) 6개월 후 달러화로 돈을 지불해야 하는 기업으로서는 되도록 지불을 앞당기는

2) 환위험 내부관리전략과 외부관리전략은 제10장, 제12－13장에서 다루고 있다.

것이 유리하다. 이렇게 환위험에 대비하는 방법을 리딩(leading)이라고 하며, 내부관리전략의 하나로 사용한다. 지금 달러를 지불하면 1달러당 1,000원이면 되지만, 환율이 오른 이후에는 1달러당 1,100원이 필요하게 되어 달러당 100원의 예상치 못한 자금을 추가로 부담한다. 따라서 대금을 미리 지불하는 것은 환위험을 최소화시키는 방법이 될 수 있다.

2 국제통화

(1) 국제통화

외국과의 거래가 일반화되고, 이에 따라 환율변화에 의한 환위험이 상존하는 가운데 환위험은 가치 극대화를 위해 필수불가결한 통제요소가 되고 있다. 대외거래에서 사용 가능한 주요 국제통화(major international currency)에는 미국 달러(USD, U$), 일본 엔(JPY, ￥), 영국 파운드(GBP, ￡), 스위스 프랑(CHF, Sfr), 유로(EURO,), 캐나다 달러(CAD, C$), 사우디아라비아 리알(SAR) 등이 있으며, 이들은 수입－수출의 결제통화로 사용된다. 국제통화로 인정받기 위해서는 교환성, 안정성, 유동성의 3대 요건을 갖추어야 하는데 우리나라 통화인 원화도 국제통화로 인정받을 요건을 갖추고 있는 것으로 나타났다.

여기서 교환성은 다른 통화와 자유로이 거래될 수 있는 호환성을 의미한다. 안정성은 통화의 가치가 다른 통화와 비교하였을 때 큰 폭으로 변화하지 않아야 한다는 조건을 뜻한다. 마지막으로 유동성은 통화가 자산으로서의 가치를 가지고 환금성이 보장되어야 한다는 것이다. 예를 들어, 우리나라에서 미국 달러를 가지고 있을 때 이 화폐가 원화로 바뀌어져 국내에서 사용할 수 있는 가능성이 상존해야 한다. 여기서 유동성은 환금성 보장뿐만 아니라 적정가치(fair value)를 보장받아야 한다는 점에 유의해야 한다. 환금성은 있지만 적정가치가 아닌 과소금액으로 평가된다면 유동성이 확보된 상태가 아니기 때문이다. 달러당 1,000원에 매입한 달러를 달러당 500원과 같이 과도하게 낮은 금액에 매도해야 한다면 유동성이 확보된 것이 아니다.

이외에도 인위적 국제통화(artificial international currency)가 있는데 이는 특정 국가의 통화가 아니지만 국제적 필요에 의해 어떤 단체나 조직으로부터 형성된 통화이다. 국제통화기금(IMF) 회원국의 자금인출 권리를 표시하는 SDR(특별인출권, Special Drawing Rights)이나 유럽중앙은행의 통화단위인 ECU(European Currency Unit)가 대표적인 예이다. ECU는 유로존 국가의 공동결제화폐로서 1991년 창설되어 2001년부터 통용된 유로화의 기초가 되었다.

(2) 주요국 통화

각 나라마다 고유의 통화를 사용하는데, 유럽 국가들은 2001년 이후 유로화를 통용하고 있다. 일부 국가에서는 자국통화 이외에 미국 달러를 통용하고 심지어는 자국통화보다 미국 달러를 선호하는 경우도 있는데 이를 달러라이제이션(dollariazation)이라고 한다.

사실 알려진 것보다 많은 국가에서 미국 달러가 자국통화와 함께 유통되는 것을 허용하거나 심지어는 자국통화보다 미국 달러를 선호한다. 이는 미국 달러가 세계의 기축통화(vehicle currency)이기 때문에 달러라이제이션이 지구촌 곳곳에서 광범위하게 나타난다는 점을 반영하는 것이다.

흔히 미국 달러, 유로, 일본 엔, 영국 파운드, 스위스 프랑을 세계 5대 통화라고 칭하는데, 세계적인 경제위기나 금융위기가 닥쳐오면 이들 통화를 보유하려는 수요가 몰리기 때문에 다른 나라 통화들의 가치는 약세를 보여 환율인상을 가져온다. 이 때문에 이들 통화를 금(gold)과 함께 안전자산(safety asset)이라고 부르기도 한다. 금융위기에 아시아 국가나 남미 국가가 자국통화가치 하락으로 이중고를 겪는 것도 이러한 연유에 기인한다.

표 1-1 주요국 통화

통 화	국제분류 코드	약 호
Austrailian dollar	AUD	A$
Austrian shilling	ATS	S
Belgian franc	BEF	Bfr
British pound	GBP	Stg, £
Canadian dollar	CAD	Can$, C$
Deutsche mark	DEM	DM
Dutch guilder	NLG	DGI
French franc	FRF	FFr
Hongkong dollar	HKD	HK$
Italian lira	ITL	Lit
Japanese yen	JPY	¥
Chinese yuan	CNY	C¥
NewZealand dollar	NZD	NZ$
Saudi riyal	SAR	SR
Singapore dollar	SGD	S$
Spanish peseta	ESP	Pta
Swiss franc	CHF	Sfr, SwF
US dollar	USD	U$, US$
EURO	EUR	

* 오스트리아 실링, 벨기에 프랑, 독일 마르크, 프랑스 프랑, 이탈리아 리라, 스페인 페세타, 네덜란드 길더 등은 2001년부터 유로화(euro)로 통합됨. 유로화는 EURO, euro, EUR을 혼용하지만, 통상 유로존(Euro Zone)과 구분하기 위해 소문자로 euro를 사용함.

(3) 외환시장의 발전

외환시장은 금융시장 특히, 국제금융시장을 이루는 주축으로서 국제금융시장 및 국제통화제도의 발전과 맞물려 성장하였다. 1980년대 이후 보다 유리한 조건의 자금을 모으려는 자금수요자와 다양한 투자처를 발굴함으로써 투자포트폴리오의 수준을 높이고 분산투자효과를 극대화하려는 자금공급자(투자자)의 요구에 따라 역외금융시장이 발전하는 등 국제금융시장이 활성화되었는데 이는 외환시장의 발전을 촉진하는 계기가 되었다.

여기서, 자국이 아닌 타국의 금융중개를 활발하게 수행하는 곳이 역외금융시장(offshore financial market)인데, 뉴욕, 런던, 동경, 홍콩, 싱가포르 등이 이에 해당한다. 자유변동환율제도로 이전한 국제통화제도의 변화 또한 외환시장의 발전에 기여하였다. 각국의 정치, 경제, 사회의 변동을 반영하여 통화간 환율이 자유로이 변하게 되면서 외환시장의 의미와 중요성이 커지게 되었고, 이에 따라 환율의 변화가 가져오는 여러 가지 영향력이 점증되었기 때문이다.

이와 더불어 금융의 자유화와 국제화도 외환시장이 성장하는 계기가 되었다. 1970년대 킹스턴체제 이후 전 세계적으로 본격적인 자유변동환율제도가 시행되고 이에 따라 각국이 금융규제를 완화함으로써 다양한 금융상품들이 출현하게 되는데, 외환시장도 이러한 추세에 부응하여 큰 폭의 외형성장을 하였다. 저축과 투자의 국제화에 따라 높은 수익률을 좇아 외화자산에 투자하게 되고, 다양한 투자기법을 이용하기 위해 정보통신(IT) 기술이 비약적인 발전을 거듭하여 국내가 아닌 역외투자가 활발해졌기 때문이다. 물론 기업이 자금을 조달하거나 생산, 판매 활동을 수행하는 시장이 국내에 국한되지 않고 국제화된 것도 외환시장의 발전에 일익을 담당하였다.[3)]

---

3) 기업이 자본을 조달하는 데 소요되는 비용 즉, 자본비용(cost of capital)을 절감하는 지역선택 방법으로는 세 가지가 있을 수 있다.

첫째, 국내 금융시장에서 저금리의 최적 자본을 조달하는 방법

둘째, 해외 현지법인이 소재한 현지 금융시장에서 저금리의 최적 자본을 조달하는 방법 (예를 들어, 중국 현지법인이 있는 경우 홍콩 금융시장에서 자본을 조달)

셋째, 해외 현지법인의 소재지를 막론하고 최저금리를 적용받는 국가에서 자본을 조달하는 방법(예를 들어, 세계 금융시장에서 일본의 금리가 가장 낮은 수준이라면 일본 금융시장에서 채권을 발행)

위에서 2), 3)번의 방법은 조달한 자금을 국내통화로 환전을 해야 하므로 필연적으로 외환시장의 개입이 있게 된다. 이때 주로 외환스왑(swap) 혹은 통화스왑을 이용하여 국내통화로 바꾸게 된다.

그림 1-1 외환시장의 발전배경

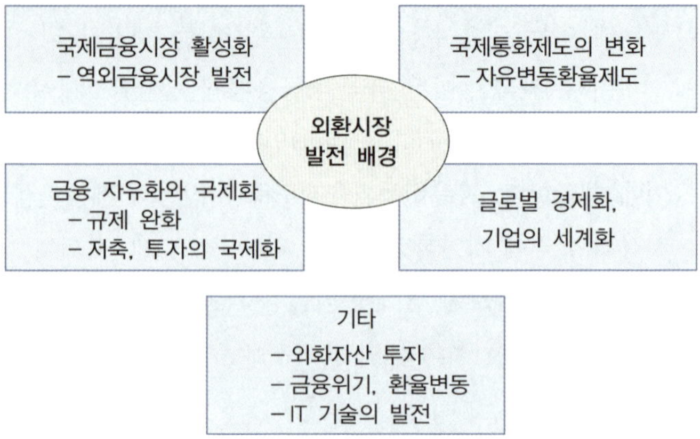

3 금융시장과 외환시장

(1) 금융시장의 범위

① 화폐시장, 자본시장, 외환시장

금융시장(financial market)은 자금의 수요·공급자들에 대한 자금의 효율적인 중개활동(intermediation)을 통하여 산업 및 국가경제 발전에 기여하는 것을 목적으로 운영되는 시장이다. 자금이 아닌 실물이 생산되어 유통되는 시장을 실물시장(real market 또는 real asset market)이라고 한다.

금융시장은 크게 만기가 1년 이하인 상품을 거래하는 화폐시장(money market)과 만기가 1년 이상으로서 자금을 사용하는 자가 장기적 목적으로 사용 가능한 상품을 거래하는 자본시장(capital market)으로 구분한다. 여기서 자본시장은 채권과 주식이라는 증권을 매개로 자금의 대차가 이루어지므로 증권시장(securities market)이라고도 칭한다. 그리고 화폐시장과 증권시장이 외국의 화폐로 발행되고 유통되는 시장이 외환시장이다.

② 직접금융과 간접금융

증권시장을 이용하여 채권이나 주식을 통해 자금을 공급받는 경우 채권이나 주식 등의 증권에 발행기관의 명의가 적히게 되고, 이는 발행기관의 명의로 직접 자금을 빌리는 의미가 되므로 '직접금융'(direct financing)이라고 한다. 직접금융을 함에 있어서 투자은행은 발행기관을 위하여 직접금융 업무를 대행해 주거나 자금조달 상에서 발생할 수 있는 위험을 부담해 주는 등의 행위를 통해 수익을 창출하게 된다. 반면에 은행을 이용하여 자금을 공급받는 경우 이 자금은 은행이 자기책임 하에 다수 예금자로부터 받은 자금을 빌려주는 것이므로, 자금을 사용하는 측면에서는 자기가 직접 자금을 모집하는 방식이 아닌 '간접금융'(indirect financing)이 된다. 이 경우에는 투자은행이 개입할 소지가 거의 없다. 상업은행에 의한 간접금융활동을 '제1금융권', 투자은행에 의한 직접금융활동을 '제2금융권'이라고 구분하기도 한다.

(2) 화폐시장

화폐시장은 만기 1년 이하의 금융상품이 거래되기 때문에 단기금융시장이라고 하는데, 여기에는 주로 예금－대출－어음상품이 속한다. 중앙은행이 단기적으로 통화량을 조작하기 위해(이를 '공개시장조작정책'이라고 함) 발행하는 통화안정증권도 주로 1년 이하로서 단기금융시장의 주요 상품으로 분류된다.[4]

화폐시장에서 거래되는 대표적인 금융상품에는 은행간 콜시장(call market, call money, call loan), 단기채권상품인 양도성예금증서(CD), 기업어음(CP),

---

4) 만기가 2년 이상인 통화안정증권이 발행되는 경우도 있으나 대부분이 1년 이하이다.

환매조건부채권매매(RP), 표지어음, 통화안정증권, T-Bills 등을 들 수 있다.

콜(Call)시장은 은행 간 초단기금융거래상품시장이며, 자금을 빌리는 은행 입장에서 콜머니(call money), 자금을 대여하는 입장에서는 콜론(call loan)이 된다. 대부분이 1일물의 초단기로 거래된다. 콜(Call)시장으로 부르는 이유는 은행 간에 전화망을 통해 콜머니와 콜론을 거래하는 데서 연유한다.

CD(certificate of deposit)는 개인 간 단기 금융거래상품이고(통상 30일물), CP(commercial paper)와 RP(repurchase agreement)는 기업의 단기 금융거래상품이며, 표지어음은 어음거래에 수반된 어음을 모아서 판매하는 금융상품이다. T-Bills은 미국 금융시장의 단기 금융상품의 대표적인 것으로, 우리나라의 통화안정증권과 유사한 연방은행의 단기재정증권(Treasury Bill)이다.[5] 기타 상품으로 단기금융상품에 운용하여 수익금을 환원해 주는 단기 금융상품 펀드인 MMF(money market fund), 자본시장에 운용하고 남은 자금을 단기금융상품에 투자하여 단기고수익을 추구하는 CMA(cash management account) 등이 있다.

(3) 자본시장(증권시장)

자본시장(capital market)은 만기 1년 이상의 금융상품이 거래되는 시장으로 자금을 사용하는 수요자 측면에서 볼 때 자본으로서 장기적으로 사용 가능한 자금이며, 자금을 공급해 주는 투자자 측면에서도 장기적 안목으로 투자하게 된다. 특히 자본시장에서 거래되는 자금의 대차관계는 증권을 매개로 이루어지기 때문에 '증권시장(securities market)'이라고 한다.

자본시장은 크게 거래되는 자금의 성격에 따라 채권시장과 주식시장으로 나뉘고, 채권과 주식을 기초자산으로 미래 가격변동을 대상으로 하는 파생금융상품시장이 등장하였다. 그러므로 자본시장은 채권시장, 주식시장, 파생상

5) 미국의 재정증권(TB)에는 만기가 1년 이하의 단기인 T-Bill, 만기가 1년 이상 5년 이하의 중기인 T-Note, 만기가 5년 이상의 장기인 T-Bond의 세 가지가 있다. 흔히 재정증권 또는 TB로 통칭한다.

품시장으로 구분하게 되는 것이다. 어음도 채권으로서 채권시장상품에 속할 수도 있지만, 어음의 만기는 대개 1년 이하로서 채권이라기보다는 단기대여 상품에 속한다고 볼 수 있으므로 채권시장 상품으로 보지 않는다.

자본시장의 최근 추세를 보면, 투자수익을 거두려는 투자자들의 다양한 욕구와 금융상품의 발전에 따라 임의식 · 적립식 · 거치식 수익증권(펀드)과 뮤츄얼펀드(mutual fund), 인덱스펀드와 ETF(exchange traded fund), ELW (equity linked warrants), ELD(equity linked deposits), 개별주식선물, 옵션 등 다양한 금융상품이 등장하면서 자본시장의 상품구조가 다양해지고 있으며, 전통적으로 채권과 주식만이 거래되는 자본시장에서 이들 신종 금융상품 투자가 보다 나은 수익을 창출하고 있다.[6)]

일반펀드와 뮤츄얼펀드, 인덱스펀드와 ETF의 차이점은 일반펀드와 인덱스펀드는 시장에서 매매가 불가능한 반면, 뮤츄얼펀드와 ETF는 매매가 가능한 수익증권이라는 차이가 있다. 특히, 2000년대 이후 증권시장 규모가 커짐에 따라 간접투자, 공동투자, 대행투자, 분산투자의 특징을 가진 펀드상품의 성장이 두드러지고 있다.

(4) 외환시장

본서에서 다루는 외환시장(foreign exchange market)은 자국의 화폐나 증권이 아닌 타국의 화폐나 증권이 거래되는 시장이다. 따라서 외환시장은 금융시장 중에서도 거시경제적 여파가 크고 외국과의 관계에서 형성되는 금융관계가 많다. 환율이 가격지표이기 때문에 환율변화에 따른 가격위험이 발생한다. 이를 환위험이라고 한다. 여기에도 외화거래 이외에 단기금융시장(유로시

---

6) 인덱스펀드(index fund)는 주가지수 등 특정 지수를 대상으로 지수의 움직임에 따라 수익이 발생하는 펀드이다.
임의식 : 투자자가 임의로, 수시로 투자금을 입금하는 방식
적립식 : 투자자가 매월 또는 정기적으로 투자금을 입금하는 방식
거치식 : 투자자가 한 번 투자금을 입금하면 그 자금으로 운용하여 실적을 배당하는 방식

장), 주식시장, 채권시장이 형성되어 금융시장을 형성한다. 외환시장 중에서도 타국의 금융거래를 전문적으로 수행하는 시장을 역외금융시장(offshore financial market)이라고 한다.

외환시장이 다른 금융시장과 비교할 때 가지는 특징은 범세계적으로 전산망을 통해 통합되어 24시간 운영되는 장외시장으로서 은행간 거래(inter-bank transaction) 및 달러화 거래 비중이 높으며, 금융시장 중 규모가 가장 큰 시장이다.

금융시장의 구분

[화폐시장 (단기금융시장)]
- 예금대출시장 : 정기예금, 정기적금, 담보대출, 신용대출
- 신탁시장 : 특정금전신탁, 불특정금전신탁
- 콜시장 : 콜머니, 콜론
- 단기채권시장 : CD, CP, RP, 표지어음(어음할인시장), 통화안정증권, MMF, CMA

[자본시장]
- 채권시장
  채권발행시장-국채, 공채, 특수채, 금융채, 회사채
  채권유통시장-소매채권매매시장
- 주식시장
  주식발행시장-기업공개, 유상증자, 무상증자, 주식배당
  주식유통시장-유가증권시장, 코스닥시장
- 파생금융시장
  선물시장-특정 자산을 미래 특정 가격에 매매키로 한 약정(Promise to sell or buy in the future)하여 거래하는 시장
  옵션시장-특정 자산을 미래 특정 가격에 매매할 권리(Rights to sell or buy in the future)를 거래하는 시장
  스왑시장-특정 자산을 미래 특정 가격에 교환키로 약정(Promise to sell or buy in the future)하여 거래하는 시장

• 기타

편드상품 – 일반펀드, 뮤츄얼펀드, 인덱스펀드, ETF, 사모펀드, 헤지펀드
신종상품 – ELW, ELD, 개별주식선물, 개별주식옵션

[외환시장]
현물환시장, 선물환시장, 통화선물시장, 통화옵션시장, 통화스왑시장
국제 단기금융시장 (유로시장)
국제 채권시장
국제 주식시장

4 학습 범위

본서에서는 외환시장과 환율을 처음 접하는 초보자와 일반적인 이해를 가지고 있는 독자 모두에게 도움이 되도록 다음과 같은 내용을 다루고 있다. 대별하면 외환시장, 환율, 환위험관리 및 국제투자의 세 가지이다.

① 외환시장

외환시장은 외화를 필요로 하는 매입자와 외화를 팔기 위한 매도자 및 이들의 매매를 지원하는 딜러와 브로커 간의 거래메커니즘이다. 딜러(dealer)는 자기책임으로 외화를 매매코자 하는 고객에 대해 자신이 직접 거래의 상대방이 되어 외화를 매입, 매도하는 자이고, 브로커(broker)는 단순히 거래의 중간에서 거래를 성사시키고 수입원으로서 중개수수료(brokerage)를 받는 자를 말한다. 주식시장, 채권시장, 파생상품시장 등 여타 금융시장처럼 외환시장에도 이러한 딜러와 브로커가 모두 시장참여자로서 활동을 하고 있는데, 딜러의 비중이 보다 막중하다고 볼 수 있다. 딜러는 직접 매매당사자로 참여하기 때문에 시장에서 가격형성 기능을 수행하기 때문이다.

외환시장과 달리 증권시장의 경우(특히, 주식시장) 증권거래소라는 실체를 가진 거래장소가 존재하는 장내시장(floor market)으로서 표준화된 시스템을 갖춘 거래구조를 통해 거래하며, 거래시간도 오전 9시부터 오후 3시까지 등의 특정 시간이 있는 구체적인 시장이다. 그러나 외환시장은 이렇게 거래소라는 구체적인 장소가 존재하지 않을뿐더러 몇 시부터 몇 시까지 거래한다는 원칙을 가지지 않은 추상적인 시장이다. 따라서 외환을 거래하는 상대방이 있는 경우 언제 어디서든 거래할 수 있는 장외시장(non-floor market)이다.[7]

② 환율

두 통화 간의 교환비율인 환율이 결정되는 구조를 학습하고, 환율이 변함에 따라 발생하는 환위험을 관리하는 기법 즉, 환위험관리를 다룬다. 환율은 다양한 경제적 원리에 의해 결정되지만 특히, 물가와 금리(이자율)의 영향이 큰 것으로 알려져 있다. 일반적인 관점에서 볼 때 물가가 높을수록 환율인상요인이 크고, 금리가 높을수록 타국으로부터 자본이 유입되어 환율인하요인이 크기 때문이다. 따라서 물가와 금리가 환율에 미치는 영향을 중심으로 기타 변수들에 대해서도 환율과의 관계를 가늠한다.

증권시장의 증권가격을 분석하는 데 유용한 기법으로 내재가치를 다루는 기본적 분석(fundamental analysis)과 내재가치 이외의 외적 요인을 다루는 기술적 분석(technical analysis)이 있다. 외환시장의 가격인 환율을 평가하는 데도 유사한 방법이 사용되는데 외환의 수요·공급에 영향을 주는 기본적 요인(fundamentals)에는 물가, 금리, 경제성장률, 국민소득, 통화량, 실업률, 세계경기동향 등이 해당된다. 기술적 요인으로는 금융시장 분위기, 심리적 요인, 통화 당국의 시장개입 여부, 시장의 순환적 국면, 정치적 상황, 관련 뉴스, 외환투기세력의 추이 등이 포함된다.

---

7) 장내시장을 floor market, 장외시장을 non-floor market으로 표기하는 이유는 장내시장의 경우 증권거래소와 같은 거래소 내부의 플로어(floor)에 딜러나 보로커들이 모여 거래한다는 의미를 가리킨다. 장외시장은 카운터를 경계로 매입자와 매도자 간의 거래가 이루어진다는 의미에서 over the-counter (OTC) market으로 나타내기도 한다.

환위험으로부터 경제주체의 현금흐름을 관리하는 기법은 크게 내부관리전략과 외부관리전략으로 구분한다. 내부관리전략(internal strategy)은 경제주체가 스스로 보유하거나 사용할 수 있는 전략을 통해 환율변동으로부터 발생가능한 위험을 최소화하는 방법이다. 상계(netting, offset), 매칭(matching), 리딩(leading), 래깅(lagging) 등이 이에 속한다. 반면에 외부관리전략(external strategy)은 외부적인 기법이나 금융상품을 통해 환위험을 회피하려는 것으로서 선물환, 통화선물, 통화스왑, 통화옵션, 환보험, 특수한 형태인 키코(KIKO) 등이 대표적인 예이다. 우리나라에서도 한국무역보험공사를 통해 환보험이 판매되고 있다.[8)]

③ 환위험관리 및 국제투자

외환시장과 환율을 이해하려는 데에는 여러 가지 목적이 있겠지만 가장 보편적인 관점은 두 경제적 대상의 적절한 관리를 통해 경제주체가 자신의 부 또는 가치를 극대화하는 데 있다고 볼 수 있다. 따라서 외환시장과 환율을 학습한 이후 실제적으로 환위험을 관리하고 금융이나 재무에 활용되는 내용을 알아보는 것이 중요하다.

예를 들어, 선박제조업을 영위하는 수출업체의 경우 분기별, 연도별 외화현금흐름에 적용하여야 하는 적정환율을 추정하고, 환율변화가 가져올 수 있는 손익을 예측함으로써 재산을 보호할 수 있게 된다. 또한 해외에 투자를 계획하고 있는 기업이나 개인에게는 투자가 수익을 가져다 줄지의 여부를 예상하는 경제성 평가시 적정환율을 적용함으로써 보다 최적인 수익모델을 개발할 수 있게 된다. 앞서 치과의사와 같이 환율변화에 대한 고려가 없어 환율이 예상에서 크게 어긋나게 움직이는 경우 본래의 영업활동과 무관하게 환위험으로 인해 큰 손실을 입을 수 있기 때문이다.

---

8) 1992년 설립된 한국수출보험공사는 2010년에 한국무역보험공사로 명칭이 바뀌었다. 한국무역보험공사는 우리나라'수출·수입 보험제도'를 전담 운영하는 정부출연기관이다(www.ksure.or.kr).

부록 Ⅰ 주요 통화의 대원화 환율(1981~2020년)

	1981	1982	1983	1984	1985	1986	1987	1988	1989	1990
원/미국달러 (기준환율)	700.50	748.80	795.50	827.40	890.20	861.40	792.30	684.10	679.60	716.40
원/일본엔 (100엔)	318.96	320.21	343.63	330.57	443.66	538.38	642.32	547.72	472.06	532.44
원/유로	–	–	–	–	–	–	–	–	–	–
	1991	1992	1993	1994	1995	1996	1997	1998	1999	2000
원/미국달러 (기준환율)	760.80	788.40	808.10	788.70	774.70	844.20	1415.20	1207.80	1145.40	1259.70
원/일본엔 (100엔)	607.18	633.00	722.49	790.68	749.23	726.51	1087.82	1053.47	1121.84	1101.52
원/유로	–	–	–	967.66	989.87	1048.58	1564.65	1410.47	1150.55	1187.27
	2001	2002	2003	2004	2005	2006	2007	2008	2009	2010
원/미국달러 (기준환율)	1326.10	1200.40	1197.80	1043.80	1013.00	929.60	938.20	1257.50	1167.60	1138.90
원/일본엔 (100엔)	1009.40	1012.87	1119.60	1012.07	859.90	781.83	833.33	1393.89	1262.82	1397.08
원/유로	1172.60	1257.36	1502.58	1422.96	1199.34	1222.24	1381.26	1776.22	1674.28	1513.60
	2011	2012	2013	2014	2015	2016	2017	2018	2019	2020.7
원/미국달러 (기준환율)	1159.00	1063.00	1045.00	1088.50	1177.50	1205.00	1068.50	1116.00	1156.00	1191.00
원/일본엔 (100엔)	1493.17	1235.04	994.29	917.39	978.87	1029.87	949.23	1015.70	1065.09	1137.33
원/유로	1497.20	1401.67	1438.97	1322.42	1286.18	1270.19	1281.99	1278.38	1296.80	1410.74

통계청 자료를 통하여 우리나라의 주요 통화의 대원화 환율(원/달러, 원/엔, 원/유로)을 1980년부터 살펴보면 위 <부록>과 같다. 유로화는 ECU로 시작되어 2001년 공식적으로 통용되었는데 1994년부터의 환율이 기재되어

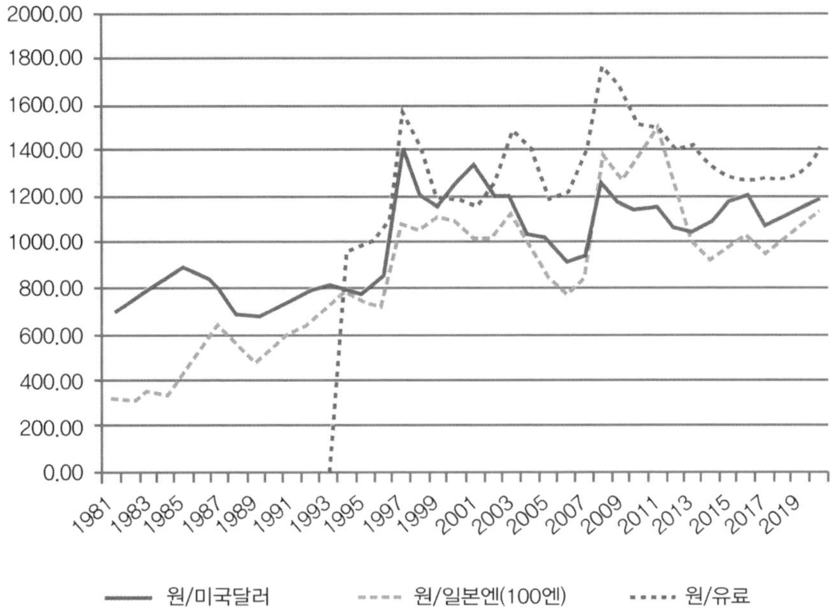

있다.

우리나라는 1980년 이전까지는 미국 달러화에 고정된 고정환율제도(단일변동환율제도)를 시행하다가 1980년부터 준변동환율제도인 복수통화바스켓 제도를 운영하였다. 그러므로 1980년 이전까지는 연간환율의 변화가 700원 내외의 소폭이었던 반면 1980년 이후 1996년까지는 700원~850원 수준에서 환율의 변화가 나타났다. 그러던 것이 1997년 외환위기를 맞이하여 달러당 1,500원 이상으로 치솟으며 환란을 초래하였다. 자료상의 원/달러 환율은 기준환율로서 실제 개인이 거래한 환율은 달러당 2,000원을 상회한 때도 있었다. 이후 1998년에는 당시 우리나라에 대해 550억달러의 자금을 대출한 국제통화기금(IMF)의 권고를 수용하여 자유변동환율제도를 시행하여 지금에 이르게 된다.

외환위기를 극복하고 경제가 안정을 되찾은 2000년대 초중반에는 원/달러 환율이 900원대까지 하락하였으나 2008년 미국 금융시장으로부터 촉발된 글로벌 금융위기로 인해 다시 1,300원 수준까지 상승하였다. 금융위기를 맞아 세계의 투자자산이 달러, 금, 엔, 유로 등의 안전자산으로 쏠려 기타 통화의 가치가 큰 폭으로 하락하였기 때문이다. 이러한 환율추세는 원/엔, 원/유로에서도 유사하게 나타난다. 주목할 만한 사실로서 원/유로의 움직임이 원/달러와 비교할 때 더 큰 폭의 변동을 보인다는 점으로서 유로화의 강세가 점차 두드러지고 있다.

학습정리

01 | 금융시장의 한 축을 이루고 있는 외환시장(foreign exchange market)은 자국의 화폐나 증권이 아닌 타국의 화폐나 증권이 거래되는 시장이다.

02 | 환율은 외환시장의 가격지표로서 서로 다른 통화 간의 교환비율이다. 흔히 주가, 금리, 환율을 3대 금융지표라 부른다.

03 | 인위적 국제통화(artificial international currency)는 특정 국가의 통화가 아니지만 국제적 필요에 의해 어떤 단체나 조직으로부터 형성된 통화로서 SDR, ECU가 대표적인 예이다.

04 | 대외거래나 외국통화로 결제하는 거래가 일반화된 현실에서 환율변화에 따른 환위험이 상존하고, 환위험은 필수불가결한 통제요소가 되고 있다.

05 | 환위험관리를 위해 다양한 내부관리전략(상계, 매칭, 리딩, 래깅 등)과 외부관리전략(선물환, 통화옵션, 스왑, 환보험 등)이 이용된다.

06 | 세계적인 경제위기나 금융위기가 닥쳐오면 금, 미국달러화, 엔화, 유로화 등 주요 국제통화를 보유하려는 수요가 몰리기 때문에 다른 나라 통화들의 가치는 약세를 보여 환율인상을 가져온다. 이 때문에 이들 통화를 안전자산(safety asset)이라고 부르기도 한다.

07 | 국제금융시장 활성화, 국제통화제도의 변화, 금융 자유화와 국제화, 글로벌 경제화, 외환위험의 확대 등은 외환시장이 발전하는 배경이 되고 있다.

08 | 금융시장의 또 다른 한 축을 이루고 있는 외환시장은 자국의 화폐나 증권이 아닌 타국의 화폐나 증권이 거래되는 시장이며, 외환거래 이외에도 단기금융시장(유로시장), 주식시장, 채권시장이 형성되어 있다.

09 | 우리나라는 1997년과 2008년 두 번에 걸쳐 외환시장에서 원화가치의 폭락으로 외환위기를 겪은 바 있다.

CHAPTER

02

외환시장

어떤 사람이 외국에 가기 위해 은행에서 외화환전을 한 경우에도 버젓이 외환시장 거래를 한 것이다. 유럽 출장을 자주 가는 김○○ 대리는 출장에서 사용할 유로화를 석 달에 한 번 정도 환전해 두는데 이번 환전에는 같은 금액의 유로화를 환전하는 데도 지난 번보다 훨씬 많은 원화가 필요했다. 이는 원화의 가치가 유로화보다 떨어졌기 때문이다. 이를 환율 인상이라고 한다.

외환시장은 여러 통화가 거래되는 금융시장이고, 통화가 교환되는 비율을 환율이라고 한다. 그러므로 주가와 금리가 각각 주식시장, 채권시장의 가격지표인 것처럼 환율은 외환시장의 가격지표이다.

외환시장과 환율은 1997년 외환위기를 경험하면서부터 일반인, 기업, 정부 등 경제주체들에게 학습이 필요한 대상으로 부각되었다. 그리고 2008년 미국으로부터 촉발된 세계 금융위기는 외환시장과 환율이 글로벌화된 세계경제 하에서 부의 극대화를 추구하기 위해 이해가 절실함을 인식시켰다.

1 외환시장의 개요

(1) 외환 및 외환시장의 개념

① 외환

외환은 외국으로 상품대금이나 학비 등을 송금할 때 사용되는 수단이나 외화로 표시된 투자수단을 총칭하며, 서로 다른 국가의 통화를 교환하는 것도 포함한다. 따라서 외환은 외화(foreign currency), 외화증권(foreing securities) 및 외환(foreign exchange)을 모두 포함하는 개념이다.

외화 ⊂ 외화채권, 외화주식 ⊂ 외화증권 ⊂ 외환

즉, 우리가 흔히 달러화, 엔화라고 부르는 외국통화는 외화에 해당되고, 원화가 아닌 달러화로 표시된 주식은 외화주식에 해당된다. 기한부어음 등 무역어음은 넓은 의미의 외화증권에 포함되고 이들을 포함한 여러 형태의 외화표시 자산을 통칭하여 외환이라고 한다.

② 외환과 내국환

외환은 내국환과 비교할 수 있다. 원화와 같은 내국환은 환율변화에 따라 결제 금액이 바뀌는 문제가 없으나 외환은 다른 국가와의 통화교환이 일어나므로 내국환과 달리 환율문제가 발생하여 예상결제금액과 실제결제금액이 다를 수 있다. 만일 어떤 수출업체가 100만달러 어치 상품을 판매하기로 계약하였는데 환율이 달러당 1,000원에서 1,200원으로 오르면 결제시점의 원화수입은 10억원에서 12억원으로 2억원만큼 늘어난다.

외환은 국내은행 해외지점 또는 환거래은행(코레스은행)을 통해 채권・채무가 결제되는데 현재 우리나라에서는 모든 시중은행이 코레스은행 기능을 수행하므로 별도로 환거래은행이라고 칭하지는 않는다.

외환은 거래 당사자 간의 대금지급 및 정산 방식에 따라 송금환(remittance)과 추심환(collection)으로 구분한다. 송금환은 대금을 지급해야 하는 수입기업(채무자)이 거래은행에 대해 외국의 수출기업(채권자)에게 지급을 지시 또는 위탁하는 방법이고, 추심환은 반대로 수출기업(채권자)이 거래은행에 대해 외국의 수입기업(채무자)으로부터 대금을 수취하도록 하는 방법이다.

③ 외환시장

외환시장은 외환의 수요자와 공급자 사이에 외화가 거래되는 시장 또는 메커니즘으로서 전 세계적으로 시차를 반영하여 24시간 운영되는 장외시장이다. 가격지표는 환율이다.

외환시장이 세계적으로 24시간 운영되는 시장이므로 엄밀한 의미에서 외환시장의 환율은 종가라기보다는 최근 거래가격이 된다. 각국의 외환시장 운영 기준으로 볼 때는 그날 그날의 종가가 있을 수 있지만 본래의 외환시장의 의미에서는 최근 가격(latest price)이 된다.

외환시장은 일정한 거래소 내에서 이루어지는 장내시장 중심이 아니고 주로 거래자들끼리 은행을 거래상대방(딜러)으로 하여 거래가 일어나는 장외거래시장이다. 물론 장내시장도 개설되어 있다. 대표적인 장내시장으로 시카고상업거래소(CME) 산하의 국제통화시장(IMM)을 들 수 있다. 외환시장에서 은행은 시장조성자로서 거래를 원하는 사람에게 거래상대방이 되어 주고 거래가 집중되도록 함으로써 거래자에게 낮은 비용으로 거래가 가능토록 하는 핵심적인 기능을 수행한다. 이때 실제적으로 이 기능은 은행딜러들이 담당한다.

외화가 거래되는 외환시장은 외화라는 화폐를 거래하므로 화폐 본연의 기능을 가지고 있다. 즉, 외환시장은 거래대상이 외화이므로 대표적인 화폐의 기능인 가치저장수단(store of value), 가치척도수단(measurement of value),

교역수단(medium of exchange)으로서의 기능을 모두 수행한다. 미국 달러화를 매입하였다면 이는 달러화 투자가 지니고 있는 가치를 보유하고 있는 것이고, 한편으로는 미국 달러화와 원화의 환율이 달러화의 국내가치를 가늠하는 척도가 된다. 또한 미국 달러화는 금과 함께 세계적으로 통용되는 기축통화(vehicle currency)로서 외국과의 교역시 결제수단으로 사용될 수 있다.

외환시장은 다른 금융시장과 유사하게 대외환경이 변화하고 있는데 대표적인 것으로는 국제금융시장 규제 완화 및 통합 재편, 유로존 및 중국경제의 부상과 변동환율제도의 확대, 대규모 국제자본의 이동, 투자의 국제화, 주요 투자자산으로서의 외화자산에 대한 관심 증대, 환율변동에 따른 금융위기 가능성의 증대 등을 들 수 있다.

④ 국제금융시장의 양대 금리

외환시장은 서로 다른 통화를 거래하는 시장으로서 국제금융시장이 필연적으로 개입된다. 따라서 세계적으로 통용되는 국제금융시장의 양대 기준금리인 연방기금금리(Federal Fund Rate, FFR)와 리보금리(London Inter-Bank Offered Rate, LIBOR)를 알아둘 필요가 있다.

연방기금금리는 미국 연방정부에서 은행간 거래를 통해 매일의 법정 지불준비금을 확보하기 위해 차입할 때 적용하는 1일물(overnight) 단기 대출금리로서 미국 중앙은행인 연방준비제도이사회(FRB)가 공개시장위원회(FOMC)에서 결정한다. 이 금리에는 미국 금융 당국의 금융정책 의지와 상업은행의 차입비용이 반영되어 있어 미국 내 뿐만 아니라 전 세계 금리에 상당한 영향을 미친다. 리보금리는 영국의 런던에서 유로달러(미국 이외 지역의 달러)에 대해 국제은행들이 서로에게 1일물 단기대출에 대해 적용하는 금리이다. 연방기금금리와 함께 국제금융시장에서의 증권발행이나 단기 금융활동의 기준으로 인용된다. 이들 연방기금금리 또는 리보금리를 기준으로 대출기간, 대출기관의 신용도 등에 따라 가산금리가 붙어 각 자금 차입자의 대출금리로 이용된다.

시장금리를 반영한 변동금리라는 공통점을 가진 연방기금금리와 리보금리가 형성되는 과정에서의 가장 큰 차이점은 연방기금금리가 연방준비제도이사회에서 정책적으로 결정되는 '정책금리'인 반면 리보금리는 런던 테임즈강 유역의 시티(the city) 지역 소재 11개 금융기관이 서로에게 1일물 단기대출을 할 때 적용할 금리를 제출받아 이를 평균한 은행간 대출 '평균금리'라는 점이다. 한편 유럽공동체(EC) 지역에서는 브뤼셀을 중심으로 한 57개 은행의 평균 대출금리를 이용하여 유리보금리(Euro Interbank Offered Rate, EURIBOR)를 사용하고 있기도 하다.

(2) 외환시장 현황

① 세계 외환시장

세계 외환시장에서 주요한 것으로는 런던외환시장, 뉴욕외환시장, 동경외환시장의 3대 외환시장을 들 수 있으며, 전통적으로 이들이 전체 외환거래 비중의 50% 이상을 차지하고 있다.

특히 런던외환시장은 1980년대 빅뱅(big bang, 1984년)으로 불린 산업혁명과 유사한 금융혁명 조치로 금융시장 개혁·개방을 시행하여 세계 제일의 외환시장으로 성장하였으며, 지금도 가장 큰 시장을 형성하고 있다. 미국의

표 2-1 주요국 일평균 외환거래 규모와 비중 (단위 : 억달러)

국 가	2010	2013	2016	2020
영 국	1조8540(36.8%)	2조7260(40.8%)	2조4260(37.1%)	3조5760(45.0%)
미 국	9040(17.9%)	1조2630(18.9%)	1조2720(19.4%)	1조3700(17.4%)
싱가포르	2660(5.3%)	3830(5.7%)	5170(7.9%)	6330(8.1%)
홍 콩	2380(4.7%)	2750(4.1%)	4370(6.7%)	6320(8.0%)
일 본	3120(6.2%)	3740(5.6%)	3990(6.1%)	3760(4.8%)
한 국	440(0.9%)	475(0.7%)	478(0.7%)	550(0.7%)

* 매년 4월 기준

경우 파생금융시장이 중부 도시인 시카고를 중심으로 성장한 반면, 외환시장은 뉴욕에서 더 발전하였다. 동경 외환시장은 엔화의 성장과 함께 주요 시장으로 두각을 보였다. 세계 외환시장의 하루 평균 거래 규모는 〈표 2-1〉에서와 같이 외환시장의 규모와 비례하여 영국, 미국, 일본, 싱가포르, 홍콩, 스위스 등이 상위를 차지한다. 우리나라는 아직까지는 낮은 비중으로서 2% 수준이다.

② 거래형태별 비중

거래형태별 비중은 외환스왑(통화스왑, currency swap), 현물환(spot exchange), 선물환(forward exchange) 등의 순서인데, 〈표 2-2〉의 국제결제은행 자료에서 보이는 바와 같이 최근 들어서도 스왑의 비중이 큰 폭의 증가세를 보이고 있다. 스왑의 비중이 증가하는 것은 각국의 정부나 기업이 최적의 자본을 조달하기 위해 다른 나라의 금융시장에서 자본을 조달한 후 이를 스왑을 통해 자국의 통화로 바꾸는 방법을 많이 이용하기 때문이다.[1)]

예를 들어, 우리나라 A기업이 중국에서 현지 공장을 운영하고 있어서 이 현지 공장이 위치한 중국에서 위안화표시채권(이를 '판다본드(Panda bond)'라고 함)을 발행하고 이를 다시 원화나 달러로 바꾸려 한다면 홍콩 금융시장의 스왑딜러(swap dealer)를 통해 원화나 달러로 스왑하여 원하는 통화로 사용할 수 있다. 이처럼 많은 외환거래에는 스왑이 수반되어 외환스왑의 비중이 높아지게 된다.

그리고 세계 외환시장의 통화별 거래비중은 미국 달러, 일본 엔, 영국 파운드, 스위스 프랑 순서인데 유로존의 통합화폐인 유로화를 포함하여 이들 통화

1) 우리나라에서도 1995년 아시아개발은행(ADB)이 국내에서 원화표시채권을 발행하여 원화를 조달한 후 이를 산업은행과의 스왑을 통해 미국달러화로 바꾼 사례가 있다. 아시아개발은행의 원화표시채권은 1992년 우리나라 자본시장이 개방된 이후 최초의 외국기관의 원화표시채권이기도 하였으며, 아리랑본드(Arirang bond)라 칭하였다. 이후 외국기관의 국내 자본시장을 이용한 채권발행이 잦아지면서 이러한 형태로 발행되는 채권을 김치본드(Kimchi bond)로 통칭하기도 한다.

표 2-2 거래형태별 일평균 외환거래 비중

A. 주요 통화별 거래비중

미국달러	유로	일본 엔	영국 파운드	한국 원
87.6%	32.3%	16.8%	12.8%	2.0%

B. 전 세계 거래형태별 거래비중

	2007	2010	2013	2016	2019
전체 외환상품	3,324	3,973	5,357	5,066	6,590
현물환	1,005 (30.2)	1,489 (37.5)	2,047 (38.2)	1,652 (32.6)	1,987 (30.2)
선물환	362 (10.9)	475 (11.9)	679 (12.7)	700 (13.8)	999 (15.2)
외환스왑	1,714 (51.6)	1,759 (44.3)	2,240 (41.8)	2,378 (46.9)	3,202 (48.6)
통화스왑	31 (0.9)	43 (1.1)	54 (1.0)	82 (1.6)	108 (1.6)
통화옵션 및 기타파생상품[3)]	212 (6.4)	207 (6.2)	337 (6.3)	254 (5.0)	294 (4.5)

주 : 1) 국내외 조사대상 금융기관간 중복거래(double-counting) 제외
2) ( )내는 전체거래 대비 비중(%), [ ]내는 전기 대비 증감률(%)

C. 우리나라 거래형태별 비중

	2007	2010	2013	2016	2019
전체 외환상품	35,234	43,824	47,520	47,814	55,317
현물환	17,417 (49.4)	18,488 (42.2)	19,848 (41.8)	20,227 (42.3)	19,687 (35.6)
선물환	5,141 (14.6)	6,101 (19.9)	7,320 (15.4)	8,774 (18.4)	11,984 (21.7)
외환스왑	10,838 (30.8)	18,420 (42.0)	19,015 (40.0)	17,788 (37.2)	22,297 (40.3)
통화스왑	1,205 (3.4)	654 (1.5)	783 (1.6)	813 (1.7)	1,043 (1.9)
통화옵션 및 기타파생상품[3)]	633 (1.8)	161 (0.4)	554 (1.2)	213 (0.4)	305 (0.6)

를 세계 5대 통화로 부른다. 2020년 8월 현재 미국 달러가 약 86%로서 압도적으로 많은 거래비중을 보이고 있으며, 이어서 유로화(32% 내외), 일본 엔(17% 내외), 영국 파운드(13% 내외), 스위스 프랑(4% 내외) 등의 수준이다. 우리나라 원화는 2% 정도이다.

최근에는 미국과 함께 G2국가로 불리는 중국경제의 부상에 따라 중국 위안화에 대한 관심이 고조되고 있고 위안화가 외환시장에서 차지하는 중요성도 점증되고 있다. 이에 따라 중국 본토와 홍콩에서 각각 외국기관이 위안화 표시로 발행하는 채권인 판다본드(Panda bond), 딤섬본드(Dimsum bond)가 위안화 절상과 중국의 고금리 추세에 따라 주목을 받고 있기도 하다. 호주달러(AUD)도 호주의 안정적인 경제성장을 배경으로 점차 비중이 커지는 추세이다.[2)]

③ 국내 외환시장

우리나라 외환시장은 세계시장에서의 경제 규모에 비해 거래 규모가 높지 않은데, 이는 외화에 대한 투자보다는 실수요자 위주의 거래, 은행간시장(inter-bank market)의 부진, 원화의 국제화 수준이 미비하다는 것 등에 기인한다.

그러나 2008년 세계적 금융위기 이후 성공적으로 위기를 극복한 것으로 평가된 우리나라 금융시장에 대한 관심이 커지고 국내 경제가 꾸준히 성장함에 따라 외환시장의 규모가 증가하고 있는 추세이다. 특히 2010년 이후 외국통화를 사고파는 FX마진거래(Foreign Exchange margin trading) 등을 통해 개인투자자가 외환시장에 참여하는 규모가 급증하여 최근 우리나라의 외환시장의 거래가 활성화되어 가고 있다.[3)]

---

2) 홍콩 금융시장에서 위안화 표시로 발행되는 딤섬 본드는 중국경제 성장에 따른 위안화 강세 및 중국 금융시장의 고금리 추세에 따라 주목을 받고 있다. 위안화 강세에 따른 매매수익과 고금리 수익을 동시에 추구할 수 있기 때문이다.

3) 외환 FX마진거래는 이종 외화를 사거나 파는 거래이다. 예를 들어, 미국 달러를 사면서 유로화는 매도하는 것인데 이때 형성된 시세차익을 수익으로 한다. 마진(증거금)율이 3~

표 2-3 국내 외환시장 일평균 외환거래 규모와 비중 (단위 : 억달러)

	2001	2003	2005	2007	2014	2015
원화/외국통화 간 거래	72.6(86.5)	87.1(81.5)	168.0(85.1)	349.3(85.5)	379.7(84.6)	404.8(85.7)
외국통화 간 거래	11.4(13.5)	19.8(18.5)	29.5(14.9)	59.0(14.5)	68.8(15.4)	67.4(14.3)

* ( )안은 거래비중(%)임.

국내 외환시장 거래의 특징은 미국 달러화나 엔화의 원화에 대한 거래 및 결제가 우리나라에서만 이루어지는 지역시장(local market)이기 때문에 규모나 활성화 측면에서 상대적으로 거래 규모가 작아 소수 유력 금융기관이나 거래자의 영향이 크다는 점이다. 그렇지만 1999년 제1단계 외환자유화 조치로 실수요거래 원칙이 폐지되고, 2002년 제3단계 외환자유화 조치까지 이어져 대부분의 외환거래가 자유화되는 등 지속적인 규제완화로 규모가 커지는 추세이다. 또한 선물환과 스왑 비중이 급증하고 있으며, 은행간 거래 규모 증가로 은행간시장(inter-bank market)이 활성화되고 있다는 점도 국내 외환시장의 거래가 활발해지는 배경이 되고 있다.

2020년에도 우리나라 외환시장은 주식 및 채권시장의 성장과 함께 세계시장에서 비중이 커지고 있다.

10%대로 높지 않아 레버리지효과가 크다. 즉, 마진율이 3%라면 1억원을 거래하는 데 계좌에 3백만원의 증거금만 있으면 된다. 선물회사, 증권회사 등의 금융기관에 계좌를 개설하여 주식처럼 직접 거래할 수 있다.

② 외환거래

(1) 외환거래의 목적과 종류

외환시장은 딜러(dealer) 중심의 장외시장이고, 참가자 사이의 이익과 손실이 같아지는 제로섬(zero-sum) 시장이다. 외환시장에서 특정 통화가 다른 어떤 통화의 가치를 표시하는지, 어느 통화의 가치가 상승하는지, 그리고 환율변동에 따른 환노출에 대비하여 사용할 수 있는 위험관리기법에는 무엇이 있는지를 알기 위해서는 선결적으로 외환시장의 기본적인 구조에 대한 이해가 필요하다.

① 외환거래의 목적

외환거래는 외국통화에 대한 수요, 환위험 회피(헤지, hedge), 그리고 투기(speculation) 및 차익(arbitrage) 목적으로 이루어진다.

여행이나 수입대금 결제 등을 위해 외화환전을 하는 것은 외국통화에 대한 수요 때문이다. 만일 6개월 후 수출대금이 엔화로 입금되는 업체가 엔화가치가 하락할 것에 대비하여 현재시점에서 수출대금을 담보로 엔화대출(이 경우 '유로엔 거래'가 됨)을 받아 회사 운영에 사용하였다면 이러한 외환거래는 헤지 목적의 거래가 된다.

그러나 엔화가치가 상승할 것을 예상하여 엔화를 매입해 두었다가 단기간 후 매도하는 행위는 투기적 거래이다. 또한 원화의 가치가 우리나라와 미국 외환시장에서 시세가 달리 형성되어 있어 이 가격 차이를 이용해 거래한다면 차익거래가 된다.

차익거래

우리나라 외환시장의 원/달러 환율이 ₩1,000/$이고, 뉴욕 외환시장의 원/달러 환율은 ₩1,100/$로 형성되어 있다.

→ 이 경우 우리나라 외환시장에서 달러당 ₩1,000에 달러를 매입하여 뉴욕에서 매도한다면 달러당 ₩100의 차익을 얻을 수 있다. 이러한 차익거래는 매입과 매도를 같이 수행하므로 순투자금액이 적고, 위험부담도 크지 않으면서 이익을 낼 수 있다는 특징이 있다.

흔히 투기적 거래는 시세차익만을 노리는 거래로서 시장의 불안정을 초래한다는 부정적 측면만을 거론할 수 있다. 그러나 투기적 시장참가자는 긍정적 기능도 수행한다. 긍정적 기능에는 정보분석에 입각한 거래로 환율과 관련된 정보가 실제 환율에 반영되도록 하고 시장에서 적정가격이 형성되도록 도모하며, 정보가 가격에 잘 반영되는 효율적 시장 및 효율적 자원배분의 역할도 있다. 즉, 일시적인 가격불균형이 나타났을 때 이들의 거래가 가격불균형을 해소하기도 한다는 것이다. 반면에 부정적 기능에는 투기적 거래가 환율을 급변하게 만들어 시장 불안정화의 소지를 제공하고 군중심리(herd instinct)와 버블(bubble)의 가능성이 상존한다는 것이 있다. 외환시장 등 금융시장에서의 군중심리와 버블을 정의하면 다음과 같다.

- 군중심리 : 정보에 입각한 예측에 근거하지 않고 무비판적으로 다른 사람의 행동을 따라가는 행위
- 버블 : 군중심리에 따른 거래로 인해 가격이 급등락하여 적정 수준 이상으로 치솟는 현상
  가격이 이상급등했다는 인식이 퍼져 버블이 붕괴되면 가격 폭락으로 시장불안을 야기하고 투자자는 큰 손실을 입게 됨.

② 외환거래의 종류

일반 기업체보다는 금융기관 특히, 통화를 직접 다루는 상업은행이 외환거래의 주요 고객이다. 외환거래는 거래상대방에 따라 은행간거래와 대고객거래로 나뉘는데, 은행간거래를 통해 도매환율인 은행간환율(inter-bank rate)이 결정되고 이를 토대로 각 은행별로 소매환율인 대고객환율(customer rate)이 고시된다.

거래 및 결제형태에 따라 현물환거래와 선물환거래 및 스왑으로 나뉜다는 점은 앞서 기술한 바와 같다.

국내에서 시행되는 외국환관리법에 의하면 현물환거래(spot exchange transaction)는 계약 체결 후 2영업일 이내에 대금지급과 인도가 이루어져 결제가 종료되는 거래로서 외환거래의 기본형태이다. 계약 후 2영업일 이내이므로 당일 결제(value today), 익일 결제(value tomorrow), 2일 후 결제(value spot)까지 현물환거래에 속한다. 그리고 현물환거래 외의 거래를 파생외환거래로 구분하는데 여기에 선물환거래, 통화선물, 통화옵션 및 통화스왑거래가 포함된다.

현물환거래와 손익

거래환율의 앞 쪽 수치는 외환거래 상대방의 매입환율, 뒤 쪽 수치는 매도환율이다. 매입-매도환율을 1.5505-1.5515 → 1.5505/15와 같이 표시하기도 한다. 여기서 외환거래 고객에게 적용되는 환율은 매입시에는 매도환율, 매도시에는 매입환율이다.

- 유로/달러 환율이 상승할 것으로 예상한 투자자가 $100,000를 매입하였을 때 유로/달러 환율의 변화에 따른 손익

거래금액	매입시점 환율	매도시점 환율
$100,000	1.5505-1.5515	1.5724-1.5734

손익=$100,000×(1.5724-1.5515)=$2,090

• 일본에 ¥100,000 어치의 섬유제품을 수출한 기업이 당일 엔화를 교환하지 않고 3개월 후 교환하였을 때 원/엔 환율의 변화에 따른 원화가치 변화금액

거래금액	당일 환율	3개월 후 환율
¥100,000	132.50－133.50	128.50－129.50

원화가치 변동금액＝¥100,000×(128.50－133.50)＝△₩500,000

기타 특수한 형태로 차액결제선물환거래로 일컬어지는 NDF(non-deliverable forward) 거래가 있다. 우리나라가 아닌 뉴욕, 런던 등 역외에서 이루어지는 NDF 거래(차액결제선물환거래)는 우리나라 외환시세에 큰 영향을 주기도 한다. 외환시장의 중요한 거래이다.

NDF(non-deliverable forward) 거래

특수한 거래 형태로 외환을 결제하는 데 있어서 거래 원본이 아닌 시세차익의 차액만을 주고 받는 차액결제선물환거래이다. 뉴욕이나 런던과 같은 주요 역외시장의 거래는 주로 NDF 거래를 이용하는데, 국내 외환시세에 큰 영향을 준다.
100만달러를 1,000원/달러에 매입/매도하기로 약속한 선물환매입자/매도자가 있는데 결제일 정산환율(fixing rate)이 1,100원/달러로 상승한 경우를 예로 들어보자. 이 선물환거래에서는 환율이 1,100원/달러로 상승하였더라도 선물환매입자는 1,000원/달러로 매입하기 때문에 환율인상으로 인한 위험을 회피하였을 뿐만 아니라 달러당 100원, 총 1억원의 이득을 보고, 반대로 선물환매도자는 1억원의 손해를 입게 된다.
선물환거래와 NDF 거래는 결제방법에서 다음과 같은 차이가 있다.

• 선물환 매입/매도 거래
매입자(이득) : 100만달러×1,000원＝10억원 지급하고 100만달러 매입
매도자(손실) : 100만달러×1,000원＝10억원 수취하고 100만달러 매도

• NDF 거래
매입자(이득) : 100만달러×차익 100원＝＋1억원
매도자(손실) : 100만달러×차손 100원＝(－)1억원
1억원에 해당하는 달러를 지급/수취하는 것으로 거래 종결

Wag the dog 현상(선물시장의 현물시장 지배 현상)

외환시장을 포함하여 금융시장에서는 흔히 현물시장과 선물시장의 관계에서 웩더독(Wag the dog) 현상이 회자된다. "The dog wags the tail"이 "The tail wags the dog"의 표현으로 주(主)와 객(客)이 바뀐다는 데서 유래한 투자속어이다. "주객전도(主客顚倒)"라고나 할까? "강아지가 자기 꼬리를 흔든다"가 아니라 "강아지 꼬리가 몸통을 흔든다"는 뜻이다. 이는 선물시장이 현물시장을 지배한다는 의미로서, 지금 시점에서 물건을 보유하거나 보유코자 하는 현물거래자들이 물건을 보유하지 않은 채 거래하는 선물거래자들의 거래가격에 지배를 받는다는 것이다.

선물거래자들은 거래하더라도 이를 계약만기 이전에 재거래를 통해 없앨 수 있기 때문에 실수요자도 많지 않은 편이다. 그럼에도 불구하고, 실제 시장에서 현물을 거래하는 현물시장보다 선물을 거래하는 선물시장의 가격 영향력이 더 크게 작용하여 선물시장 거래가격이 현물시장 가격을 리드하는 현상이다.

그림 2-1 Wag the dog

(2) 외환시장의 특징과 참가자

① 외환시장의 특징

외환시장은 딜러 중심의 장외시장이며, 세계적으로 통합되어 24시간 운영되는 특징을 가지고 있다. 뉴욕외환시장이 마감하며 고시한 환율을 참고하여 샌프란시스코에서 거래가 되고 이후 각국가 간 시차에 따라 웰링턴, 시드니, 동경, 서울, 홍콩, 싱가포르, 바레인, 파리, 런던 등이 순차적으로 연속성을 띠며 거래를 하기 때문이다. 따라서 외환시장의 가격지표인 환율은 종가(closing price)라기보다는 가장 최근에 고시된 가격(latest trading price)이라고 할 수 있다.

외환시장은 장외시장(non-floor market, OTC market)이다. 장외시장은 점두거래시장으로도 부른다. 일정한 거래소(exchange) 내에서 이루어지는 장내시장 중심이 아니고, 주로 거래자들끼리 은행을 거래상대방으로 하여 거래가 일어나는 장외거래시장이다. 이때 은행은 거래자들의 상대방으로서 딜러의 역할을 담당한다.

또한 은행은 시장조성자로서 거래를 원하는 사람에게 거래상대방이 되어 줌과 동시에 거래가 집중되도록 함으로써 거래자에게 낮은 비용으로 거래가 가능하도록 해준다. 외환시장과 같은 장내시장과 달리 장내시장은 거래소와

금융시장의 유통시장 형태

- 장내시장 : 조직화된 공식적 거래소 시장
  예) 한국거래소(KRX), 뉴욕증권거래소(NYSE), 나스닥(NASDAQ), 시카고선물거래소(CME)
- 장외시장 : 거래소 이외의 비공식적 유통시장
  예) 외환시장, 스왑거래, 선물환거래
- 사이버시장 : 인터넷 등 전산망을 이용한 금융거래시장으로 기존의 거래시장을 거치지 않음.

같은 조직화된 공식적 거래구조를 따른다. 금융시장에서의 유통시장은 시장형태에 따라 장내시장, 장외시장, 사이버시장으로 대별한다.

한편 유통시장은 거래 방법에 따라 딜러시장, 브로커시장, 경매시장으로 구분한다.

딜러시장(dealer market)은 딜러가 매도 및 매수가격을 제시하고 의무적으로 거래에 응하는 구조를 가진다. 외환시장에서는 외환딜러가, 스왑거래에서는 스왑딜러가 상품을 매도 또는 매수하려는 거래자의 상대방이 되어 매수 또는 매도하게 되는데, 이런 경우 딜러는 자연스럽게 거래에 따른 위험에 노출된다. 노출된 위험에 대해 위험보상으로서 매도와 매수 간에 가격차이인 스프레드(spread)가 존재하고 이는 딜러의 수익원이 된다. 물론 딜러가 자기책임 하에 거래를 중개하는 것이기 때문에 보유한 상품을 자기계정으로 매도하여 시세차익을 얻는 것도 수익원이 된다. 따라서 딜러는 스프레드와 매매차익으로서 수익을 창출하는 것이다.

이에 반해 브로커시장(broker market)에서는 중개인(브로커)이 매매당사자의 중간에서 매도와 매수 주문을 기계적으로 연결해 주고 브로커리지(brokerage)로 불리는 수수료를 수익원으로 받는다. 주식시장이 대표적인 브로커시장이다. 최우선 가격을 우선적으로 체결하게 되며, 브로커의 위험부담은 딜러와 비교할 때 매우 낮은 수준이다. 따라서 우선적으로 체결될 수 있는 거래호가가 나오지 않으면 거래가 되지 않게 되어 거래 유동성이 떨어질 수 있다. 이를 '기세'라고도 한다.

경매시장(auction market)은 일정기간 동안 접수된 매도, 매수주문을 모아 대량으로 체결하는 체계를 가지는 시장으로서 정보가 집중적으로 가격에 반영되는 반면 연속적으로 가격정보를 제공하는 기능을 하지 못한다는 단점이 있다. 국채시장, 주식시장의 시가, 종가를 결정하는 동시호가 등에서 경매시장 시스템을 이용한다.

딜러와 브로커(dealer, broker)

시장 참여자로서 딜러와 브로커는 차이가 있다. 부동산중개업자를 예로 들어보자. 아파트를 팔고자 하는 사람과 사고자 하는 사람의 중간에서 단순히 거래를 중개시키고 그 대가로 중개수수료(brokerage)를 받는다면 이 중개업자는 브로커의 역할을 한 것이다.

그러나 중개업자가 아파트 매도자로부터 아파트를 매입하여 보유하고 있다가 매입 희망자에게 이를 매도하면 딜러로서의 기능을 수행한 것이고, 이때 중개업자의 수입의 원천은 매입가격과 매도가격의 차이로부터 발생한다. 따라서 딜러는 브로커보다 위험부담이 크고 그에 따른 기대수입도 크다. 또한 가격결정에 직접 참여함으로써 시장조성자로서 핵심적 지위에 있게 된다.

제로섬시장(zero-sum market)

외환시장은 거래상대방의 손익을 모두 합하면 "0"이 되는 전형적인 제로섬시장이다. NDF 거래의 예에서처럼 미국 달러를 매도하였는데 달러화의 가치가 상승하였다면 매도자는 손실을 보게 되고, 매입자는 이익을 보게 되는데 이 손실금액과 이익금액을 합하면 제로가 되는 시장이라는 의미이다. 만일 손해를 본 거래자의 수가 10명이고, 이익을 낸 거래자의 수가 1명이라면 10명의 손실금액이 1명의 이익금액과 같게 되어 이 경우 상당한 규모의 이익이 돌아가게 된다.

외환시장은 개별기관 간의 거래보다 은행간시장 비중이 높은 시장, 미국달러화 비중이 높은 시장, 최대 규모의 금융거래 시장이다. 2000년대 개인의 자본거래를 포함한 외환거래 자유화로 외환시장이 팽창하였는데, 우리나라도 외환자유화 조치로 외환거래가 크게 활성화되었다.

② 참가자

외환시장의 참가자에는 고객(customer, client), 상업은행(commercial bank), 외국환은행(correspondent bank), 외환중개인(foreign exchange broker), 중앙은행(central bank), 결제기구 및 결제시스템(clearing & settlement system, SWIFT, CHIPS, Fed Wire) 등이 있다.[4] 고객은 정부, 기업, 공공기관, 개인 등 외화를 필요로 하거나 매도하려는 거래자를 말한다. 은행은 고객의 상대방에서 외화를 매도 또는 매입하기 때문에 외환시장의 중요 참가자이며, 외국환은행은 외환거래를 통해 자국통화와 타국통화의 거래를 중개하는 역할을 한다. 이러한 연유로 은행 입장에서는 환위험이 보다 중요하게 된다.

외환시장에서 은행은 다른 금융시장에서와 비교할 때 비중 있는 역할을 담당한다. 고객의 상대방이 되거나 은행 스스로 외환거래의 당사자로서 딜러 기능을 수행하기도 하고 다른 금융기관의 외환거래를 중개해 주는 브로커의 역할도 한다. 가끔 TV 등 매체에서 비춰주는 각 은행의 딜링룸은 은행이 딜러로서 외환시장 거래에 직접 참여한다는 걸 보여준다.

외환중개인은 외국환거래를 전문으로 중개하는 금융기관으로서 우리나라에도 서울외국환중개(www.smbs.biz), 한국자금중개(www.kmbco.com), 금융결제원 등이 운영되고 있다. 이들 중개인은 브로커로서 중개수수료를 받으며, 딜러로서의 외환포지션을 취하지 않는다.

중앙은행은 외환시장에 참여하는 가장 큰 고객일 뿐만 아니라 자국의 통화가치를 안정시키고 국제수지 불균형을 해소하기 위해 외환시장에 직접 개입

4) SWIFT : Society for World-wide Interbank Financial Telecommunication
CHIPS : Clearing House Interbank Payments System

그림 2-2 외환시장 결제시스템 구조의 예

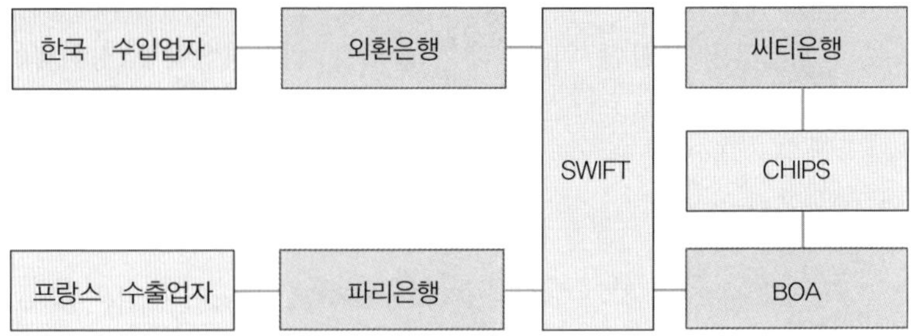

하여 외환을 매입 또는 매도함으로써 시장을 안정시키는 기능을 한다.

서로 다른 통화가 거래되고 결제되는 외환시장의 결제시스템은 두 나라 이상의 금융기관이 개입되므로 결제가 원활하도록 하는 특정한 시스템을 구축하게 되는데, 대표적인 것이 스위프트(SWIFT)와 칩스(CHIPS)이다. SWIFT는 〈그림 2-2〉에서와 같이 각 국가와 미국은행을 연결하는 것이고, CHIPS는 결제에 개입하는 미국 내 은행 간 결제시스템이다. 은행업무 시간 이후에는 연방준비은행이 운영하는 페드와이어(Fed Wire)를 통해 결제가 이루어진다.

〈그림 2-2〉는 한국 수입업자와 프랑스 수출업자 간 결제시스템이 미국의 은행을 통해 이루어지는 구조를 나타내는데 이는 미국달러화가 기축통화의 기능을 수행하므로 각국 통화가 미국 달러를 거쳐서 결제되는 형태를 보여준다. 즉, 원화가 국제통화가 아니므로 한국의 수입업자는 외환은행을 통해 원화를 달러로 환전하여 미국 은행에 지급하고, 프랑스 수출업자는 거래은행인 파리은행의 미국 내 거래선인 뱅크오브아메리카(BOA)가 지급한 달러를 자국통화로 바꾸어 지급받게 된다. 일본 기업과 독일 기업이 거래하는 경우이더라도 특정한 경우를 제외하고는 이러한 구조를 통하여 결제가 이루어진다.[5]

5) 이러한 국내외 결제시스템에서 이루어진 거래내역을 저장하는 블록(Block)이 형성되어 네트워크로 모든 참여자에게 전송되는 거래장부를 블록체인(Block Chain)이라고 한다.

(3) 외환거래와 외국환은행 환포지션관리

외환거래의 당사자가 되는 외국환은행은 은행의 당좌계정으로 외화를 매입 · 매도하게 되는데 이때 환율변동에 따른 환리스크에 노출되어 리스크관리가 필요해진다.[6] 즉, 고객의 상대방이 되어 외환거래를 하다 보면 외화를 보유하게 될 수 있고 보유외화의 가치가 변함에 따라 손익이 발생할 위험에 처하게 되므로 이에 대한 관리가 요구된다는 것이다.

다음의 예를 들어 은행이 수행하는 환포지션관리를 살펴본다.

외국환은행의 환포지션관리 예

(주)대한전자가 미국에 100만달러 상품을 판매하고 그 대금을 한국의 외국환은행을 통해 지급받는 경우 미국의 환거래은행(corres bank)에 개설되어 있는 한국 외국환은행의 당좌계정에 달러가 입금되어 대기(credit)되었음을 통보받았다. 이 회사는 외국환은행이 제시하는 1,200원의 현물환율로 달러를 매각하고 매각대금이 한국 외국환은행에 설정되어 있는 수출상의 원화계정에 대기되면 결제가 끝나 거래가 완료된다. 이때 한국의 외국환은행은 아래와 같은 거래가 추가로 필요해진다.

① 대고객시장 거래에 따른 현물환 매입초과포지션(long position)

대고객시장에서 고객에게 ₩1,200/$에 원화를 환전해 주고 100만달러를 매입 · 보유함에 따라 환리스크에 노출된다. 여기서 환리스크는 원/달러환율 변동에 따라 보유하고 있는 100만달러의 원화가치가 달라지는데 따른 리스크를 의미한다.

---

6) 당좌계정은 nostro account, current account, working account, our account 등으로 불린다.

달러수령 + $100만 (대고객시장)	원화지급 − ₩12억 (대고객시장)
계 + $100만	계 − ₩12억

② 은행간시장 거래를 이용한 환포지션관리 : 스퀘어포지션(square position)

대고객시장에서 발생한 100만달러의 매입초과포지션을 은행간시장에서 ₩1,250/$에 매도함으로써 스퀘어포지션(square position)으로 전환한다. 즉, 은행간시장 매도거래를 통해 100만달러를 보유하는 데 따른 환리스크를 제거하고 더불어 ₩50백만의 매매 차익도 취한다.

달러매입 + $100만 (대고객시장) ↓ 달러매도 − $100만 (은행간시장)	원화지급 − ₩12억 (대고객시장) ↓ 원화수입 + ₩12.5억 (은행간시장)
계	계 + ₩50백만(이득)

(4) 외환거래의 결제

① 은행을 통한 외환거래 결제

은행이 외환시장의 중심에 있듯이 청산(clearing), 결제(settlement), 지불과 송금도 은행을 통하여 이루어진다. 단, 중간단계에서 스위프트(SWIFT)나 칩스(CHIPS) 같은 대외시스템을 경유하기도 한다. 그리고 결제는 실제 화폐의 이전이 아닌 구좌의 잔고기록 조정을 통해 이루어지는데 만일 보유달러를 매도한 거래자는 달러화 예금 잔고 감소와 동시에 원화예금 잔고가 증가하게 된다.

② 해외 코레스은행

국제거래의 지불은 거래은행의 해외 코레스(corres : correspondent bank) 계좌를 통해 결제가 완료된다. 국내기업과 외국기업이 각각 코레스은행을 통해 대금을 지불하는 내용은 다음과 같다.

국내기업이 미국 거래업자에게 수입대금 지불

국내은행이 미국 소재 자신의 코레스은행에게 현지의 고객에게 지불 지시

- 이 지시에 따라 국내은행의 코레스은행 노스트로 구좌(nostro account)에서 잔고 감소
- 코레스은행은 지시대로 고객계좌에 이 돈을 이체

외국기업이 국내 거래업자에게 수입대금 지불

외국기업으로부터 의뢰받은 현지의 코레스은행이 국내은행에게 국내 고객에게 지불지시

- 이 지시에 따라 현지 은행의 코레스은행 보스트로 구좌(vostro account)에서 잔고 감소
- 코레스은행은 지시대로 고객계좌에 이 돈을 이체

(5) 외환시장과 무역거래

외환시장은 대외거래와 불가분의 관계로 실물경제 활동을 도와 경제성장 및 순환에 중요한 역할을 한다. 무역거래의 예를 들어 이러한 관계를 설명해 본다.

무역거래에서 외화결제 및 상품수입 과정을 원활하게 하기 위하여 수입업체의 요청에 따라 수입업체 거래은행이 발행하는 신용과 관련한 증서를 신용장(L/C, letter of credit)이라고 한다. 신용장에 적힌 거래내용과 수출업체가

제시하는 서류의 내역이 일치하면 수입업체 거래은행이 수출대금 지급을 보증한다. 이를 통해 수출업체와 수입업체는 대금결제와 상품수입 거래 과정에서 발생하는 거래위험을 제거하기 때문에 외환시장의 금융활동이 실물경제에 도움이 되는 예가 된다.

이 과정을 도해하면 다음과 같다. 〈그림 2-3〉과 같이 한국의 신발수출업체는 S국의 신발수입업체에 1백만달러어치 신발을 수출하는 계약을 체결하였다. S국의 수입업체의 대금결제에 관해 확약을 받고 싶은 한국의 신발수출업체는 신용장 거래를 원한다. 이에 두 업체는 각자의 거래은행에 수출계약 사실을 알리고 수출서류를 근거로 무역금융을 개시한다.

① S국의 수입업체는 거래은행에 신용장 개설을 의뢰하는데 무역계약과 수입업체의 신용 및 거래관계 등을 감안하여 수입대금 지급을 확증하는 신용장을 개설하여 이를 한국 수출업체의 거래은행에 통지한다.

그림 2-3 무역거래와 외환시장

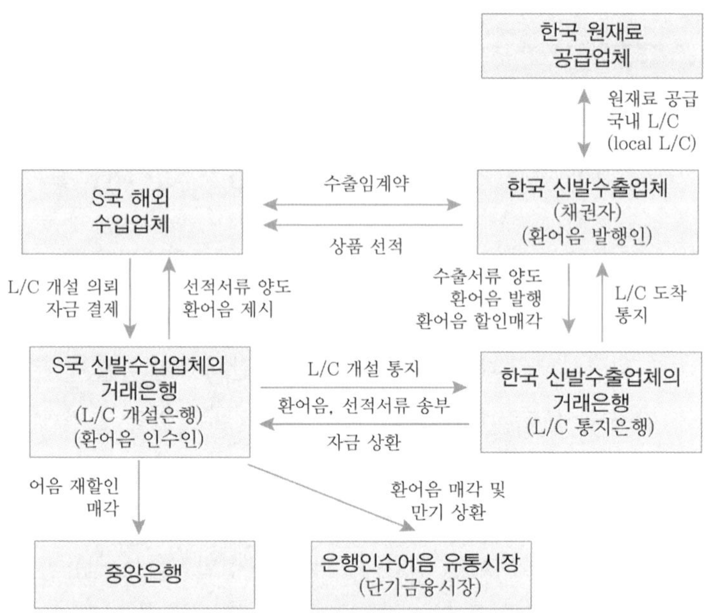

② 한국 수출업체의 거래은행은 신용장 내용을 수출업체에게 통지하고 수출업체는 무역계약에 따라 신발을 S국의 수입업체에 선적한다. 또한 수출업체는 선적하였다는 증서(선하증권, bill of lading) 및 다른 구비서류와 함께 거래에 사용된 통화 표시 환어음을 작성, 발행하여 거래은행에 제출하고 수출대금을 수취한다. 이 때 수취대금은 환어음을 할인하여 매각하는 것이기 때문에 대금지급의 불확실성 및 지급시점까지의 기간이자를 감안하여 수출대금 1백만달러보다 적은 금액을 수령하게 된다.

③ 환어음을 매입하고 대금을 지급해준 한국의 거래은행은 환어음과 상품 선적서류를 S국의 신용장 개설은행에 보내어 확인을 받고, S국의 은행은 이를 수입업체에게 제시한 다음 은행 자금으로 한국의 거래은행에 상환한다.

④ S국의 은행은 환어음을 은행인수어음(B/A) 시장에 매각하여 자금을 회수하고 수입업체로 하여금 어음결제일에 대금을 결제하도록 한다. 또는 은행인수어음 시장에서 만기에 은행이 어음을 결제하고 이 만기 환어음을 수입업체에게 제시하여 자금을 결제받기도 한다.

⑤ 수입업체가 선적서류를 운송회사에 제시하고 신발을 인도받으면 무역거래는 종결된다. 이러한 과정을 통해 어음할인시장이 무역거래를 돕는 역할을 하는 것이다.

⑥ 은행거래에서 발생한 어음은 은행이 보유하지 않고 다시 이를 중앙은행에 재할인을 하여 위험을 낮추고 어음거래의 유동성을 높일 수 있다. 이 때 중앙은행이 제시하는 할인율을 재할인율이라고 하며, 재할인율은 통화량 조절 정책의 수단으로 사용된다. 즉, 재할인율이 높으면 은행의 어음 매각이 줄어 통화량이 증가하고, 반대로 낮으면 통화량이 증가하는 효과가 있다.

⑦ 수출업체가 신발을 만들기 위해서는 원단 등 원자재가 필요한데 원자재 공급업체에 대해 은행이 신용장을 써주고 수출업체가 원자재를 공급받을 수도 있다. 이를 무역거래 신용장에 대비하여 국내 신용장(local L/C)으로 칭한다.

⑧ 한국 수출업체는 수출계약시점과 대금수취 사이에 외화 환율이 변하여 손해를 볼 수 있는 상황에 대비하여 한국무역보험공사에 환보험을 가입하여 손실위험을 피할 수 있다.

학습정리

01 | 외환시장은 외환의 수요자와 공급자 사이에 외화가 거래되는 시장 또는 메커니즘으로서 전 세계적으로 시차를 반영하여 24시간 운영되는 장외시장이다. 가격지표는 환율이다.

02 | 외환시장은 거래형태별로 크게 현물환시장, 선물환시장, 스왑시장, 기타시장(옵션 등)으로 대별할 수 있다.

03 | 외환시장은 24시간 운영되는 장외시장이 딜러 중심의 시장이며, 외환의 수요 · 공급자간 거래메커니즘이다.

04 | 외환시장은 은행간 거래 비중이 높은 시장, 달러화 거래가 중심이 되는 금융시장 최대의 거래 규모를 차지하는 시장이다.

05 | 외환시장은 통화를 거래한 거래자끼리의 손익을 모두 합하면 "0"이 되는 전형적인 제로섬시장이다

06 | 외환거래는 거래 상대방에 따라 은행간거래와 대고객거래로 나뉘는데, 은행간거래를 통해 도매환율인 은행간환율(inter-bank rate)이 결정되고 이를 토대로 각 은행별로 소매환율인 대고객환율(customer rate)이 고시된다.

07 | 외환거래는 외국통화에 대한 실수요, 헤지, 투기 및 차익을 목적으로 행해진다. 거래원본이 아닌 차액만이 결제되는 거래를 NDF 거래(차액결제선물환거래)라고 한다. NDF 거래는 우리나라 외환시장 거래 환율에 큰 영향을 준다.

08 | 은행은 대고객거래에서 취한 오픈포지션을 은행간거래를 통해 스퀘어포지션으로 전환함으로써 환위험을 회피한다.

09 | 외환시장을 포함한 금융시장에서는 현물을 거래하는 현물시장보다 선물시장의 가격영향력이 더 크게 작용하여 선물시장 거래가격이 현물시장 가격을 리드하는 "Wag the dog" 현상이 나타난다.

CHAPTER

03

환 율

여행사를 운영하고 있는 김휘동 씨는 회사일로 미국 출장을 자주 가는 편이다. 김휘동 씨는 출장 중에 사용할 미국 달러를 은행에서 환전하여 가는데 그때마다 은행에 고시되어 있는 환율이 달라지고 T/T selling rate와 T/T/ buying rate라고 되어 있는 전신환매매율도 잘 모른다(여기서 전신환매매율은 문서를 이용한 계좌이체환율을 의미함). 그리고 A은행에 가면 B은행보다 유리한 환율을 적용해 주고, A은행에서도 오전 환율과 오후 환율이 달라서 이것저것 신경 쓰고 싶지 않아 항상 A은행 ○○지점의 박대리를 통해 환전하게 되었다.

은행고시환율의 체계는 외환거래 대상이 현금이냐, 수표 또는 어음이냐, 계좌이체냐에 따라 달라진다. 또한 은행간 거래에서 결정된 환율을 기준으로 개인고객에 대한 고객환율을 각 은행마다 각자의 기준에 의해 고시하기 때문에 은행마다 환율이 다르고, 같은 은행이라도 지점에 따라 다른 경우도 많다. 이는 외환시장이 표준화된 장내시장 체계를 따르지 않는 장외시장이고, 환율이 수시로 변하기 때문이다.

① 환율의 기본개념

(1) 환율의 정의

환율은 한 나라의 통화가치를 다른 나라의 통화단위로 표시한 것으로, 외환거래시 두 나라 통화 간의 교환비율이다. 원/엔(￥) 환율이 10원/￥1이라고 하면, 10원의 한국 원화가 1엔의 일본 엔화로 교환된다는 것을 뜻한다. 그러므로 만일 1,000엔을 필요로 하는 경우 10,000원을 지급해야 한다.

환율은 다른 나라 통화와의 교환 형태에 따라 달라진다. 10,000달러가 필요하다고 가정해 보자. 10,000달러가 필요한 이유에는 장기간 미국 여행을 위한 현금 환전 혹은 미국에 있는 가족이나 친지에 대한 계좌이체 송금, 수입대금의 결제 등 다양하다. 여기서 환율은 각각의 경우에 다르게 적용된다. 즉, 현금 환전에 적용되는 환율, 계좌이체(telegraphic transfer)에 적용되는 환율, 수출어음에 적용되는 환율 등이 서로 다르다는 것이다. 이렇게 환율이 서로 다른 배경에는 외화현금을 보유하는 데 소요되는 비용, 거래당사자가 은행인가의 여부, 환율 적용 시점, 환율제도의 차이 등이 존재한다.

증권시장에 주식, 채권 등의 다양한 증권이 거래되고 이들 증권의 가격이 다양하게 이루어지므로 증권시장 거래를 위해서는 이들 가격체계에 대한 이해가 요구된다. 이러한 측면에서 외환시장의 가격인 환율도 위에서처럼 여러 형태를 띠고 있으므로 거래형태와 거래시차 등에 따라 적용되는 환율의 정의와 형태 등에 대해 학습할 필요가 있다.

(2) 환율제도

① 고정환율제도

제2차 세계대전 이후부터 1970년대 이전까지는 전 세계적으로 고정환율제도(fixed exchange rate system)를 채택하였다. 고정환율제도는 정부가 환율을 일정 범위 내로 고정시켜 환율을 안정시킨 제도로서 각 통화 간 환율이 오랜 기간 동안 특정 범위 이내 수준에서 변동되었다.

그러나 각국의 경제 규모가 달라지고, 정치 · 문화 · 사회적 환경이 변화하면서 일정 범위 내로 환율을 고정시키기가 어려워졌다. 특히, 1960년대 후반 베트남 전쟁 이후 크게 약화된 미국 달러의 위상은 고정환율제도의 변경이 불가피한 상황으로 이끄는 촉매제가 되었다. 고정환율제도에서는 미국 달러화를 기준으로 각국의 통화가 일정한 수준을 보였으나, 달러화 약세로 일정 수준으로 고정시키는 것이 어려워졌기 때문이다. 1968년 동경 올림픽 이후 일본 엔화가 급성장한 것도 고정환율제도가 변경되어야 한다는 압박을 가중시켰다.

② 변동환율제도(floating exchange rate system)

변동환율제도는 1970년대 킹스턴체제에 의해 도입된 것으로 외환시장의 각 통화에 대한 수요 · 공급에 따라 환율이 자유로이 결정되는 제도이다. 완전자유변동환율제도보다는 환율의 급격하고 대폭적인 변화에 대해서 정부나 중앙은행이 개입하여 환율을 안정시키는 관리변동환율제도(managed floating system)를 채택하고 있는 국가도 있다.

③ 고정환율제도와 변동환율제도의 상충관계

고정환율제도와 변동환율제도는 각각 장단점을 가진다. 고정환율제도 하에서는 안정된 환율이 유지되므로 경제적 주체들이 장기적 안목으로 경제활동을 수행할 수 있는 반면 환율이 자유로이 변화하여 국가경제적으로 영향을 미친다고 판단할 때 이를 방지하기 위해 환율을 어느 수준에 고정하는 조치를 취하게 되는데 이러한 조치에는 시장개입비용이 소요된다.

한편 변동환율제도 하에서는 환율의 변화가 허용되어 환율이 급변할 때에는 이로 인해 여러 가지 경제적 불안정이 초래되지만 상당한 금액이 투입되어야 하는 시장개입비용을 절감하게 되고 이렇게 절감한 자금을 사회간접투자 등의 적정한 투자에 사용할 수 있다는 장점이 있다. 만일 정부나 중앙은행이 외환시장에 개입하여 환율의 안정을 꾀하는 데 소요되는 시장개입비용이 환율변동으로부터 야기될 수 있는 환율변동비용보다 크다면 변동환율제도가 유리하다. 대표적인 시장개입비용으로는 환율안정을 위해 투입하는 자금을 조달하기 위해 외국환평형기금채권(흔히 '외평채'라고 함)인데, 외국환평형기금을 발행하는 데 드는 발행비용이나 제반 자금을 들 수 있다.

반면에 환율변동에 따른 손실 가능성이 더 큰 경우 고정환율제도가 효율적일 것이다. 각 경제주체가 경제활동을 수행함에 있어서 환율예측이 어려워지거나 환율변동이 경제 전반에 미치는 영향이 클 경우 국가가 나서서 환율을 안정시키는 것이 보다 효과적이기 때문이다. 따라서 개발도상국이나 신흥국처럼 경제성장이나 안정에 주안점을 두어야 하는 국가의 경우 변동환율제도보다 고정환율제도를 선호하게 된다.

2 환율의 분류

(1) 이론적 정의에 따른 분류

① 명목환율

각 통화 간 환율을 표시하는 데 있어서 실질환율이라는 표시가 없을 경우 대다수에서는 명목환율(nominal exchange rate)을 의미한다. 명목환율은 시장환율로서 통상의 환율은 이 명목환율을 말한다. 그러므로 명목환율은 외국통화라는 재화의 가격을 나타낸다. 예를 들어, 미국 달러의 원화 환율이 1,200원 즉, 1,200원/미국달러의 환율은 미국 달러라는 물건의 값이 원화로

1,200원이라는 것이다.

명목환율 상승 = 원화가치 하락(Depreciation) 명목환율 하락 = 원화가치 상승(Appreciation)

② 실질환율

실질환율(real exchange rate)은 통화의 구매력을 기준으로 환율을 평가하는 방법으로 시장환율인 명목환율과 비교된다. 실질환율은 명목환율로 계산할 때 두 나라 간 재화와 서비스의 교환비율이다. 예를 들어, 명목환율이 1,200원/미국달러일 때, 버드와이저 맥주 한 병이 서울에서는 1,350원에 판매되고, 미국에서는 1달러에 판매된다면 실질환율은 1,350원/미국달러가 된다.

실질환율과 일물일가의 법칙

실질환율은 통화의 구매력을 기준으로 환율을 평가하는 방법으로 가격결정과 관련된 일물일가의 법칙(law of one price, LOP)이 응용된다. 일물일가의 법칙은 한 재화에는 하나의 가격이 매겨진다는 것이다. 원/달러환율이 1,200원/달러일 때, 버드와이저 맥주 한 병이 서울에서는 1,350원에 판매되고, 미국에서는 1달러에 판매된다면 원, 달러의 구매력을 기준으로 한 실질환율은 1,350원/달러가 된다. 따라서 이런 가격이 계속된다면 1,200원/달러인 환율은 1,350원/달러로 인상될 가능성이 높다.

빅맥지수

영국의 이코노미스트지(Economist)가 1986년부터 매년 4월 발표하는 환율지수이다. 빅맥지수(big mac index)는 미국 달러를 기준으로 각국의 통화가치를 평가하여 발표하는데 실질환율을 측정하는 방법을 이용한다. 맥도날드의 빅맥햄버거가 각국에서 얼마에 판매되는가를 조사하여 국가 간 환율을 고시하는 것이다. 빅맥햄버거가 일본에서 100엔에 판매되고, 미국에서 1달러에 판매된다면 빅맥지수는 100엔/달러가 된다.

③ 실효환율

실효환율(effective exchange rate)은 환율산정 대상 국가와의 무역가중치로 조정한 환율로서 무역가중환율이라고도 한다. 무역활동이 활발하거나 수출비중이 높은 국가의 환율이 상대적으로 유리하게 측정된다. 예를 들어, 100을 기준으로 전년도 수출비중이 높은 국가는 100보다 낮아지고, 수입이 많았던 국가는 100보다 높게 적용받는다. 100보다 높게 적용받는다는 것은 실효환율 인상을 뜻한다.

(2) 거래상대방에 따른 분류

① 은행간환율

외환거래의 당사자(매도자 또는 매입자)가 은행인 경우 은행간환율(inter-bank rate)이 적용된다. 은행은 외화를 보유 또는 매도할 목적으로, 또는 외환거래를 통해 차익을 취할 목적으로, 고객이 맡긴 외화를 다른 은행에 매도할 목적으로 등등 다양한 이유로 외환거래를 하게 되는데 이때 은행간환율이 결정된다. 통상 은행이 딜링룸을 통해 외환 도매거래를 하고 이를 통해 자유롭게 형성된 시장환율이다.

TV 등 언론매체에서 종종 은행의 딜러들이 전화나 인터넷으로 외환거래를 하는 딜링룸을 비쳐주는데 이들의 거래가 은행간환율을 형성한다. 딜러들은 거래의 신속성을 위해 주문용어를 짧게 하는 경우가 많은데, 현재 환율이 1,100.00－1,100.50일 때 "탐 비드 오공에 오만"이는 주문은 "익일물 사자 50전에 5만불"을 의미한다. 50전 앞에 있는 1,100원은 '큰 숫자(big figure)'로서 통상 주문시 생략한다.

② 대고객환율

대고객환율(customer exchange rate)은 거래상대방이 기업, 개인, 단체 등의 일반고객인 경우이다. 일선 은행에서 기업 또는 개인과의 외환 소매거래에 일괄 적용하는 환율로서, 은행간환율을 토대로 은행별, 고객별로 차등 적용한다. 대고객환율이 외환거래를 하는 고객별로 다르게 적용되는 것은 은행간환율이 고시되면 이를 기준으로 A은행이 매입·매도환율을 결정하는 것과, B은행이 결정하는 방법이 각기 다르다는 데 기인한다.

예를 들어, 오늘 100달러를 매도하는 고객과 1개월 후 100달러를 매입하려는 고객이 있다고 하자. 은행은 오늘 매도고객의 매입 상대방으로서 100달러를 매입하여 보관하였다가, 1개월 후 매입고객에게 매도 상대방으로서 100달러를 매도한다. 이 과정에서 은행은 100달러를 보관하는 보관비용과 보관기간(1개월) 동안 환율이 변하여 이익이나 손실을 볼 가능성에 노출된다. 그래서 은행은 이를 보전하기 위해 매도·매입환율의 차이를 수수료(bid-ask spread) 수입으로 발생시킨다. 또한 각 은행별로 이 보관비용과 손익의 가능성은 일괄적이지 않기 때문에 매도·매입 환율의 차이가 다르고 결국 은행에 따라서 대고객환율이 달라진다.

그림 3-1 은행간환율과 대고객환율

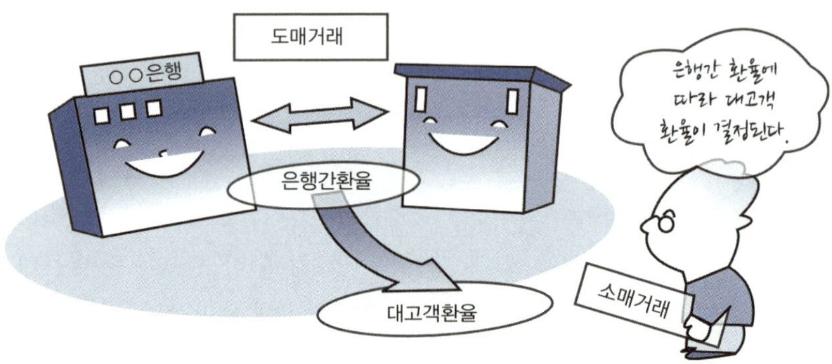

출처 : 한국은행(www.bok.or.kr)

(3) 거래형태에 따른 분류

① 현물환율

현물거래에 적용되는 환율은 현물환율(spot exchange rate)이다. 현물거래는 결제일(value date)이 계약일 이후 2영업일 이내에 결제가 종료되는 거래로서 선물거래와 대비된다.

거래가 성립하고 종결되기까지는 계약(contract, trading) → 확인(matching, confirmation) → 대금결제 및 인수도(delivery and payment)의 과정을 거친다. 이 과정이 거래 즉시 또는 하루 이내에 종결되면 당일물(value today)이다. 물건을 사거나 외화를 매입한 후 그 자리에서 돈을 지불하는 거래는 당일물이 된다. 익일물(value tomorrow)은 거래일 다음날에 종결되는 것으로 채권, 외환거래가 대표적이다. 스팟물(value spot)은 거래일 후 2영업일에 종결되는 것으로 주식거래, 파생상품거래 등 많은 금융거래는 스팟물이다. 주식을 매입하면 2영업일 이후 매입대금이 계좌에서 빠져나가고, 매입주식이 입고되는 건 이 때문이다. 금융거래가 대개 스팟물로 결제되기 때문에 보통은 스팟물이라는 의미에서, 스팟물을 '보통거래'라고 칭한다.

② 선물환율

외환거래시 2영업일 이후 종결되는 거래(선물거래)에 적용되는 환율은 선물환율(forward exchange rate)이다. 무역거래, 부동산거래, 카드거래 등 많은 거래에 있어서는 계약을 하고 대상물건을 받은 다음 대금을 결제하는 시점이 2영업일 이후인 경우가 대다수이다. 이때에는 현물가격이 아닌 선물가격이 적용된다. 그러므로 실생활에서도 선물가격이 적용되는 경우가 많다.

외환거래에서도 선물환율이 현물환율보다 중요하게 활용된다. 무역거래는 통상 3개월이나 6개월 후 대금이 결제되기 때문에 그 기간 동안의 환율변화에 따라 실제 대금이 지급되는 계약 만기일 환율에 따라 외환손익이 발생하기 때문이다.

선물환율은 양국 간의 이자율 차이와 현물환율의 수준에 따라 결정되고, 현물환율에 일정한 프리미엄이 가산되거나 할인한 환율로 측정한다. 선물환율을 나타내는 방법에는 아웃라이트(outright) 표시법과 스왑률(swap rate) 표시법이 있다.

아웃라이트 표시법은 환율을 직설적으로 표시하는 방법이고, 스왑률 표시법은 선물환과 현물환의 차이를 표시하는 방법이다. 스왑률에서 매입률이 매도율보다 크면 선물환율이 현물환율에 대해 할인되어 있고 매도율이 크면 할증되어 있다. 매입률이 매도율보다 크면 현물환율에서 스왑률을 차감하여 선물환율을 구하고 매도율이 매입률보다 크면 현물환율에 스왑률을 가산하여 선물환율을 구한다.

선물환율 표시법

[스왑률 표시법]

	U$/￡	W/U$
	매입률 – 매도율	매입률 – 매도율
현 물 환	1.7810 – 1.7825	1,210 – 1,230
3개월 선물환	3.72 – 3.77	10 – 12

[아웃라이트 표시법]

	U$/￡	W/U$
	매입률 – 매도율	매입률 – 매도율
현 물 환	1.7810 – 1.7825	1,210 – 1,230
3개월 선물환	1.8182 - 1.8202	1,220 – 2,242

스왑률은 선물환과 현물환의 차이를 표시하여 주는 방법이다.

U$/￡3개월 선물환 매입률은 1.7810 + 3.72% (0.0372) = 1.8182
U$/￡3개월 선물환 매도율은 1.7825 + 3.77% (0.0377) = 1.8202

따라서, 아웃라이트 표시에 의한 3개월 선물환율 포인트는 1.8182–1.8202이다.

아웃라이트 표시법이 고객들에게는 이해가 쉬우나 실제 외환시장에서는 스왑률 표시법을 사용한다.
여기서 매입률은 고객 입장에서는 매도하는 환율이고, 매도율은 고객 입장에서는 매입하는 환율이다.

3개월 선물환율은 현재 시점에서 볼 때 3개월 후 거래환율이다. 따라서 3개월 선물환 매입률은 3개월 후 특정 통화를 매입하기로 약속하는 환율이고 선물환 매도율은 매도하기로 약속하는 환율이다. 그러므로 U$/￡3개월 선물환 매입률 1.8182에 매입하기로 계약을 체결한 기업이 있다면 3개월이 지난 후(만기일) 은행이 파운드당 1.8182달러에 달러를 매입하고, 기업이 그 환율에 매도하여야 한다.

또한 예에서 U$/￡현물환율이 1.7810－1.7825에서 1.8182－1.8202로 변화하였는데 이는 현재시점에서 파운드 당 1.7810달러인 것이 3개월 후에는 1.8182달러로 예상된다는 것이므로 달러가치가 상대적으로 약세로 점쳐지고 있음을 알 수 있다. ₩/U$ 현물환 매입률이 달러당 1,210원이고 3개월 선물환 매입률은 1,220원이다. 이는 현재 1,210원에 1달러를 매입할 수 있지만 3개월 후 1달러를 매입하기 위해서는 1,220원이 필요하다는 의미이므로 원화약세가 예상되고 있는 것이다.

③ 선물환거래와 헤지

선물환거래는 미래 발생 가능한 환위험을 회피하기 위한 헤지(hedge)의 전통적이고 기본적 수단이다. 선물환거래를 통해 미래 환율을 미리 정하여 위험을 없애려고 하는 거래자로부터 미래 환율을 미리 정하여 투기적 이익을 얻으려는 거래자 사이에 위험의 이전이 발생한다. 이때 위험회피를 위한 거래자는 헤저(hedger)로서 미래 환율을 고정시켜 환위험을 제거하는 한편 상대방인 투기적 거래자(speculator)는 미래 환율의 변동을 통해 이익을 모색한다.

선물환거래가 투기거래에 활용되는 예를 간단히 살펴본다. 3개월 후 결제하는 3개월 만기 원/달러 선물환율이 현재 ₩1,250/$이다. 거래자 A는 3개월 이후 환율이 이보다 높은 ₩1,270/$이 될 것으로 예측하여 ₩1,250/$에 달러 선물환 $1백만을 매입하였다. 이 경우에 거래자 A는 매입포지션 또는 매입초과포지션(long position)을 취했다고 칭한다.

그림 3-2 외환거래포지션과 외환손익

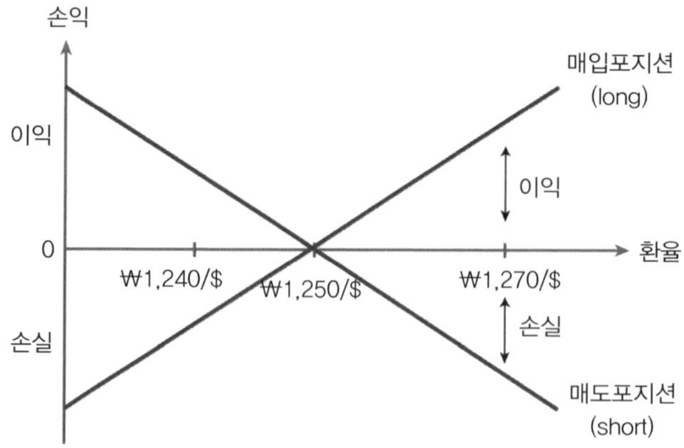

- 3개월 이후 실제 환율이 ₩1,240/$가 되었다면 A는 거래단위당 10원, 총 1천만원의 손실을 입는다(단위당 10원×거래금액 $1백만=1천만원). 이러한 손실은 정확하게 달러선물환 매도포지션 또는 매도초과포지션(short position)을 취한 거래자의 이익이 되어 제로섬시장이 형성된다.
- 3개월 이후 실제 환율이 ₩1,270/$가 되었다면 A는 거래단위당 20원의 이익, 총 2천만원의 이익을 본다(단위당 20원×거래금액 $1백만 = 2천만원). 이러한 이익은 정확하게 달러선물환 매도포지션 또는 매도초과포지션(short position)을 취한 거래자의 손실이 되어 역시 제로섬시장이 형성된다.

이를 나타내면 〈그림 3-2〉와 같다.

(4) 기준환율인가, 간접환율인가에 따른 분류

① 기준환율

기준환율(basic rate)은 기축통화인 미국 달러에 대한 각 통화의 환율이다.

각국 통화와 미국 달러가 아닌 제3국 통화와의 환율을 결정하기 위해서는 미국 달러와의 환율인 기준환율이 정해진 상태에서 가능하다.

② 교차환율

교차환율(cross rate)은 자국통화가 개입되지 않은 다른 두 나라 통화와 미국 달러 간의 환율이다. 타국 통화와 미국 달러와의 교차환율이 정해지면 이 교차환율을 이용하여 자국통화와 미국 달러가 아닌 제3국 국제통화와의 환율인 재정환율(arbitrated rate)이 결정된다.

③ 재정환율

자국통화와 미국 달러화의 기준환율이 결정되고, 제3국 통화와 미국 달러화의 교차환율이 결정되면, 기준이 된 외국통화(미국달러)를 제외한 다른 외국통화와 자국통화 간의 환율이 결정되는데 이를 재정환율(arbitrated rate)이라고 한다. 따라서 재정환율은 기준통화와의 환율이 개입되지 않은 자국통화와 타국통화 간의 환율이다.

④ 삼각균형관계

기준환율, 교차환율, 재정환율 간에는 삼각균형관계가 성립한다. 〈그림 3-3〉에서와 같이 원화와 미국 달러와의 기준환율이 ₩1,200/U$이고, 엔화와 미국 달러와의 환율이 ￥1/U$라면, 원화와 엔화와의 환율은 ₩12/￥1 $\left(=\frac{₩1,200}{U\$}\times\frac{U\$0.01}{￥1}\right)$로 결정된다. 즉, 미국 달러가 아닌 다른 통화와의 환율(재정환율)은 이렇게 교차환율과의 고리를 통해 만들어진다.

위에서와 같이 기준환율, 교차환율, 재정환율은 삼각균형관계를 맺고 있는데 이 균형관계가 성립하지 않을 경우 불균형을 이용한 차익거래가 가능해진다. 예를 들어 설명해본다.

미국 달러에 대한 유로와 스위스 프랑의 환율이 다음과 같다.

그림 3-3 **기준환율, 교차환율, 재정환율**

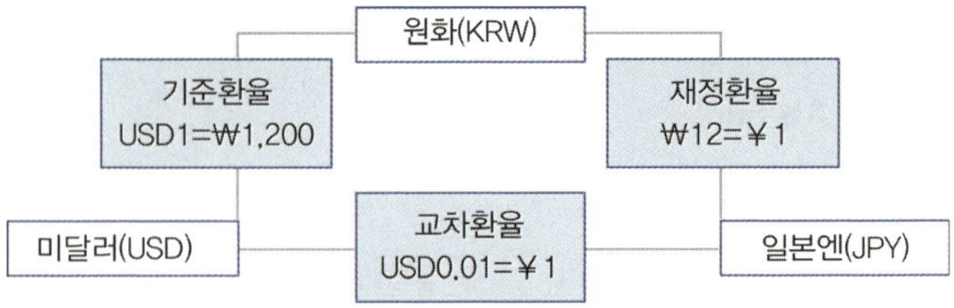

$1 = €0.70

$1 = Sfr1.65

만일 이때 시장에서 유로와 스위스 프랑의 재정환율이 Sfr2.0/€1이라면 다음과 같은 재정거래가 가능해진다. 교차환율을 이용한 유로와 스위스프랑의 균형재정환율은 Sfr1.65/€0.70 = Sfr2.35/€1이 된다. 그러므로 달러($1,000)를 스위스 프랑으로 바꾼 뒤, 이 스위스 프랑으로 유로를 산 다음 이를 달러로 교환하면 차익이 생긴다.

i) 달러 → 스위스 프랑으로 교환 : $1,000×1.65=Sfr1,650

ii) 스위스 프랑 → 유로로 교환 : Sfr1,650/2.0=€825

iii) 유로 → 달러로 교환 : €825/0.70=$1,178

이러한 거래를 통해서 $1,178−$1,000=$178의 차익이 발생하고, 수익률은 17.8%에 달한다.

한편 각 통화 간에 외환거래를 할 때 소요되는 거래비용을 감안하면 교차환율은 다음의 예에서와 같이 매도−매입 스프레드를 고려하여 표시할 수 있다.

거래비용을 감안한 경우로서, 외환시장에서 달러와 스위스 프랑, 달러와 엔과의 환율이 각각 다음과 같이 형성되어 있을 경우 스위스 프랑과 엔의 교차환율을 구해 보자.

Sfr/$: 1.6930 – 1.6940 / $
¥/$: 133.50 – 133.60 / $

Sfr/¥을 구하려면 먼저 Sfr을 매도하고 $ 매입 (Sfr/$의 매입률 적용),
매입한 달러를 매도하여 엔화 환전 (¥/$의 매도율 적용)

Sfr을 매도하고 $를 매입하는 환율은 $1 = Sfr1.6940
$를 매도하고 ¥을 매입하는 환율은 $1 = ¥133.50

따라서, Sfr1.6940 = ¥133.50
Sfr1 = 133.50 / 1.6940 = ¥78.80

같은 방법으로 스위스 프랑의 엔화에 대한 매도환율을 구하면,

Sfr1 = 133.60/1.6930 = ¥78.92

그러므로 ¥/Sfr의 교차환율은 78.80 – 78.92이다.

그림 3-4 거래비용을 감안한 기준환율, 교차환율, 재정환율

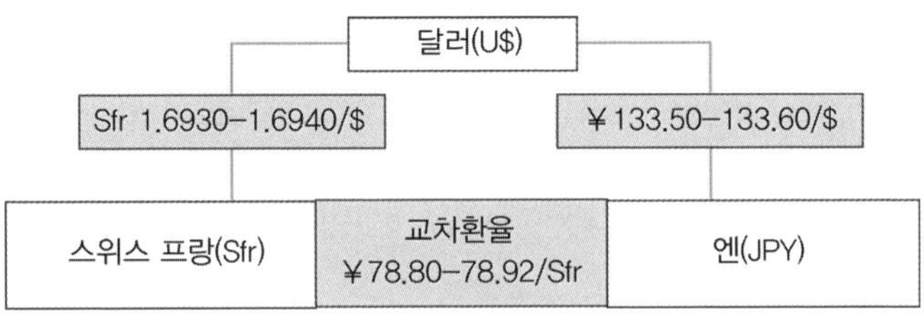

3 환율의 표시 방법

(1) 자국통화 기준 여부에 따른 표시 방법

자국통화표시법(direct quotation)은 타국통화 단위당 자국통화의 환율을 나타내는 방법이고, 타국통화표시법(indirect quotation)은 자국통화 단위당 타국통화의 환율을 나타낸다. 예를 들어, ₩1,200/U$으로 표시하면 자국통화표시법이고, U$0.000825/₩1(즉, 0.000825=1/1,200)으로 표시하면 타국통화표시법이다. 통상 자국통화표시법을 사용한다.

미국 달러 단위당 각국 통화의 환율을 나타내는 방법은 유러피안표시법(European terms)이고, 반대로 각국 통화 단위당 미국 달러 환율을 나타내는 것은 아메리칸표시법(American terms)이다.

- 자국통화표시법 : ₩1,200/U$
  타국통화표시법 : U$0.000825/₩
- European terms : U$1=¥120.50
  American terms : £1=U$1.5580

$10,000를 가지고 있다고 가정하면 위에서 표시된 European terms의 엔/달러 환율에 의하면 얼마의 엔으로 바꿀 수 있을까? 엔/달러 환율이 U$1=¥120.50이므로 $10,000는 다음과 같이 바꿀 수 있다.

$10,000×¥120.50/$1=¥1,205,000

또한 영국에서 생산된 레고완구의 가격이 £1,500이라면 이를 구입하기 위해 필요한 달러는 얼마일까? 제시된 파운드/달러 환율이 £1=U$1.5580이므로 다음과 같이 $2,337가 소요된다.

£1,500×1.5580=$2,337

(2) 외국환 시세

외국환 시세를 나타내는 대고객매매율체계는 기준환율을 토대로 외환거래에 따른 비용에 따라 요율체계가 이루어진다. 매도율과 매입률의 차이는 스프레드(spread)로서 외환중개인의 수익원이 된다. 통상 기준환율을 중심으로 현찰매도율과 현찰매입률의 스프레드가 가장 크고, 전신환매매율(telegraphic transfer rate, T/T rate)로 갈수록 작아진다. 전신환매매율은 계좌이체 환율이다. 현찰매매율의 스프레드가 가장 큰 이유는 외화를 현금으로 보관, 이동하는 데 소요되는 비용 등이 추가되기 때문이다. 외화현금은 은행 입장에서 무수익자산이므로 수익을 창출하지 못하는 데에 따른 기회비용도 감안된다. 따라서 고객의 입장에서는 현찰매매율로 외화를 사거나 팔 때 가장 외환거래비용이 커진다.

현찰매도율 > 수입어음결제율 > 전신환매도율
기준환율
전신환매입률 > 기한부어음매입률 > 현찰매입률

표 3-1 외국환 시세

현찰매도율(고객이 살 때)	1,253.57
수입어음결제율 cf. 여행자수표매도율	1,245.40
전신환매도율(고객이 살 때)	1,241.30
기준환율(매매기준율)	1,223.00
전신환매입률(고객이 팔 때)	1,204.70
기한부어음매입률 cf. 여행자수표매입률	1,201.60
현찰매입률(고객이 팔 때)	1,192.43

수입어음결제율(import bill rate)은 국내 수입업자의 외국환은행이 외국 수출업자에게 외화 수입금액을 결제해 준 데 대해 원화를 국내 수입업자에게 결제를 요청하여 송금받는 데 소요되는 기간을 고려하여 그 기간(통상 2주) 동안 자금부담비용을 환가료로 징수하는 것이다. 그러므로 전신환매도율보다 환가료만큼 높은 환율이 적용된다. 기한부어음결제율(usance bill rate)은 외국환은행이 기한부어음을 매입하거나 매도하는 때 적용하는 환율로서 어음이 현금으로 결제되는 어음기간에 해당하는 환가료(이자에 해당)를 적용하는 환율이다.

한편 각 은행에서 고시되는 환율시세표는 다음과 같다. 시세표 상의 환가료율은 은행이 어음 등을 매입할 때 적용하는 일종의 기간이자에 해당하는 추가 비율이다. 무역어음 등이 상환되기 위해서는 외국의 거래은행에서 확인하고 승인이 이루어져 매입은행에 송금이 이루어지기까지는 일정한 기간이 소요된다. 이때 이 기간 동안 발생하는 이자를 환가료로 징수하게 되는데 이 비율이

표 3-2 환율시세표

통화명	현찰		전신환		외화수표 팔 때	매매 기준율	환가료율
	살 때	팔 때	보낼 때	받을 때			
미국 USD	1075.49	1038.51	1067.30	1046.70	1046.11	1057.00	2.0357
일본 JPY 100	1322.05	1276.59	1312.05	1286.59	1285.91	1299.32	2.1150
유로화 EUR	1542.88	1482.68	1527.90	1497.66	1496.26	1512.78	3.3460
영국 GBP	1722.05	1654.85	1705.33	1671.57	1670.37	1688.45	2.6031
스위스 CHF	1268.27	1218.79	1255.96	1231.10	1230.38	1243.53	2.1025
캐나다 CAD	1124.70	1080.82	1113.78	1091.74	1090.81	1102.76	3.0500
호주 AUD	1161.58	1116.26	1150.30	1127.54	1125.44	1138.92	6.7550
뉴질랜드 NZD	897.57	862.55	888.86	871.26	870.09	880.06	4.8250
홍콩 HKD	138.51	133.11	137.16	134.46	134.39	135.81	2.1950
스웨덴 SEK	170.73	162.41	168.23	164.91	164.70	166.57	4.6250
노르웨이 NOK	200.17	190.41	197.24	193.34	193.10	195.29	4.5550
사우디 SAR	293.15	259.33	284.69	279.07	278.90	281.88	2.2050

환가료율이다. 통상 환가료율의 기준은 영국 런던 은행 간의 거래금리인 리보(LIBOR) 금리에 각 은행별 환가금리를 추가한다.

(3) 매입률과 매도율

외환거래는 사고자 하는 호가와 팔고자 하는 호가 즉, 양방향호가(two-way quotation)가 존재하는데 이는 매입률(bid rate)과 매도율(offer rate)이다. 매입률은 매수주문에서 사용하는 것이고, 매도율은 매도주문에서 사용된다. 체결되는 환율은 하나지만 이를 위해 두 가지 환율의 형태가 존재한다는 의미에서 양방향호가라고 부른다.

〈표 3-3〉의 예를 들어보자. 즉시 매수가 가능한 매도율은 1,050.50원이고, 지금 당장 매입을 희망하는 고객이 있다면 이 환율을 제시하면 된다. 반대로 즉시 매도가 가능한 매입률은 1,050.00원으로서 지금 당장 매도를 희망하는 고객은 이 환율을 제시하면 된다.

매입률과 매도율의 차이는 스프레드(spread)이다. 통상 기준환율의 2~3% 이지만 외환시장이 불안하거나 외환위기에 처한 경우에는 10% 이상 형성되는 경우도 있다. 우리나라에서도 1997년 외환위기 당시 최고 기준환율은 1,500

표 3-3 스프레드

매도주문	환 율	매수주문
1,000,000		
2,500,000		
1,500,000	1050.50	
	1050.00	1,800,800
		2,000,000
		1,500,000

* 1050.50(오퍼환율, offer rate): 즉시 매수거래 가능한 환율
1050.00(비드환율, bid rate): 즉시 매도거래 가능한 환율
0.50(스프레드, spread): bid rate와 offer rate의 차이

원 정도였지만 실제 개인이 거래하는 환율은 2,000원이 넘을 때도 있었다.

스프레드는 거래참여자, 거래빈도, 환율의 안정성이나 변동성에 좌우된다. 거래참여자가 많을수록, 거래빈도가 높을수록, 환율의 안정성이 높을수록 축소된다. 스프레드는 딜러로 하여금 외환매도자와 외환매수자의 거래를 성사시키는 대가로 스프레드에 해당하는 금액을 수입원으로 하게 된다. 즉. 스프레드는 딜러의 수입이 되는 것이다.

(4) 환율변동률 및 선물환율의 표시

① 환율변동률

환율변동률은 직접법(자국통화표시법) 또는 간접법(타국통화표시법)으로 나타내는데, 이 중 익숙한 표시는 직접법이다. 예를 들어 설명해 본다. 환율이 3개월 동안 1,100원에서 1,150원으로 변화한 경우 환율인상 즉, 원화에 대한 달러화의 평가절상률을 계산한다. 연율로 계산한 평가절상률은 다음과 같다.

직접법으로 계산 : $\frac{1,150-1,100}{1,100} \times \frac{12}{3} \times 100 = 0.182(18.2\%)$

간접법으로 계산 : $\frac{0.00087-0.00091}{0.00091} \times \frac{12}{3} \times 100 = -0.176(-17.6\%)$

자국통화표시법(직접법) : ₩1,250/$

타국통화표시법(간접법) : $0.000825/₩(0.000825=1/1,250)

② 선물환율의 할인율 또는 할증률 계산

선물환 할인율 또는 할증률은 현물환율과 선물환율 간 할인/할증률로 선물환율을 표기하는 방법을 말하며, 통상 기준환율을 사용하여 다음과 같이 계산한다.

• 선물환 할증(할인) $= \dfrac{\text{선물환율} - \text{현물환율}}{\text{현물환율}} \times \dfrac{360}{\text{선물환계약일수}} \times 100$

달러화(U$)와 파운드화(£)의 환율이 다음과 같을 때 파운드화의 달러화에 대한 선물환 할인/할증률은?

현물환율 = U$1.6950 / £
1개월 선물환율 = 1.6825 / £
3개월 선물환율 = 1.6596 / £
6개월 선물환율 = 1.6253 / £ * 달러화 강세 예상 (달러화 할인)

1개월 선물환율 = (1.6825 − 1.6950)/1.6950 × 12/1 × 100 = −8.84 즉 8.84% 할인
3개월 선물환율 = (1.6596 − 1.6950)/1.6950 × 12/3 × 100 = −8.35 즉 8.35% 할인
6개월 선물환율 = (1.6253 − 1.6950)/1.6950 × 12/6 × 100 = −8.22 즉 8.22% 할인

학습정리

01 | 외환율은 사용 목적에 따라 명목환율/실질환율, 거래 고객에 따라 은행간환율/대고객 환율 등 여러 형태를 띠게 된다.

02 | 고정환율제도와 변동환율제도는 시장개입비용과 환율변동비용의 상충관계가 있다. 고정환율제도는 정부의 시장개입비용이 커서 이 비용이 환율변동에 따른 비용보다 크다면 변동환율제도가 유리하다.

03 | 외국환 시세는 은행간환율이 결정되면 이를 토대로 은행별, 고객별로 대고객환율이 차등 적용된다.

04 | 아웃라이트 표시법이 이해하기 쉬우나 실제 외환시장에서 선물환율은 주로 선물환율과 현물환율의 차이인 스왑률(swap rate)로 표시한다.

05 | 선물환율을 이용하는 선물환거래는 미래 발생 가능한 환위험을 회피하기 위한 헤지(hedge)의 전통적이고 기본적 수단이다.

06 | 기준환율, 교차환율, 재정환율 간에는 삼각균형관계가 성립한다. 교차환율은 자국통화가 개입되지 않은 타국통화와 미국달러와의 환율이다.

07 | 외국환 대고객매매율체계는 기준환율을 토대로 외환거래비용에 따라 스프레드가 가산되어 요율체계가 이루어진다.

08 | 환율의 시세는 매입률(bid rate), 매도율(offer rate)로 표시되며, 그 차이가 스프레드(spread)이다. 스프레드는 딜러의 수입원으로서 거래참여자가 많을수록, 거래빈도가 높을수록, 환율의 안정성이 높을수록 축소된다.

09 | 환율시세표 상의 매입률은 고객 입장에서는 매도하는 환율이고, 매도율은 고객 입장에서는 매입하는 환율이다.

CHAPTER

04

외환거래와 환율

물가상승이 커지면 금리인상 압박이 생기게 된다. 금리가 물가를 반영하여 형성되기 때문이다. 우리나라의 금리인상이 단행되면 상대적으로 일본이나 다른 나라에 비해 금리가 높아 외국의 자본이 국내로 유입된다. 그렇게 되면 환율이 인하될 가능성이 높은데 우리나라 경제는 무역의존도가 높아 환율인하는 수출제품의 가격경쟁력에 불리하게 작용한다. 이렇게 환율변화를 고려하면 물가상승으로 금리를 인상해야 함에도 불구하고 금리를 높히지 못하는 이유가 된다.

미국은 1980년대 레이거노믹스를 통해 금리를 높여 외국자본이 미국으로 유입되게 함으로써 달러화 가치를 높이고 경제를 안정시킨 바 있다. 그러나 1990년대에 비슷한 경제정책을 사용한 남미 국가들은 통화가치를 안정시키는 데 실패하였을 뿐만 아니라 오히려 경제불안이 가중된 사례가 있다.

이와 같이 환율변동은 주가, 금리와 같은 다른 가격지표와 다르게 국내적 영향뿐만 아니라 국제적 영향이 크다는 특징이 있다.

1 환율변동 원인

(1) 외환거래와 환율

① 외환거래의 형태

외환거래의 형태에는 거래에 참여하는 당사자에 따라 은행간시장, 대고객시장으로 나눈다. 은행간시장이 은행 간 외환거래로서 통상 1백만달러 이상의 대규모 거래를 일으키는 도매시장이라면 대고객시장은 주로 은행이 정부, 기업, 개인 등 고객의 상대방이 되어 거래를 하는 소매시장이다.

거래에 참여하는 당사자의 거래목적에 따라 헤지거래, 투기거래, 차익거래로 구분하는데, 헤지거래는 환율변동에 따른 환위험을 회피하기 위한 거래로서 무역을 통해 수취한 외화를 처분하려는 기업이나 개인 판매상 등이 행하게 된다. 투기거래는 환율변동에 따른 시세차익을 얻기 위해 거래하는 것이다. 차익거래의 경우 이종통화 간 또는 지역 간에 형성된 환율의 가격차이를 이용하여 수익을 얻기 위한 목적으로 이루어진다.

결제구조 또는 시차의 차이에 따라서는 현물환거래, 선물환거래, 통화선물거래, 통화옵션거래, 통화스왑(외환스왑)거래로 구분하는데, 현물환거래를 제외한 나머지 거래를 파생외환거래라고도 한다. 여기서 통화선물거래와 통화옵션거래는 거래소가 만든 표준화된 상품을 이용한다는 점에서 장내거래라고 하고, 다른 거래는 거래소 이외 장외시장에서 거래하는 장외거래로 부른다. 외환거래는 장내거래보다 장외거래 비중이 압도적으로 높다. 현물환거래는 계약 후 2영업일 이내에 결제되고, 다른 상품은 2영업일을 초과하여 결제되는 차이도 있다.

통화선물(currency futures)은 계약일 이후 특정 시점(통상 1개월, 3개월, 6개월, 1년물)에 만기가 도래하고 이때 계약일에 미리 약속한 환율로 정산하는 거래소 상품으로서 선물환과 유사한 성격을 가지고 있으나 장내거래상품으로서 표준화된 거래구조와 내용을 가진다는 차이점이 있다. 통화옵션(currency option)도 장내거래상품으로서 계약일 이후 특정 시점에 계약일에 미리 약속한 환율로 정해진 통화를 사거나 팔 수 있는 권리를 거래하는 것이다. 통화스왑(currency swap)은 미래 특정 시점에 미리 약속한 통화로 교환하는 것을 약정한 계약이다. 외환시장은 서로 다른 통화가 거래되는 시장이므로 이 통화스왑의 비중이 매우 높은 편이다. 이들 상품에 관해서는 제11장 이후에서 자세히 다루어진다.

② 환율변동의 원인

다른 경제지표와 마찬가지로 환율은 기본적으로 외환시장의 외화에 대한 수요 · 공급에 의해 좌우된다. 원화에 대한 수요가 증가하면 원화가치가 상승하면서 환율은 떨어지고(환율인하), 원화에 대한 공급이 증가하면 원화가치가 하락하면서 환율은 오르게 된다(환율인상).

그러나 한편으로 실제 환율이 결정되어 시장에 고시되기까지는 은행딜러들이 거래하는 은행간 거래가 결정적인 역할을 한다. 외환에 대한 다양한 수요 · 공급이 결국 딜러들의 외환거래에 반영되어 환율이 변한다는 것이다.

환율이 상승하는 것은 통화의 가치가 평가절하(depreciation)되어 약세통화라는 의미이고, 환율이 하락하는 것은 통화의 가치가 평가절상(appreciation)되어 강세통화라는 의미이다.

그리고 환율의 변화는 거시경제 전반적으로 영향을 미치게 되는데, 무역수지 적자에 의한 통화가치의 하락, 급격한 외화유출에 따른 외환위기, 외국인 투자자금 유입의 영향으로 인한 주가지수 상승 등은 이러한 예로 들 수 있다.

외환거래의 수요 · 공급을 변화시키는 거래 형태에는 무역거래, 무역외거래, 자본거래, 투기거래 등이 있다.

외환거래 형태의 예

무역거래 : 수출입거래
무역외거래 : 해외여행, 운수, 보험, 서비스 제공 및 영위, 투자수익의 수취와 지불
자본거래 : 무역과 무관한 해외기업 매수, 직접 주식투자
투기거래 : 무역과 무관한 외환매매에서의 시세 차익 취득

외환의 수요와 공급에 영향을 주는 요인에는 크게 기본적 요인과 기술적 요인이 있다. 기본적 요인(fundamentals)은 그 나라의 물가, 경제성장률, 국민소득, 이자율, 통화량, 실업률, 세계 경기동향 등의 경제 내재적 요소를 말한다. 특히 세계경제에서 차지하는 비중이 높은 미국경제 및 달러화의 동향이 주요 관심사가 되기도 한다.

기술적 요인(technicals)은 시장 분위기, 심리적 요인, 통화 당국의 시장개입, 시장의 순환적 국면, 뉴스, 외환투기 등이다. 자국 및 세계경제가 안정된 국면에서는 기술적 요인이 상대적으로 환율변화에 영향을 많이 미치지만, 경제상황이 불안하고 불투명해지면 기본적 요인의 영향력이 커지게 된다.

(2) 외환시장 수요 · 공급과 환율

① 무역거래

무역거래는 외환시장의 수요 · 공급에 영향을 주는 가장 기본적인 요인이다. 수입이 많은 국가는 무역수지가 적자이며, 외화공급이 줄어들고 외화수요가 많아져 외화가치가 높아진다. 이때, 자국화폐의 가치는 낮아지게 되며 환율인상 요인으로 작용한다. 즉, 다른 조건이 일정하다면 무역수지 적자는 환율인상으로 이어진다.

② 자본거래

국제증권투자의 형태로 외국인의 주식투자자금이 유입되면 외화공급의 증

그림 4-1 외환시장 수요 · 공급과 환율

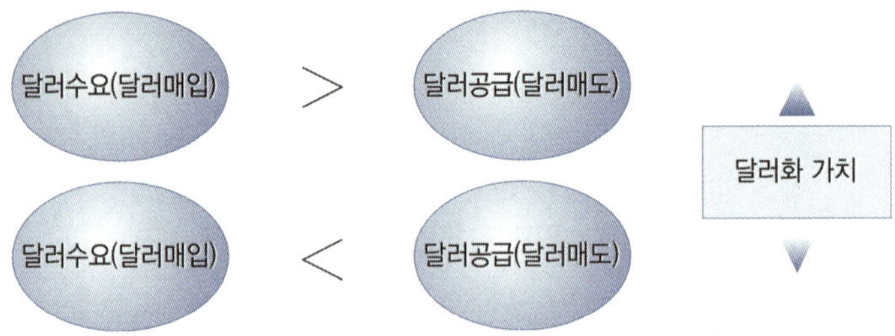

가로 환율이 하락한다. 외국인들이 국내 주식에 투자하기 위해 외화를 원화로 환전하면 외화공급이 늘어나기 때문이다.

그러나 외화가 급격하게 유입되면 환율이 폭락하여 원화가치가 크게 상승하여 수출에 악영향을 미친다. 이렇게 외화의 급격한 유입은 환율인상을 가져올 수 있다. 또한 외국인 투자자금이 급격하게 유출되면 환율 폭등을 야기한다. 자본도피(capital flight)와 같은 대규모 자금유출이 외환위기와 경제위기를 가져온다는 점은 기존의 여러 경험에서 나타났다. 이렇게 금융자산의 대단위 거래에 따른 외환의 수요 · 공급은 환율결정이론 중 자산시장접근법(asset market approach)의 근거가 된다.

(3) 외환 수요 · 공급의 예

① 외환 수요의 배경

외환 수요는 외국의 물건을 사려고 또는 외국에 투자하기 위해 발생한다. 환율이 상승하면 외화에 대한 수요는 감소하는데, 환율상승 이전에 비해 외국재화의 가격이 상승하기 때문이다.

환율상승과 외환 수요

미국 자동차 가격이 $20,000일 때,
환율이 800원/$이면, 미국 자동차 수입가격은 1,600만원이지만,
환율이 1,000원/$으로 상승하면, 미국 자동차 수입가격은 2,000만원이 되어 미국 자동차를 구입하려는 수요가 감소함에 따라 외환수요(달러 수요)가 감소한다.

② 외환 공급의 배경

외환 공급은 외국에서 자국의 물건을 사려고 또는 자국에 투자하기 위해 발생한다. 환율이 상승하면 수출재화의 가격이 낮아져 자국상품 판매가 증가하여 외환의 공급이 늘어난다.

환율상승과 외환 공급

한국산 TV 가격이 100만원일 때,
환율이 1,000원/$이면, TV 수출가격은 $1,000이지만,
환율이 2,000원/$으로 상승하면 TV 수출가격은 $500이 되어 한국산 TV 판매가 증가하며 이에 따라 외환 공급(달러 공급)이 증가한다.

(4) 환율변동과 시장경제

환율의 변동은 수출, 수입, 물가 등에 광범위하게 영향을 미친다. 〈표 4-1〉은 환율인하와 환율인상이 미치는 주요한 영향을 수출, 수입, 국내물가 및 외화를 사용하는 기업을 중심으로 나열한 것이다.

환율인하가 가져올 수 있는 시장경제에의 영향은 먼저 수출 감소와 수출채산성 악화를 들 수 있다. 환율인상이 수출품의 현지 판매가격을 올려 판매량

표 4-1 환율변동과 시장경제

	환율인하(원화가치 상승)	환율인상(원화가치 하락)
수출	수출채산성 악화(수출 감소)	수출채산성 호전(수출 증가)
수입	수입상품가격 하락(수입 증가) 예) 1,000원/$ → 500원/$이면 수입가격은 50%로 하락하므로 수입수요 증가	수입상품가격 상승(수입 감소)
국내물가	수입원자재 가격 하락(물가 안정)	수입원자래 가격 상승(물가 상승)
외화사용 기업	원화표시외채 감소 (원금상환부담 경감) 예) 외화부채 사용시 원화표시 원리금 감소	원화표시 외채 증가 (원금상환부담 증가)

감소와 수출 채산성 악화를 빚기 때문이다. 그러나 수입품목에 대해서는 이와 반대로 수입품의 국내판매가격이 하락하여 수입 증가를 가져온다. 환율인하에 따른 수입원자재 가격하락은 국내 물가에 안정적인 영향을 주게 되고, 외화표시부채를 사용하고 있는 경우 상환부담이 경감된다. 200만달러의 달러부채를 사용하는 기업이 있다면 이를 상환할 때 환율이 1,000원/$이라면 20억원의 원화가 필요하지만, 환율이 800원/$으로 떨어지면 4억원이 경감된 16억원으로 줄어든다.

한 예로써 다음의 경제신문 기사는 대외 무역의존도가 높은 우리나라 경제에서 환율이 지대한 비중을 차지하고 있음을 단적으로 보여 준다.

강한 달러, 약한 원화 "한국경제 구원군"

지쳐가던 한국경제에'달러 강세'의 단비가 내리고 있다. 지난 4~5월 달러당 1,000원선을 맴돌던 원/달러 환율이 한 달여 만에 5% 가까이 상승하면서 기업의 수출경쟁력과 채산성이 급격히 개선되고 성장의 불씨도 되살아날 것으로 기대된다. 미국의 강한 달러 정책과 금리인상 등에 힘입어 원/달러 환율이 가파른 상승세를 이어감에 따라 장기 내수불황과 배럴당 60달러를 넘어선 고유가 등 악재가

중첩돼 어려움을 겪고 있던 우리 경제에 모처럼 생기가 돌고 있다. 원/달러 환율이 10원 오르면 삼성 · 현대차 · LG · SK 등 4대 그룹에서만 원화 표시 매출이 연간 약 1조2,000억~1조3,000억원 증가하고 경상이익은 7,000억~8,000억원 가량 늘어나게 된다.

예상대로 당분간 달러 강세 기조가 지속될 경우 기업의 실적이 눈에 띄게 개선되는 것은 물론 환율 변수의'불확실성'이 제거되는 데 따른 투자 활성화, 소비 진작 등의 간접효과도 기대된다. 또 폐업 등 최악의 상황에 내몰렸던 수출 중소기업들도 다시 힘을 받게 될 전망이다. 특히 수출이 지난해 우리 경제성장에 차지한 기여도가 85.4%에 이를 정도로 절대적인 비중을 차지했을 뿐 아니라 올해 역시 비슷할 것이라는 점에서 환율 상승은 꺼져가던 성장의 불씨를 살리는 계기가 될 것으로 보인다.

머니투데이

2 외환딜링과 환율

(1) 외환딜링과 환율

① 외환딜링

외환딜링은 외환을 전문적으로 매매하는 거래이다. 외환딜링에서의 외환포지션 구성에 따라 외환손익이 발생하는데, 외환딜링은 현실적으로 시장환율을 형성한다는 점에서 중요한 의미를 가진다.

이러한 측면에서 외환딜링이 이루어지는 각 은행의 딜링룸(dealing room)은 외환시장의 구체적 형태가 될 수 있다. 서울 외환시장만 보더라도 서울에 소재한 국내은행과 서울에 지점을 둔 외국은행의 딜링룸과 외국환중개기관 간에 전화와 전산망을 통해 이루어지는 장외시장이 환율을 형성하는 핵심이 된다.

환율의 형태로서 은행간환율과 대고객환율이 존재하듯이 외환딜러도 은행간딜러와 대고객딜러로 구분한다. 은행간딜러(interbank dealer)는 은행의 딜링룸에서 은행간 거래를 통해 외환을 거래하는 딜러이고, 대고객딜러(corporate dealer)는 기업 등의 고객이 의뢰한 외환거래를 담당한다.

② 외환딜링에 따른 외환포지션

외환딜링에 따라 외환포지션은 오픈포지션, 스퀘어포지션을 가지게 된다. 오픈포지션(open position)은 외환거래가 청산되지 않은 상태로 매입초과포지션(long position, over bought), 매도초과포지션(short position, over sold)이 있다. 스퀘어포지션(square position)은 매입과 매도를 일치시켜 외환거래가 청산되어 환위험이 없는 상태이다.

> 스퀘어포지션
> 매입금액 = 매도금액 ☞ 환위험(또는 환노출) = 0

외환포지션을 스퀘어포지션으로 만드는 것이 합리적이지만 많은 외환거래에서 환율변동에 대한 예측을 통해 오픈포지션을 구성하여 차익을 취하려 한다. 매입초과포지션을 취하는 경우 환율인상시 차익이 발생하고, 매도초과포지션을 취하는 경우 환율인하시 차익이 발생하기 때문이다.

> 매입초과포지션(long position) : 환율인상 예측, 환율인상시 차익 발생
> 매도초과 포지션(short position) : 환율인하 예측, 환율인하시 차익 발생

(2) 외환딜링에 따른 외환포지션과 손익

외환딜링에 따라 외환거래자의 포지션도 달라지는데 〈표 4-2〉에서는 이를 나타내 주고 있다.

표 4-2 외환거래에 따른 외환포지션과 손익

<table>
<tr><th colspan="3">거래내역</th><th>외환포지션</th><th colspan="2">손익</th></tr>
<tr><th rowspan="2">거래환율
(₩/S)</th><th colspan="2">거래환율
(단위 : 만달러)</th><th rowspan="2">long : 매입초과포지션
short : 매도초과포지션
square : 매입 = 매도포지션</th><th>매입평균
환율</th><th>1,209.5*</th></tr>
<tr><th>매입</th><th>매도</th><th>매도평균
환율</th><th>1,211.22**</th></tr>
<tr><td>1,207.0</td><td>500</td><td></td><td>+500(long)</td><td>환율차</td><td></td></tr>
<tr><td>1,209.0</td><td>2,000</td><td></td><td>+2,500(long)</td><td></td><td></td></tr>
<tr><td>1,239.5</td><td></td><td>1,000</td><td>+1,500(long)</td><td>거래액(A)</td><td>$3,000만</td></tr>
<tr><td>1,212.0</td><td></td><td>2,000</td><td>−500(short)</td><td>거래액(B)</td><td>+1.7</td></tr>
<tr><td>1,214.0</td><td></td><td></td><td>0(square)</td><td rowspan="2">딜링수익
(A+B)</td><td rowspan="2">₩51,000,000</td></tr>
<tr><td>계</td><td>3,000</td><td>3,000</td><td></td></tr>
</table>

$$\text{매입평균환율} = \frac{1{,}207 \times 500 + 1{,}209 \times 2{,}000 + 1{,}214 \times 500}{300} = ₩1{,}209.5$$

$$\text{매도평균환율} = \frac{1{,}239.5 \times 1{,}000 + 1{,}212 \times 2{,}000}{3{,}000} = ₩1{,}211.2$$

어떤 외환딜러가 1,207원/달러에 500만달러를 매입하면 500만달러의 매입초과포지션(long position)이다. 1,209원/달러에 2,000만달러를 추가로 매입하면 이전의 500만달러와 함께 2,500만달러의 매입초과포지션이 된다. 이후 1,239.5원/달러에 1,000만달러를 매도한다면 2,500만－1,000만 = 1,500만달러의 매입초과포지션이 되며, 2,000만달러를 추가로 매도하면 1,500만－2,000만 = 500만달러의 매도초과포지션으로 바뀌고, 500만달러를 매입하면 외환포지션이 스퀘어포지션이 되어 외환위험에 노출되지 않는다.

그러나, 이 상황에서 외환거래자는 외환손익을 얻게 되는데, 매입평균환율은 1,209.5원, 매도평균환율은 1,211.2원이어서 환율차이는 +1.7원이고 매입 · 매도 거래금액이 3,000만달러이므로 총수익은 1.7원×3,000만달러=51백만원이 된다. 결국 이 거래에서 외환딜러는 외환위험이 없는 스퀘어포지션을 만들었고, 거래과정에서 51백만원의 외환차익을 거두었다.

(3) 선물환거래와 손익

① 선물환거래의 특징

앞 절에서 다룬 외환딜링은 현물환율을 이용한 현물환거래의 일종이다. 선물환거래는 계약일과 결제일의 시차가 2영업일보다 긴 계약으로서 계약일에 결제가 이루어지지 않고 만기일의 환율에 따라 정산 및 결제가 행해진다. 여기서 계약일에 결제가 이루어지지 않는다는 점에서 계약 당시 자금이나 통화를 보유할 필요가 없다는 장점이 있다.

하지만 미래 일정 시점인 만기일에 미리 정한 환율(계약 당시의 '선물환율')로 정산한다는 점에서 미리 정한 환율과 만기일 당일의 현물환율 사이에 차이가 있을 경우 그에 따라 손익이 나타난다는 특징이 있다. 만기일 현물환율이 선물환거래에서 정한 선물환율에 비해 불리하다고 해서 계약을 일방적으로 파기하거나 이행을 연기할 수 없기 때문에 선물환계약은 구속력을 가지는 반면 이행보증에 관한 위험이 존재하기도 한다. 이러한 이행보증위험을 줄이기 위해 선물환과 손익구조 등이 유사한 상품으로서 장내상품인 통화선물이 거래된다.

② 선물환거래의 손익구조

선물환거래는 미래 특정 시점의 환율(선물환율)로 계약을 청산 또는 결제하기로 한 거래이기 때문에 미리 계약한 환율과 특정 시점이 도래했을 때의 그날의 현물환율 간에 차이가 발생한다. 그리고 이 환율차이에 따라 선물환거래의 손익이 판가름 나는데 이 손익구조를 파악하기 위해 다음의 예를 살펴본다.

2021년 5월 국내의 ABC선박제조업체는 중동의 원유생산회사와 5백만달러 규모의 유조선을 건조하는 계약을 맺었다. 이 계약은 선박제조업체에게 5억원의 순이익을 가져다 줄 수 있는 대형계약이다. 계약 이후 선박제조업체는 원/달러 환율이 하락할 것에 대비하여 선물환시장에서 1년 후 1달러당 1,000원에 매도할 수 있는 선물환매도계약을 체결하였다. 당시 현물환율은 980원/달러였다.
1년 후인 2022년 5월 유조선을 인도함과 동시에 500만달러를 입금받았다. 입금받을 당시의 현물환율은 2011년 5월의 환율에 비해 크게 하락한 900원/U$1였다. 하지만 이 업체는 1달러 당 1,000원에 매도할 수 있는 선물환계약에 따라 900원/U$1가 아닌 1,000원/U$1에 대금을 환전함으로써 환율인하에 따라 발생할 수 있었던 대규모 손실을 회피하게 되었다. 만일 이 선박제조업체가 선물환계약을 맺지 않고 그래도 환율변동위험(환위험)에 노출되어 있었다면 유조선 판매에 따른 이익 5억원은 고스란히 환율하락에 따른 손실로 전가되었을 것이다.

위의 예에서와 같이 이 기업은 선물환거래(정확하게는 '선물환헤지거래')를 통해 환율하락에 대비함으로써 환율변동으로부터 발생할 수 있는 손실을 방어하였다. 즉, 선물환거래를 통해 $500만×(1,000−900)=5억원의 이익을 본 것이다.

그런데 이 상황에서 만기일 원/달러 현물환율이 900원/$로 하락하지 않고 1,100원/$로 상승하였다면 어떻게 될까? 이 기업은 원/달러 환율 상승에도 불구하고 선물환거래에서 약정한 1,000원/$로 매도하여야 하므로 반대로 5억원의 손실을 입게 된다. 따라서 선물환거래의 손익구조는 다음과 같이 정리할 수 있다.

따라서 앞으로 환율이 상승할 가능성이 높다고 판단되면 선물환매입 포지션을, 환율이 하락할 가능성이 높다고 판단되면 선물환매도 포지션을 취하는 것이 손익에 유리하다. 물론 여기에는 환율이 예상한 것과 반대로 움직였을 때에는 예상손익과 반대의 결과가 나타날 것이라는 점도 함께 한다.

표 4-3 환율변동과 시장경제

	계약한 선물환율과 만기일 현물환율의 차이	손익
선물환 매입	계약한 선물환율 〈 만기일 현물환율	이익
	계약한 선물환율 〉 만기일 현물환율	손실
선물환 매도	계약한 선물환율 〈 만기일 현물환율	손실
	계약한 선물환율 〉 만기일 현물환율	이익

그림 4-2 선물환거래의 손익구조

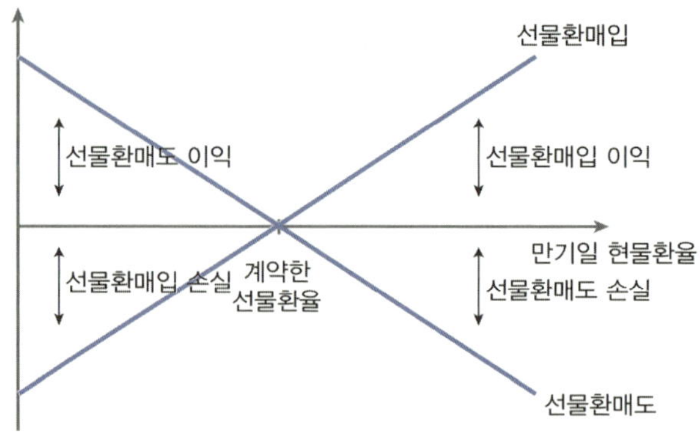

이를 그림으로 나타내면 〈그림 4-2〉와 같다.

3 환율변동 기본 메커니즘

(1) 이자율과 환율

국내 이자율이 상승하면 금리인상효과를 얻기 위해 외국 자본이 유입되어 외화공급이 증가한다. 그리고 국내인의 해외투자를 억제하여 외화 수요가 감소하는 효과도 있다. 따라서 통상 금리인상은 환율인하(원화가치 절상)를 가져오게 된다.

한편 금리인상은 정치 · 경제 · 사회적 안정과 잘 발달된 자본시장이 형성되고 외환시장 자유화가 이루어져야 한다는 조건이 필요하다. 그렇지 않을 경우 통화가치 약세를 불러올 수 있다. 1980년대 미국의 고금리 정책이 달러화 가치를 높인 것과 대조적으로 1990년대 남미와 러시아의 금리정책은 고위험을 반영하여 자본의 국외유출을 가져와 오히려 화폐가치 하락을 유발하였다.

미국의 금리인상정책 → 자본 유입 → 달러 매입 → 달러가치 상승
남미의 금리인상정책 → 화폐가치 하락 유발 (금리상승 효과보다 통화가치 하락 효과가 더 커짐)

1980년대
미국 레이거노믹스 고금리 정책 하에서의 달러화 강세, 호주달러, 영국파운드 강세

1990년대
남미(러시아)의 고금리정책
→ 고위험 반영
→ 통화가치 약세

(2) 국민소득과 환율

국내총생산(GDP)은 그 나라 국민 각자의 소득을 모두 합한 소득 즉, 국민소득으로서 소비(C), 저축(S), 정부지출(G) 및 수출과 수입 규모(수출 - 수입)로 측정된다. 국민소득은 경제 규모와 직결된 것이므로, 우리나라의 국민소득이 증가하는 것은 원화가치의 상승을 가져오게 된다. 또한 국민소득 증가와 함께 해외투자가 증가하고 해외투자를 위한 원화매입이 늘어남으로써 원화가치가 상승할 수도 있다. 금융정책 측면에서는 확대금융정책보다는 긴축금융정책을 실시할 가능성에 따라 고금리가 형성될 것이며, 이에 따라 자본유입에 따른 원화가치 상승이 가능하다. 다만 높아진 국민소득에 따라 외화 수요 또는 외환투자가 많아져 원화가치 하락을 유발할 수도 있으나 경제 규모 성장에 따른 국민소득 증가는 그 나라의 통화가치를 높이는 결과로 나타나게 된다.

국민소득 증가와 환율

▷ 경제규모 상승 ▶ 원화가치 상승(환율인하)
▷ 해외투자 증가 ▷ 원화 매입수요 증가 ▶ 원화가치 상승
▷ 긴축금융정책 ▷ 고금리 형성 ▷ 원화수요 증가 ▶ 원화가치 상승
※ ▷ 외화수요 증가 ▶ 원화가치 하락(환율인상)

(3) 물가수준과 환율

두 나라 간 물가변동에 따른 상대적인 구매력도 환율에 영향을 미친다. 구매력평가설(purchasing power parity, PPP)에 의하면 통화가치는 통화의 구매력을 반영한다. 이에 의하면 국내 물가상승에 따른 국내 상품가격 인상은 원화의 구매력을 약화시켜 원화가치하락 요인으로 작용한다.

구매력평가설에 의하면, 미국에서 $1인 맥도날드 햄버거가 한국에서 1,000원이라면 환율은 1,000원/U$이어야 한다. 그런데 만일 시장환율이 1,050원/U$이라면 실질환율은 원화가 달러에 대해 과대평가되고 있어 환율인하요인이 된다.

빅맥지수(Big mag index)

1986년부터 영국의 경제주간지인 이코노미스트(The Economicst)가 발표하는 가격지수이다. 동일한 품질로 판매되는 빅맥햄버거의 가격으로 각국의 통화가 정확하게 환율을 나타내고 있는지를 비교하는 데 유용하다.

따라서 국내 물가가 상승하면 환율이 인상될 가능성이 높아지고 경제상태가 악화되어 이 역시 환율인상 압박 요인으로 작용한다. 물가상승은 투자 감소로 이어질 수 있으므로 이 역시 환율인상을 가져온다. 하지만 물가상승에 대한 대책으로 금리인상을 실시하면 자본유입으로 원화가치가 상승할 가능성도 존재한다.

(4) 기타 요인

통화량, 실업률, 주가와 같은 경제요소도 환율과 밀접한 관계가 있다. 통화량 증가는 물가상승으로 이어져 수출이 감소하거나 환율인상 압박 요인이 있다. 실업률이 상승하면 해외로부터의 투자가 감소하거나 자본이 유출되어 통화가치 하락 즉, 환율인상 요인이 될 수 있다.

주가와 환율은 일방적으로 어느 한쪽이 일방적인 영향을 주는 것이 아니라 상호 간에 영향을 주고받는 관계인데 이를 내생적 관계(endogenous relation)라고 한다. 주가상승 여력이 많아지면 외국인자금이 유입되고 외국인자금 유입은 환율인하를 가져올 수 있다. 환율인하는 수출품의 가격경쟁력을 약화시켜 수출이 감소되고, 이는 다시 주가가 하락하는 결과를 야기하며 이러한 주가하락 가능성은 외국인자금 유출, 환율인상의 단계를 거쳐 환율인상 이후 다시 수출이 증가하여 주가상승 기회를 높이게 된다. 이와 같이 주가와 환율은 상호 영향을 주고받는 내생적 관계에 있다.

이외에도 환율에 영향을 미치는 주요 변수로는 국내외 정치적 상황, 이라크

그림 4-3 주가와 환율

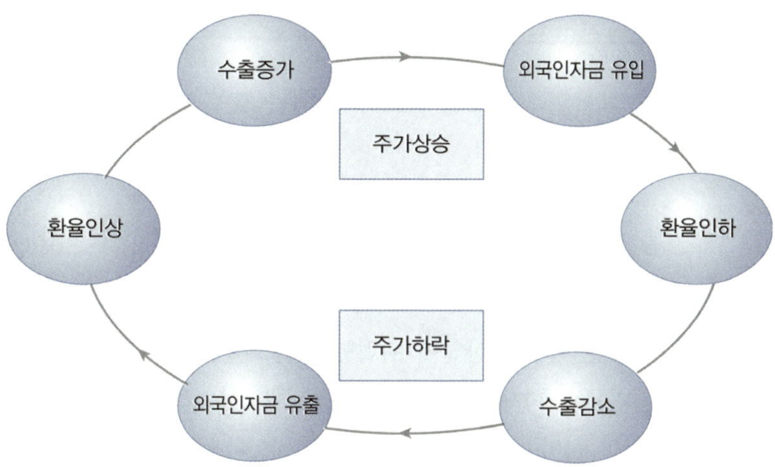

전쟁이나 9.11테러와 같은 국제적 사건, 국제금융시장 동향, 외환시장 관련 뉴스, 특정 국가나 지역에서 발생하는 경제위기 등 매우 다양한 요인이 존재한다. 2010년을 전후하여 유럽 지역의 그리스, 아일랜드, 포르투갈 등 몇 개 국가에서 발생한 재정위기는 세계 외환시장의 불안요인으로 작용하여 상당 기간 동안 각국의 환율이 널뛰는 상황을 야기하였다. 2020년의 COVID-19 사태도 외환시장의 불안을 가중시킨 거시경제적 위험요인이 되었다. 우리나라의 경우 북한리스크가 상존하여 세계 외환시장에서는 남북관계가 주요 이슈가 되기도 한다.

세계경제의 기축통화인 미국 달러화의 동향도 외환시장의 움직임에 밀접한 영향을 준다. 미국 달러화 동향은 미국의 경제지표의 부침과 같이 하게 되므로 미국의 대표적인 경제지표를 알아두는 것은 외환시장의 환율변동을 가늠하는 데 큰 도움이 된다. 대표적 경제지표에는 다음과 같은 것들이 있으며, 이들 지표가 상향되면 외환시장에서 미국 달러화의 가치가 이전에 비해 강세를 보이게 되는 경우가 많다.

■ 실업률(unemployment rate)

미국에서의 실업률 통계발표는 우리나라와는 다소 다르게 경제성장률이나 국민소득보다 금융시장에 큰 영향을 주는 경우가 많다. 실업률은 노동가능 인구 대비 실업자 수 비율을 말하는데 전반적인 경제활동을 파악하는 데 중요한 지표이다. 매월 첫째 주 금요일에 노동부(Department of Labor)에서 발표한다.

■ 비농업 부문 고용지수(non-farm payroll index)

미국 노동부를 통해 매월 초에 발표되는 비농업 부문 고용지수는 농업 부문 이외의 산업에 취업한 유급노동인력의 추이를 나타내는 것으로 실업률과 함께 향후 경제지표의 예상에 유력한 지표이다. 국민총생산 지표, 실업률과 함께 중요한 지수로 이용되며, 200명 이상의 근로자를 고용하는 비농업기업을 대상으로 조사된다. 이 고용지수가 좋아지면 통상 외환시장에서 미국 달러의 가치가 강세를 띠게 된다.

■ 국내총생산(GDP)

GDP(Gross National Product)는 한 나라의 모든 경제주체가 일정기간 동안 국내에서 생산한 재화와 용역의 부가가치를 금액으로 환산하여 합계한 것으로서 보통 소비+투자+정부지출+(수출-수입)의 네 가지 항목으로 구성된다. 조금 쉽게 말하면 전 국민이 5천만명이라면 5천만명의 소득을 모두 합한 것이다. 미국의 경우 소비 항목이 GDP에서 차지하는 비중이 가장 커서 미국경제의 향방 및 각 부문의 정책수립을 결정하게 된다. 소비는 내구재 소비(사용연한 3년 이상의 재화에 대한 소비), 비내구재 소비(사용연한 3년 이하의 재화에 대한 소비), 서비스 등으로 구성된다.

■ 산업생산률(industrial production)

광업, 제조업 등의 산업(농업, 서비스업 등은 제외)을 대상으로 전력소비량, 노동시간 등을 조사하여 추산하는 산업생산수준을 나타내는 지표이다. 1987년을 기준연도로 하여 업종별 가중치를 고려해 100을 기준으로 지수로 표시한다. 매월 중순에 연방준비이사회(Federal Reserve Board, FRB)에서 설비가동률과 함께 발표된다.

■ 설비가동률(capacity utilization)

생산가동수준을 나타내는 것으로서 100을 기준으로 이 지표가 80을 하회하면 경제 전체의 생산량이 감소하여 인플레이션이 나타날 수 있다는 예측을 할 수 있다. 매월 중순에 발표된다.

■ 물가지수(price index)

소비자물가지수(consumer price index, CPI)와 생산자물가지수(producer price index, PPI)가 있으며, 매월 노동부 통계국(Bureau of Labor

Statistics)을 통해 발표되는 지표로서 인플레이션 관련지수로 이용된다. 통상 이 지수가 상승하면 금리인상이 뒤따르고 외환시장에도 영향을 미치게 된다. 특히 생산자물가지수는 미국에서 발표되는 통계 중 가장 오래된 수치이기도 하다. 1982년을 100pt로 기준하여 3000여개의 품목을 대상으로 표본조사를 실시하여 산출한다.

■ 경상수지, 무역수지

외환시장을 포함한 국제금융시장에 대한 영향력이 큰 통계지표이다. 매월 중순(15일)에 발표되며 우리나라에서도 관심을 두는 중요한 지표 중의 하나이다.

■ 소비자신뢰지수(consumer's confidence index)

소비자들이 6개월 후 구매의욕을 예상한 것을 정리한 것으로서 경기선행지수에 해당한다. 1985년을 100으로 기준하여 상대적인 비율로 나타낸다. 소비자들에 대한 조사는 악화, 보통, 양호 등의 질문으로 수집한다.

■ 건설지출지수, 자동차판매지수

건설지출지수(construction spending index, CS index)와 자동차판매지수(auto sale index, AS index)는 미국의 경기지표에 민감한 건설과 자동차 부문의 지수로서 경기상황을 잘 반영하는 지표들이다. 실적치를 기준으로 하므로 경기후행지수이기는 하지만 중요 지표로 참고하는 통계이다.

■ 내구재 수주(durable goods orders)

매월 말 상무부(Department of Commerce)를 통해 발표되며, 미국 내 제조업체를 대상으로 표본조사를 통해 주문량을 조사하여 발표한다. 흔히 산업생산 및 수요에 대한 선행지표의 역할을 한다. 항공기와 방위산업의 수주가 커서 이를 제외한 소비 내구재 수주량이 중요 경제지표로서 영향을 미친다.

■ 구매관리자지수(PMI's index 혹은 NAPM's index)

전국 구매관리자협회(National Associatiion of Purchasing Management, NAPM)에서 매달 250여 개 제조업체에 대해 설문조사를 통해 산출하는 제조업 분야의 경기선행지표이다. 흔히 기업의 구매 담당 임원들로부터 경기 전망을 상승, 하락, 변동없음으로 나누어 조사한다. 우리나라에도 이와 유사한 기업경기실사지수(business survey index, BSI)가 있다.

학습정리

01 | 외환거래는 거래에 참여하는 당사자, 거래목적, 결제구조에 따라 다양한 형태로 구분된다.

02 | 환율은 기본적으로 외환시장의 수요·공급에 의해 결정된다. 그러나 실제 시장에서는 외환딜링이 가격형성에 큰 영향을 미친다.

03 | 외환시장의 수급에 영향을 미치는 요인에는 물가, 경제성장률, 금리 등의 기본적 요인과 심리적 요인, 통화 당국의 시장개입, 소문, 순환적 국면 등의 기술적 요인이 있다.

04 | 외환거래에 따른 포지션에는 매입초과(long), 매도초과(short), 스퀘어포지션이 있다. 매입초과포지션은 환율인상시, 매도초과포지션은 환율인하시 차익이 발생한다.

05 | 빅맥지수는 영국의 이코노미스트가 발표하는 환율 관련 가격지수로서, 동일한 품질로 판매되는 빅맥햄버거의 가격을 통해 각국 통화의 가치 및 환율의 적정성을 판단하는 데 도움이 된다.

06 | 자본시장이 잘 발달된 상태에서의 금리인상은 외국자본의 유입으로 환율인하(통화가치 상승) 효과가 있다.

07 | 국민소득 증가와 경제성장은 통화가치 상승으로 환율인하 유인이 존재하지만, 국내 물가상승은 자국통화의 구매력을 감소시켜 통화가치 하락을 유발한다.

08 | 주가와 환율은 상호 간에 영향을 주고받는 내생적인 관계에 있다.

09 | 세계경제의 기축통화인 미국 달러화의 동향은 미국의 경제지표의 부침과 같이 하게 되므로 미국의 대표적인 경제지표를 알아두는 것은 외환시장의 환율변동을 가늠하는 데 도움이 된다.

CHAPTER

05

국제통화제도와 우리나라 환율제도

미국 지사에 2년간 근무하게 된 김씨는 생활비를 어떻게 송금하는지 걱정이 되었다. 본사에서 지급되는 월급은 원화이기 때문에 이 원화를 미국에서 사용할 달러화로 매달 또는 정기적으로 바꾸어야 하기 때문이다. 더군다나 미국에서는 현지 은행을 이용해야 하므로 현지 은행 계좌에 어떻게 송금을 하는지에 대해서도 궁금했다.

그러나 은행을 방문하고 난 후 이에 대한 걱정은 곧바로 해소되었다. 여러 번에 걸친 외환자유화 조치 이후 우리나라에서는 대부분의 외환거래가 자유화되어 사전에 은행에서 외화송금에 관한 거래계약서를 작성하면 인터넷을 통해 손쉽게 환전을 하여 미국 소재 은행계좌로 월급을 달러로 이체할 수 있기 때문이다.

1 국제통화제도

(1) 국제통화제도의 주요 변천

① 금본위제도(1821~1914년)

세계경제는 1821년~1914년 세계 제1차대전 이전까지 금본위제도(gold standard system)를 유지한다. 세계 공용화폐, 기축통화(vehicle currency)로서 금이 유통된 것이다. 1821년 나폴레옹전쟁이 끝나면서 영국을 위시한 대부분의 국가들이 채택한 제도로서 국제무역을 결제하기 위해 금이 국제적으로 이동하여 국내 통화공급에 영향을 주게 된다. 그러나 20세기로 접어들 무렵 영국, 미국, 프랑스 등이 이미 세계 금융 중심지로 부상하여 각 주요 국가의 통화로 표시된 예금 잔고의 이동이 이루어져 금의 실제적인 이동은 필요가 없게 되었다.

금본위제도 하에서의 국제수지 조정메커니즘은 금이 이동하면서 국제수지 흑자, 적자를 조정하는 데 아래와 같은 흐름을 보인다.

> 수출↑⇒ 국제수지 흑자↑⇒ (금유입)⇒통화량 ↑⇒ 임금, 물가상승⇒제품원가 상승⇒수출 ↓⇒국제수지 흑자 ↓⇒(금유출)⇒통화량 ↓⇒ 제품원가 ↓⇒ 수출↑

② 금환본위제도(1944~1971년)

1914년~1944년까지의 세계대전 시기에는 국제통화제도도 혼란기에 접어든다. 이후에는 전후 복구를 위한 취지로 만들어진 브레튼우즈협약체제(Brettonwoods agreement) 하에서 1944년~1971년까지 금환본위제도(gold exchange standard system)를 유지한다. 금환본위제도라고 부른 이유는 금본위제도에서는 금이 직접 각국 통화와의 가치가 결정되었지만, 금환본위제도에서는 금이 미국 달러로 1차적으로 교환된 다음 미국 달러와 각국 통화와의 가치가 결정된 과정이 추가되었기 때문이다.

금환본위제도 하에서 각국 통화는 미국 달러로의 교환비율이 고정적으로 정해져 있고, 미국 달러는 다시 금으로의 교환비율이 정해져 있는 이중체제(dual system)를 갖춘다. 따라서 고정환율제도가 유지되었고, 이때부터 세계경제의 기축통화로서 금과 미국 달러의 두 가지가 이중기축통화(dual vehicle currency) 양상을 띠며 현재에 이르고 있다.

어떤 나라의 달러라이제이션(dollarization)이 진행된 배경에는 미국 달러가 세계의 기축통화로서 안전자산(safe asset)이라는 배경이 크게 작용한다.[1] 한편 브레튼우즈협약에서 회원제 은행인 국제통화기금(IMF)과 비회원제 은행인 세계은행(IBRD, World bank) 설립을 합의하는 데 국제통화기금의 자금 사용 권한인 SDR(special drawing right, 특별인출권)의 수준을 가늠하는 IMF 쿼터(출자지분)는 2008년 말 기준으로 미국 20%, 일본, 독일, 영국 각 5~6%, 한국 1% 내외이던 것이 중국경제의 성장으로 중국의 쿼터가 높아져 2020년 현재 미국 17.41%, 일본 6.46%, 중국 6.39% 순으로 3위로 뛰어 올랐

그림 5-1 브레튼우즈체제(금환본위제도)

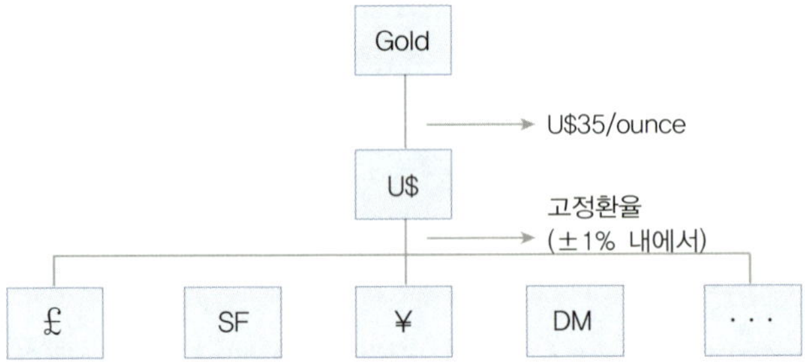

1) 달러라이제이션(dollarization)은 특정 국가에서 미국 달러가 자국통화처럼 또는 자국통화보다 더 그 나라의 통화기능을 우수하게 수행하고 달러가 가치저장의 주요 수단으로 작용하는 것을 말한다. 실제로 라틴아메리카, 동남아시아 아프리카 일부 국가에서 이 현상이 심화된 적이 있다.

올랐다(한국 1.81%).

③ 스미소니언체제(1971～1973년)

베트남 전쟁과 닉슨 게이트 등으로 달러화의 지위가 약화되자 스미소니언(Smithsonian)체제를 통해 금의 기준환율을 1온스당 $35에서 $38로 바꾸고 각국의 환율변동폭을 ±1%에서 ±2.25%까지 확대한다. 미국 달러화의 약세를 반영한 것이다. 스미소니언체제는 킹스턴체제의 발효로 변동환율제도로 이전되기 전 시기까지(1971년~1973년) 국제통화제도 체제로 유지된다.

스미소니언체제 하에서 미국 달러화와 각국 통화 간에 ±2.25% 이내 변동하도록 각국은 최선의 노력을 기하기로 하고, 교역상 유리한 위치를 차지하기 위한 평가절하 등은 하지 못하게 하는 등 고정환율제도를 유지하기는 하나 이미 이때부터 변동환율제도로의 이전의 서막이 열렸다고 볼 수 있다.

④ 변동환율제도(1973년～현재)

1973년부터 국제통화제도의 규제가 폐지되기 시작하고, 1976년 자메이카에서 개최된 킹스턴(Kingston) 회의를 통해 각국의 환율제도 선택권을 인정하면서 국제통화제도는 변동환율제도로 변환되기 시작한다. 또한 금 대신 SDR을 새로운 본원화폐로 지정하고 금을 폐화조치한다. 그러나 이후에도 금

그림 5-2 스미소니언체제

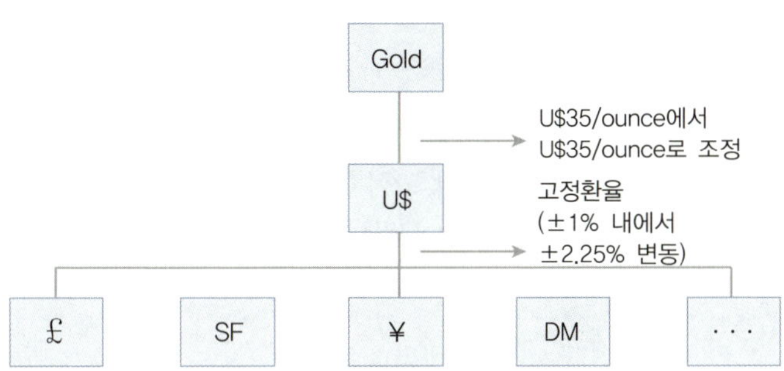

은 세계통화의 중심기능을 여전히 수행한다. 이후 두 차례(1973년, 1979년) 석유파동(oil shock)과 유럽통화기구(EMS, 1979년) 결성, 플라자 합의(plaza agreement, 1985년) 등으로 외환시장은 급변하는 상황을 맞이한다. 플라자 합의는 미국의 무역수지 개선을 위해 일본 엔화와 독일 마르크화를 평가절상하고 미국 달러화의 강세를 시정한 5개국 재무장관 협의로서 이후 미국의 경상수지 적자가 감소되고, 일본경제가 어려움에 처하고 장기불황에 접어드는 계기가 되었다. 이후 일본 금융시장에서는 초저금리 상황을 나타내는 제로금리(1% 이하의 금리) 수준이 유지되기도 하였다.

변동환율제도는 외화표시 자산과 부채 또는 현금흐름의 가치를 환율변동위험으로부터 보호하기 위한 헤지거래를 증가시켰고, 1980년대 선물, 옵션, 스왑 등의 파생상품시장이 급속히 발전하게 된 배경이 된다. 1980년대에 통화가치를 미국 달러화나 SDR 등의 주요 통화에 연계시키고, 이들 통화에 대한 수요가 급증하게 되어 미국 달러화 가치가 높아지기도 하는데, 이는 미국의 실질금리가 외국에 비해 상대적으로 높았던 것에도 기인하여 고금리를 좇아 미국 달러시장의 자금이 유입된 탓도 있다. 또한 1997년과 2008년의 세계적 금융위기에서도 외환시장의 환율이 급변하여 위기를 가속화시키기도 했다.

(2) 유럽통화통합

① 통화통합의 의의

통화제도의 변천사에서 유로화로 유럽이 통화통합을 실시한 것은 일대 전기가 된다. 유럽통화통합은 다음과 같은 효과를 위해 이루어졌다.

역내국가 통화 간 완전한 고정환율제도, 단일 통화의 등장 동일한 통화정책, 동일한 금리정책 통화통합 참가국 간 보다 완전한 실물시장과 자본시장의 통합

그림 5-3 EMU의 Snake in the tunnel 조치

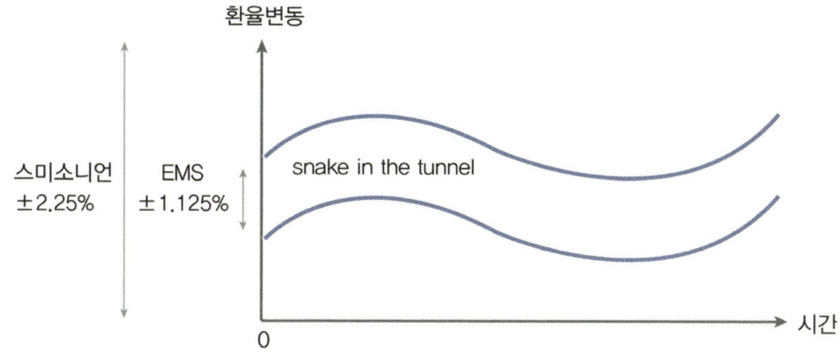

주) EMS : European Monetary System

통합의 시초는 1972년 유럽통화동맹(EMU)의 터널 속의 뱀(snake in the tunnel) 조치인데, 이 조치는 유럽국가 내 통화의 대 미국 달러 환율변동폭을 일정수준으로 제한하는 제도이다. 유럽국가끼리는 미국 달러와의 환율변동을 줄임으로써 유럽통화 간에 동질적 분위기를 조성한 것이라고 볼 수 있다. 즉, 스미소니언체제 하에서 미국 달러와 다른 통화와의 ±2.25%의 환율변동폭을 유럽통화연맹 국가 간에는 ±1.125%로 축소하여 다른 국가 통화들보다 움직임이 유사하도록 조치를 취한 것이 터널 속의 뱀의 내용이다.

이 체제는 유럽통화동맹 국가 간에 환율의 변동범위를 제한함으로써 이 범위를 벗어나려는 움직임에 대해서는 적극적인 국가 간 통화정책과 시장개입으로 동맹국 간의 환율이 일정한 흐름을 보이도록 시도하였다는 데 의의가 있다.

유럽통합의 기초는 1979년 3월 유럽통화제도(European Monetary System, EMS)가 발족하면서 본격화되는데 정치적 통합에 앞서 경제적 통합을 목표로 시작하였으며, 이때 유럽통화단위(ECU)가 창설된다. 그리고, 1991년 네덜란드 마스트리히트조약(유럽동맹조약)으로 가속화되었으며, 1999년 1월 1일에 단일통화인 '유로'가 출범하고 2001년부터 마침내 가입국가에서 기존의 통화(독일 마르크, 프랑스 프랑, 이탈리아 리라, 스페인 페세타 등) 대신 단일통화

로서 유로화가 전면적으로 사용되었다.[2)]

2011년 현재 국내총생산 계정에 유로화를 채택하고 있는 국가는 유럽연합(EU) 27개국 중 16개국이다.

② 유럽중앙은행

1998년 설립된 유럽중앙은행(European Central Bank, ECB)은 유로화 발행 및 금리를 결정하는 기관으로서 각국의 중앙은행은 유럽중앙은행의 지시에 따라 공개시장 조작 정책을 수행한다. 그러나 유럽중앙은행은 중앙은행의 고유기능 중 하나인 지불준비금을 통한 자금공여기관의 최후의 보루(lender of last resort)의 기능은 결여되었다는 한계가 있다.

따라서 유로화 환율을 전망하려면 유럽중앙은행의 움직임에 주목할 필요가 있다. 외환시장에 영향을 미치는 유리보(Euribo)를 고시하고 물가와 통화정책과 관련된 경제전망을 발표하기 때문이다. 유럽중앙은행의 의결기구는 총재, 부총재 및 4인의 위원으로 구성된 집행위원회와 각국의 중앙은행 총재로 구성된 운영위원회이다.

③ 통화통합의 혜택

■ 유럽시장 통합의 완성

유럽통화 통합을 통해 단일통화권을 형성함으로써 환위험을 소멸하고 환율 안정에 따른 대외 경쟁력을 회복한다. 또한 화폐동맹에 참가하는 과정에서 재정적자가 축소되고, 물가 및 금리가 안정되는 효과를 보았다.

2) 1991년 네덜란드 마스트리히트에서 유럽 12개국 정상들이 모여 체결한 마스트리히트조약(Masstricht Treaty)은 유럽통합의 중요한 계기가 되었다. 통화뿐만 아니라 정치・경제적 공동체로 통합되기 위한 초석을 마련하였다는 평가를 받고 있다. 이 조약에서는 유럽단일통화를 위한 유로지역 내 고정환율제도 실시, 유럽공동체(EC) 내에서의 전반적 경제정책 실시, 각국의 중앙은행과 유럽 중앙은행으로 구성된 유럽중앙은행(European Central bank, ECB)을 설립하기로 합의하였다.

■ 자원배분의 효율화와 경제성장 기대

통화통합으로 각국 시장 간의 경쟁이 제고되었다. 유럽 각국 간의 금융시장이 통합되고 외환거래비용이 절약됨으로써 금융시장의 경쟁력이 제고되고 금융자원이 효율적으로 활용됨으로써 궁극적으로는 경제성장을 도모할 수 있게 되었다.

④ 통화통합의 위험

■ 경제상황의 차이

각국이 직면하고 있는 경제 사이클에 차이가 존재하여 일관된 통화수용이 불균형을 유발하고 통합된 통화정책이 일부 국가에는 적절하지 않아 이로 인한 혼란이 발생하기도 했다.

■ 경제력의 불균형

다른 지역보다 심한 불경기를 겪고 있는 국가 또는 경제력의 차이에 대한 대책이 필요하였다. 실업인구가 호경기 지역 또는 경제력이 큰 국가로 이동함으로써 경제력 불균형이 심화되고 호경기 지역으로부터 재정지원의 한계점이 노출되었다. 이에 대한 방안으로 불경기 국가의 재정지출을 증가시키는 방법이 고려되기도 하였으나 각국의 재정적자 규모에 한도(convergence criteria)를 정함으로써 재정정책의 활용에 한계가 있었다.

⑤ 유럽통화단위(ECU)의 가치결정

유로화의 기초통화단위인 ECU(European Currency Unit)은 아래와 같이 해당 통화의 가중치와 가치결정 당시 미국 달러와의 환율 등을 적용하여 결정한다. 그러므로 경제 규모, 교역 규모나 미국 달러와의 환율이 강세를 보이는 국가의 통화일수록 유로화에 미치는 영향이 커지게 된다. 유로화에 대한 가중치는 5년마다 한 번씩 조정된다.

$$1ECU = \sum W_j \times CR_j \times E_j = \sum CU_j \times E_j$$

W_j : 해당 통화의 가중치(교역 규모 등을 고려하여 5년마다 조정)
CR_j : 해당 통화의 대 ECU 환율(EC 재무각료이사회에서 합의 조정)
E_j : 해당 통화의 단위당 미국 달러화 환율
CU_j : $(W_j \times CR_j)$로서 구성통화단위 수입

예를 들면, 다음과 같이 1ECU(=1유로)를 계산하는 데에는 각 나라의 가중치가 산입되어 산출된다.

$$1ECU = 0.6242DM + 1.332FRF + 0.2198NLG + 3.301BER + 0.13LFR + 151.8ITL + 0.1966DKR + 6.8555PTE + 1.393ESP$$

주) 유럽통화 이전 각국의 통화
DM : 독일 마르크, FRF : 프랑스 프랑, NLG : 네덜란드 길더, BER : 벨기에 프랑
ITL : 이탈리아 리라, DKR : 덴마크 크로네, ESP : 스페인 페세타, PTE : 포르투갈 에스쿠도

2 우리나라의 환율제도

(1) 우리나라 환율제도의 주요 내용

① 현행 외환거래제도

현행 우리나라의 외환거래제도는 1999년 4월 1일 개정 공포된 외국환거래법에 의해 원칙적으로 자본거래를 포함한 모든 외국환 거래를 자유롭게 인정

하되 필요한 부분만 예외적으로 규제하는 네거티브 방식(negative system)을 채택하고 있다.

② 주요 변천

■ 1980년대 이전

1946년 미군정법령(대외무역규칙)으로 외환거래를 시작하였으며, 정부 수립 이후 정부가 환율을 일정 범위 내로 고정시키는 고정환율제도를 채택하였다. 1950년 한국은행이 창립되어 외환정책의 수립과 시행은 물론 외국환업무를 전담하였으며, 1960년 12월에 미군정법령, 한국은행법, 재무부령 등 복잡한 외환관리법규 체계를 외국환관리법으로 통합하였다. 1964년 5월에는 단일변동환율제도로 변경하였으나 1970년 말까지는 사실상 환율이 미달러에 고정되는 크롤링페그(crawling peg) 제도가 시행되었다.

■ 1980년대

1980년 2월 복수통화바스켓(multi currency basket)제도로 이행한 후부터 실질적으로 환율 유동화가 가능해졌는데, 이 제도 하에서 환율은 국제통화기금의 통화인 SDR을 적용한 SDR바스켓과 주요 교역 상대국의 통화로 구성되어 있는 독자바스켓을 이용하여 결정되었다. 1980년대 무역 규모 확대와 개방 압력으로 1988년에 우리나라도 국제통화기금(IMF)의 회원인 8조국으로 가입하였으나 이즈음부터 자본시장 개방 및 외환거래 자유화가 시작되었다. 해외여행경비 등 경상적인 외환지급과 해외직접투자 등 외환유출에 대한 규제 완화가 개시된 것도 이때부터이다.

■ 1990년대

1990년대 들어서도 지속적으로 규제 완화 및 시장 개방이 이루어졌는데, 1990년 3월부터는 복수통화바스켓제도를 폐지하고, 전 영업일의 거래를 가중평균한 시장평균환율을 기준으로 일정한 일일환율변동 제한폭

이내에서 외환시장에서 수급에 따라 환율이 결정되도록 하는 시장평균 환율제도(market average exchange rate system, MAR)를 도입하여 시행하였다.

1992년 1월에는 외국인이 국내 상장주식을 직접 취득할 수 있도록 허용하였으며, 외국인전용수익증권인 KF(Korea fund)가 발매되어 본격적인 자본시장 개방이 시작되었다. 1992년 9월 자본거래를 제외한 모든 경상거래에 대한 규제를 종전의 포지티브시스템(positive system)에서 네거티브시스템(negative system)으로 전환하였고, 1996년 OECD 가입과 함께 외국환은행 설치 및 업무가 자유화되었다. 이후 1997년을 겪은 뒤로 외환 및 자본거래 자유화가 가속화되었다.

③ 외환거래 자유화

1997년 12월 우리나라는 환율의 일일변동폭 제한을 폐지함으로써 자유변동환율제로 변환하게 된다. 즉, 환율의 가격기능 제고와 외환시장 활성화를 위해 일일환율변동폭 제한을 폐지함으로써 자유변동환율제도로 완전히 이행하게 되었다. 우리나라의 외환거래 자유화 추세를 요약해 보았다.

- 1998년 6월 외환거래 자유화 개시
- 1999년 4월 1일 외환관리법 폐지와 함께 전면 자유화
- 2000년, 2001년, 2002년에 각각 1단계, 2단계, 3단계 외환자유화 조치 시행

1단계 외환자유화 주요 내용(2000년)

대외 경상지급 (상품, 용역 등이 수반되는 거래) 자유화
대외 결제방법 자유화

자본거래 자유화

거주자 간 외환거래 자유화
비거주자 간 원화거래 규제 완화
외자유입거래 대폭 자유화
외화유출거래 규제 완화
파생금융거래 자유화

외국환업무취급 자유화

환전영업 자유화

2단계 외환자유화 주요 내용(2001년)

대외지급 및 휴대반출 한도 폐지

자본거래 자유화

내국인의 외화매입 한도 폐지
내국인의 해외예금·대출 및 신탁거래 자유화
국내증권사를 경유하지 않는 대내외 증권투자 허용
대외채권 회수의무 완화

비영리법인 해외부동산 취득 자유화

계열사 해외차입 보증금지 30대그룹에 대해서만 적용

3단계 외환자유화 주요 내용(2002년)

대외 송금의 전면 자유화와 해외여행 경비 자유화

(2) 우리나라 환율제도의 변천과정

① 고정환율제도(1945~1964년)

1945년 10월 미군정 당국이 최초로 1달러당 15원의 환율을 지정한 후

1949년 정부보유외환을 환금할 때 적용하는 공정환금률과 일반 수요자가 외환을 환금할 때 적용하는 일반환금률 등 두 가지 환율을 사용하는 복수환율제도를 채택하였다. 1961년에는 기존의 복수환율이 단일환율로 통합되었으며, 이것이 1980년까지 이어졌다.

② 단일변동환율제도(1964~1980년)

1964년 5월 1달러당 255원을 하한으로 하는 단일변동환율제도를 채택하였으나, 한국은행이 계속해서 외환시장에 개입함에 따라 실질적으로는 고정환율제도의 형태를 운영하였다.

이때의 환율제도를 달러연동환율제도(dollar pegged exchange rate system) 또는 달러페그제도라고 한다. 이 제도 하에서는 원화환율이 미국 달러에 대해서 가치가 일정한 수준으로 묶여 있었고, 미국 달러 이외의 제3국 통화에 대해서는 달러화와 제3국 통화 간의 교차환율(cross rate)에 따라 대 원화환율이 결정되었다. 과거 우리나라의 환율을 달러당 800원 내외로 기억하는 이유가 달러연동환율제도 하에서 경제성장을 이룩한 1970년대와 1980년대의 기간 동안 고정환율제도를 유지하였기 때문이다.

③ 복수통화바스켓제도(1980~1990년)

1980년 복수통화바스켓(multi currency basket)제도를 채택하면서 본격적으로 변동환율제도가 채택, 운영되기 시작하였는데, 이 제도는 고정환율제도에서 변동환율제도로 이행하는 중간단계라고 볼 수 있다. 자국과 교역비중이 큰 여러 국가의 통화를 선택하여 통화군(basket)을 구성하고 이들 통화의 가치가 변할 경우 교역가중치에 따라 자국통화의 환율에 이를 반영하는 제도이다.[3)]

---

3) 중국이 2005년 채택한 이후 2020년 현재까지 복수통화바스켓관리 변동환율제도를 채택, 운영 중이다. 중국의 복수통화바스켓은 미국 달러화, 엔화, 유로화, 우리나라 원화 등 24개국 통화로 구성되어 이들 통화의 평균변동분을 감안한다.

2005년 7월 22일 중국이 위안화 가치를 절상하면서 (Y8.28/$ →Y 8.11/$), 고정환율제도를 폐지하고 준변동환율제도인 복수통화바스켓제도 시행
→ U$, Euro, ￥, ₩ 등 24개국 통화로 바스켓(basket) 구성

④ 시장평균환율제도 및 자유변동환율제도(1990년~현재)

시장평균환율(market average rate, MAR) 제도는 매일매일의 미국 달러화에 대한 원화의 환율을 전일 금융결제원의 자금중개실을 경유하여 은행간시장에서 거래된 현물환율을 외환거래량으로 가중평균하여 산출하는 제도이다. 이 시장평균환율은 한국은행이 매일 고시하는 달러화의 최초 고시환율이자 매매기준율이 된다. 환율의 일일변동폭(price limit)은 매매기준율을 중심으로 상하 0.4%(1990년 3월), 1.5%(1994년 11월), 2.25%(1995년 12월), 10%(1997년 11월20일)로 계속 확대되어 오다가 1997년 12월 16일에 변동폭 제한이 완전 폐지되었다.

시장평균환율(MAR)을 산출하는 방법을 예를 들어 설명하면 다음과 같다.

은행딜러를 통해 이루어진 은행 간 거래가 아래 〈표 5-1〉과 같이 1,180.20원에 10,000달러, 1,181.20원에 10,000달러, 그리고 1,182.20원에 20,000달러가 성사되었다고 가정하자. 그러면 달러화 총 거래량은 40,000달러이고, 총거래금액은 47,258,000원이 된다. 여기서 시장평균환율은 현물거래의 가중평

표 5-1 시장평균환율(MAR) 산출

은행간 거래환율(A)	거래량(B)	거래금액(C=A×B)
₩1,180.20/$	$10,000	₩11,802,000
₩1,181.20/$	$10,000	₩11,812,000
₩1,182.20/$	$20,000	₩23,644,000
계	$40,000(D)	₩47,258,000(E)
시장평균환율	E/D=47,258,000/40,000=₩1,181.50/$	

균환율로서 거래금액을 거래량으로 나눈 1.181.50원이며, 이 원/달러 환율을 기준환율로 하여 대고객환율(customer rate)인 어음결제율, 여행자수표매매율, 현찰매매율 등이 각 은행별로 고시된다.

(3) 외환거래 관련 주요 기관 및 제도

① 외환거래 적용대상

물적 대상

- 외국환 - 대외지급수단(외화, 수표) 외화증권, 외화채권
- 내국지급수단 - 대외지급수단을 제외한 내국통화 및 기타 지급수단
- 귀금속 - 금, 금화 기타 금제품 및 가공품

인적 대상

- 거주자
  - 외국환거래법상 국내에 주소나 거소를 둔 개인, 국내에 주된 사무소를 둔 법인
- 비거주자
  - 거주자 이외의 개인 및 법인

② 외환거래기구

외환거래기구에는 기획재정부(장관), 한국은행, 외국환업무취급기관, 기타 관련 기구가 있다.

■ 기획재정부(장관)

- 외환관리의 실질적 집행, 정책 수립, 집행, 감독, 인허가를 주관한다.

■ 한국은행

- 외국환거래법에 따라 재경부장관이 규정한 외환업무와 재경부장관으

로부터 위탁받은 외환업무 및 정부를 대신한 외환시장 개입 기능

- 외화매입(자국통화 발행, 외국환평형기금 발행, 외화차입)과 매도를 통해 시장에 개입한다.

■ 외국환업무취급기관

- 외국환업무취급기관
  은행, 종합금융사, 증권회사, 보험회사 등이 해당된다.
- 환전영업자(환전상)
  수수료를 받고 외국통화를 매입 또는 매도하거나 외국에서 발행한 여행자수표의 매입을 행하는 기관으로 매일 당일의 외국환매매율을 영업장소에 게시한다. 카지노 환전상을 제외하고 거래 내용을 기록하고 서류를 보존한다.
- 외국환중개회사
  한국자금중개, 서울외국환중개 등 외환중개를 전문으로 하는 기관이다.

■ 기타 관련 기구

- 금융감독위원회, 세관, 국제금융센터 등이 있다.

1999년에 설립된 국제금융센터(www.kcif.or.kr)는 외환위기 이후 국제금융시장 변화에 대해 신속하고 적절한 대응을 취하기 위해 조기경보시스템, 금융시장 정보 제공, 정부와 민간의 국제금융업무를 지원하는 역할을 하고 있다.

③ 외국환평형기금

외국환평형기금(exchange equalization fund)은 환율을 적정수준으로 유지하고 수급불균형을 조정하여 환율변동을 안정시키기 위해 정부가 조성하는 기금이다. 1932년 영국이 처음 도입한 이후 각국에서 설치하여 운용 중이다. 이 기금은 정부출연금, 외국환평형기금채권(외평채), 외국으로부터의 예수금

이나 차입금 등으로 조성된다.

■ 외국환평형기금채권(외평채)

환율안정을 위한 외국환평형기금채권은 기획재정부장관이 발행하며, 외국통화로 표시하여 발행할 수도 있다. 원화기금계정과 외화기금계정으로 구분되며, 특히 이 채권에는 국가신용도가 반영되어 국가신용등급에 따라 금리수준이 결정되는 특징이 있다.

■ 1997년

우리나라는 전통적으로 미국 달러와 연동된 고정환율제도 즉, 달러페그제도를 유지하였으나 1997년 말 국제통화기금으로부터 총 550억달러의 지원금을 받게 되는 외환위기를 맞이하면서 고정환율제도를 포기하게 된다. 이때 원화의 가치가 대외적으로 폭락하면서 한국경제는 큰 혼란에 빠져들었는데 이것이 첫 번째 외환위기이다.

1996년에 OECD 가입을 하는 등 고도성장을 지속하던 한국경제는 1997년 초에 굴지의 기업으로 성장하던 한보철강(주), 기아자동차(주) 등의 기업 부실사태와 한국의 대외지불능력에 대한 회의 등으로 국제금융시장에서 한국기업에 대한 신뢰가 사라지면서 1997년 중반부터 국제투자자금의 대규모 자본도피(capital flight) 현상이 나타났고, 마침내 1997년 11월 3일 국제통화기금(IMF)에 400억달러 규모의 구제금융을 요청하기에 이르렀다. 1995년에 발생한 홍콩 금융시장 위기 및 1996년의 동남아 국가 외환위기 상황이 우리나라에도 파급된 전염효과(contagion effect)도 외환위기를 촉발한 주요 원인이 되었다. 특히 태국의 바트화(Baht) 폭락은 1997년 아시아 국가의 화폐가치 폭락에 의한 외환위기를 도미노처럼 발생시킨 주 원인으로 지목되기도 하였다.

이로 인해 800원 내외 수준을 유지하던 원/달러 환율은 1997년 말에는 개인이 거래할 경우 달러당 2,000원을 상회하기도 하였으며, 대외부채를 영업활동에 의존하였던 은행과 종합금융사 등 다수 금융기관이 문을 닫게 되었다. IMF 권고사항을 이행하기 위한 많은 경제조치도 뒤따랐으며 이때부터 환위험관리가 정책 당국의 우선적인 고려사항이 되었다고 볼 수 있다.

외환시장의 혼란을 막고 거래 정상화를 위해 기존의 외환자유화 계획과 무관하게 1997년 12월에 정부는 자유변동환율제도를 발표하였으며, 1998년 6월에는 외환거래 완전 자유화를 실시하게 되었다. 이를 통해 외환시장은 빠르게 안정되어 갔으나 외환위기에 따른 외환자유화 조치를 하게 되어 이후 환율의 변동성과 불확실성이 상존하게 되었다.

■ 2008년

2007년 말 미국의 대형 금융기관이며, 세계 최대의 채권중개회사인 리먼브라더스(Lehman Brothers Co.)가 파산하면서 몰아닥친 2008년 세계 금융위기(global financial crisis)는 한국경제를 또 한 번 위기에 처하게 만들었다. 미국 금융가인 월가(Wall Street)로부터 시작된 금융위기는 미국 주택경기 침체 및 주택공급 과잉으로 인한 장기주택담보대출(모기지) 사태와 더불어 파생금융시장에서도 큰 피해를 불러왔다. 이때의 금융위기가 다른 말로 '서브프라임 모기지(sub prime mortgage)' 사태로 일컬어진 이유도 대규모 파생금융상품의 파산으로 인해 금융위기가 더욱 확산된 데 기인한다.

2008년 금융위기 당시 우리나라 경제는 건설경기 호전, 지속적인 경기회복세 등으로 견실한 성장세를 보이고 주식시장의 유가증권시장의 코스피지수(KOSPI)도 2,000pt를 넘어서는 등 활황세를 이어간 추세를 나타냈다. 그러나 금융위기로 인해 국제투자자금이 자산가격 변동위험을 최소화하기 위해 안전자산(safe asset)인 금, 미국 달러, 엔, 유로, 파운드, 스위스 프랑 등으로 대거 이동함에 따라 원화에 대한 수요가 줄고 공급이 폭증하여 원화가치가 폭락하는 사태를 맞이하였다.

1997년의 외환위기가 아시아 국가의 위기, 과도한 외화 의존도 및 한국경제에 대한 불신 등으로 발생하였다면, 2008년의 외환시장 위기는 대외적으로 특정 국가의 통화에 투자자금이 몰림으로써 원화가치가 폭락한 경우로서 약간의 차이가 있다.

그러나 환율제도가 자유변동환율제도로 이전되고 각국의 통화가치가 자유로이 변동함으로써 외환시장의 변동성이나 불확실성이 커져 이러한 금융위기가 발생할 가능성이 상존한다는 점은 부인할 수 없다.

학습정리

01 | 국제통화제도는 금본위제도를 거쳐 스미소니언체제로 이어지는 고정환율제도를 거쳐 킹스턴체제에서 변동환율제도로 이행하였다.

02 | 1979년 EMS 발족은 유럽통화통합이 본격화된 계기가 되었고, 1991년 유럽동맹조약(마스트리히트조약)은 이를 가속화시키게 되었다.

03 | 유럽통화통합은 시장통합의 혜택과 회원국가에 대한 비용발생이라는 장단점이 있다.

04 | 유로의 가치는 회원국의 교역 규모, 회원국 통화의 달러당 환율 등에 의해 결정된다.

05 | 현행 국내 외환거래는 원칙적으로 자본거래를 포함한 모든 거래를 자유롭게 인정하되 필요한 부분만 예외적으로 규제하는 방식(negative system)이다. 3단계 외환자유화 조치를 통해 외화송금 자유화와 해외여행 경비 자유화도 이루어졌다.

06 | 우리나라 환율제도는 1980년 이후 변동환율제도로 이행하여 현재는 시장평균환율제도 하에서의 변동환율제도를 실시하고 있다.

07 | 시장평균환율(MAR)은 외환시장에서의 거래량과 각 환율을 가중평균한 환율로서 매매기준율이 된다.

08 | 외국환평형기금은 환율을 적정수준으로 유지하고 수급불균형을 조정하여 환율변동을 안정시키기 위해 정부가 조성한 기금이다.

CHAPTER

06

국제수지, 환율제도와 무역금융

'수지 맞는다'는 말은 들어온 돈과 나간 돈의 차이를 봤더니 들어온 돈이 많다는 뜻이다. 국제수지는 국제거래에서 발생한 현금유입과 현금유출을 비교한 것으로 유입 >유출이면 국제수지 흑자, 유입 <유출이면 국제수지 적자로 기록된다. 단순한 예를 들어, 어느 나라의 수출이 100이고, 수입이 80이면 +20만큼 국제수지 흑자이다. 이 국제수지 흑자 20은 외환보유고(foreign exchange hold)를 그만큼 증가시킨다. 이듬해 수출이 80이고, 수입이 90이라면 -10만큼 외환보유고를 감소시킨다. 외환보유고가 많아지면 그만큼 국제수지 흑자를 기록한다는 의미이므로 환율인하가 나타나게 된다.

외환보유고는 국제수지에 따라 달라지는데 외환보유고는 얼마가 적정 수준인가 논란의 여지가 있다. 외환보유고는 대부분 미국 국채나 금 등으로 이루어져 있다. 따라서 투자수단으로 이용되기보다는 안전자산 위주로 구성된다. 그러다보니 외환보유고 과다보유시 국가자본의 비효율적 운용이라는 단점이 있다.

1 국제수지의 개념

(1) 개념

국제수지(balance of payment, BOP)는 외국과의 모든 경제거래의 수입, 지출을 체계적으로 기록한 것이다. 예를 들어, 반도체를 미국에 수출하고 달러수입을 거두었다면 국제수지에서 자본유입이 증가한다. 이와 반대로 일본으로부터 수산물을 수입하고 엔화를 결제하였다면 자본유출이 증가한 것으로 기록된다. 이는 모두 경상수지이고, 경상수지 내에서도 무역수지 또는 상품수지이다.

국제수지는 경상수지와 자본수지로 구분한다. 경상수지와 자본수지를 국제수지의 2대 계정이라고 한다. 위의 예에서와 같이 경제적 거래를 통해 자본의 유출이 이루어지는 거래는 경상수지로 기록하고, 경제적 요인이 없이 자본의 유출입이 이루어지면 자본수지로 기록한다. 그러므로 주식투자를 위해 외국인자금이 국내로 유입되면 이는 자본수지가 된다. 자본유입이 유출보다 많으면 국제수지 흑자(surplus), 반대의 경우 국제수지 적자(deficit)로 칭한다.

① 국제수지와 외환보유고

외화자금이 유입되거나 유출되는 금액의 합계는 항상 같게 된다. 즉, 외화자금의 유입과 유출의 순계, 최종 유입과 유출은 항상 같게 되는데, 최종 유입과 유출이 맞지 않으면 외환보유고(foreign exchange reserve)의 변동을 통해 이를 충당한다. 즉, 쉽게 설명하면 외화의 유입이 100이고 유출이 80일 때 외환보유고는 20만큼 증가한다. 만일 다음 연도에 외화유입이 90이고, 유출이 100이라면 외환보유고는 10만큼 감소한다. 이때, 경상수지에서 적자에 처하게 되면 우선 자본수지로 적자를 보전하고 부족한 부분은 외환보유고를 감소시켜 충당한다. 국제수지 흑자나 적자가 현실적으로 정확하게 외환보유고의 증가·감소를 나타내지는 않지만 국제수지 적자와 외환보유고 감소는 깊은 상관관계가 있다.

경상수지 + 자본수지 = △외환보유고

② 외환보유고 구성 내역

외환보유고는 대부분 유동성이 떨어지더라도 안전성이 높은 금, 미국국채 등으로 구성된다. 우리나라의 외환보유고가 대부분이 금과 미국국채로 구성되어 있으며, 다른 국가까지도 유사하다. 그리고 이때 금은 각국에서 직접 보관하기도 하지만 흔히 미국 연방준비은행(FRB)의 금고에 금을 보관해 두는 경우가 많다. '다이하드(Die hard)'라는 제목의 영화는 FRB에 보관된 금을 털려고 하는 국제 갱단과 이를 막으려는 형사의 활약으로 구성되기도 하였다.

(2) 국제수지표 작성 원리

① 작성 원리

국제수지표는 한 나라의 외환의 수입과 지급을 기록한 것으로 크게 경상수지(current account balance)와 자본수지(capital account balance)로 구분한다. 경상수지는 어떤 경제적 사유에 의해 외환의 유출입이 발생하는 것으로서 외환의 수입(유입)은 우측에, 지급(유출)은 좌측에 각각 기록한다. 외환의 수입(외환의 원천)이 발생하는 것은 상품이나 서비스를 수출한 후 외화를 수취하는 데 따른 것이 기본적이며, 경상수지 흑자요인이 된다. 반대로 수입의 경우에는 외환 지급(외환의 사용)이 되므로 경상수지 적자 즉, 차감요인이 된다.

경상수지에는 이전거래처럼 내국인과 외국인 사이에 무상으로 외화를 주고받는 거래가 있으며, 이러한 대가가 따르지 않는 국제거래를 말한다. 소득세 등의 세금이나 배상, 증여, 이민 등에 의해 채권·채무관계를 남기지 않고 이루어지는 재화, 서비스, 화폐의 일방적인 공여를 포함하는 국제거래이다. 또한 이전거래는 개인이나 기업이 외국인과의 관계에서 발생시키기도 하지만 정부와 외국에 소재하는 국제기관 사이에서도 이루어진다. 다른 국가에 원조하는 것은 국가 간 이전거래의 전형적인 형태이다.

자본수지는 경제적 거래와 무관하게 직접 자본이 유출입되는 것인데, 외국인이 국내 주식시장에 투자하기 위해 자본을 들여오는 것은 대표적인 자본수지 항목이다. 세계 금융시장이 글로벌화되고 이에 따라 한 국가의 금융시장 변화가 다른 국가의 금융시장에 영향을 미친다는 점에서 특히 자본시장 개방(capital market liberalization) 이후 자본수지가 국제수지에 미치는 영향력이 커졌다.

자본수지는 직접투자나 포트폴리오투자처럼 다양한 형태의 자본의 순유입(net inflows)과 순유출(net outflows)을 말한다. 직접투자(direct investment)는 외국에 투자할 때 10% 이상의 지분을 보유하는 것이고, 포트폴리오투자(portfolio investment)는 외국에 투자하는 프로젝트에서의 소유권이 10% 미만일 경우를 지칭한다.

예를 들어, 자동차 제조기업인 미국의 GM사가 브라질에 100만달러 규모의 자동차 공장 프로젝트를 수행하는 데 40% 이상을 투자한다면 미국 입장에서는 자본수지에서 직접투자의 형태로 40만달러가 순유출되는 것으로 기록된다. 반면에 미국 거주자가 브라질 현지 기업의 주식을 1% 매입하여 보유한다면 1백만달러 상당의 외화 포트폴리오만큼이 자본수지로 잡히게 된다.

이와 더불어 자본은 장기 또는 단기에 두 나라 사이에 수입 또는 수출될 수 있다. 예를 들어, 프랑스 기업이 미국 금융시장에서 채권을 발행할 수 있고, 미국 기업, 일본 기업이 스위스 자본시장에서 자본을 조달할 수도 있다. 이러한 모든 자금 공여 또는 차입 활동은 각 나라 자본수지에 반영된다. 다른 나라로부터의 차입이 자금유입을 발생시키는 반면 다른 나라로의 자금공여는 자금을 공여한 나라의 자금유출로 나타나게 된다.

이와 같은 정의에 따라 경상수지를 무역수지, 자본수지를 무역외수지로 하여 국제수지를 무역수지, 무역외수지, 이전수지로 구분하기도 한다.

② 국제수지표

IMF가 제시한 국제수지표 작성 기준을 토대로 국제수지표 구성 항목을 설명하면 〈표 6-1〉과 같다.

상품수지(commodity balance)는 수출입상품을 일반상품, 가공용 재화, 운수조달재화, 재화 수리 및 비화폐용 금으로 세분되어 있고, 유상거래와 무상거래를 불문하고 원칙적으로 수출은 수입계정으로, 수입을 지급계정으로 기록한다. 이때 기록하는 가격은 본선인도가격(free on board, FOB)으로 통일하므로 수출입 거래시에 운임보험료포함가격(cost, insurance & freight CIF)으로 거래한 경우 FOB로 조정해 주어야 한다.

서비스수지(service balance)는 국내와 해외 거주자 간의 용역 관련 거래를 여행, 운수, 통신서비스, 보험서비스, 건설서비스, 금융서비스, 컴퓨터 · 정보서비스, 특허권 등 사용료, 기타 사업서비스, 기타 정부서비스, 개인 · 문화 및

표 6-1 국제수지표

		차변(외환지급 기록)	대변(외환수입 기록)
경상수지	상품 및 서비스 수지	상품 및 서비스의 수입 • 일반상품, 재화, 수리 등의 수입 • 운수, 여행, 건설, 보험, 기타 정부나 개인 서비스 등에 대한 지급	상품 및 서비스의 수출 • 일반상품, 재화, 수리 등의 수입 • 운수, 여행, 건설, 보험, 기타 정부나 개인 서비스 등의 제공에 대한 수입
	소득수지	피고용자 보수 지급 투자소득 지급	피고용자 보수 수취 투자소득 수취
	이전거래 수지	이전거래 공여 • 정부 및 기타 부문의 이전거래	이전거래 수취 • 정부 및 기타 부문의 이전거래
자본수지	자본계정	자본 이전(유출) 비생산, 비금융자산의 취득	자본 이전(유입) 비생산, 비금융자산의 판매
	투자계정	직접투자 증권투자(포트폴리오투자) 기타투자 준비자산	직접투자 증권투자(포트폴리오투자) 기타투자 준비자산
		외환의 사용(use) : 유출	외환의 원천(source) : 유입

오락서비스의 11개 항목으로 구분하여 산출한다.

소득수지(income balance)는 국내 거주자와 해외 거주자 사이에서 발생한 근로소득과 투자소득의 지급 또는 수취를 기록한다. 피고용 근로자에게 지급되는 소득은 피고용자보수 항목으로 기재하고 대외금융자산이나 부채와 관련한 소득의 수입과 지급은 투자소득 항목으로 기재한다. 여기에는 금융자산 또는 부채에 관련된 배당, 이자 등 투자소득의 수입 및 지급이 해당된다. 투자소득은 직접투자소득, 증권투자소득 및 기타 투자소득으로 나눈다.

이전거래수지(transfers balance)는 국내와 해외 거주자 간에 경제적 가치를 대가로 하지 않으면서 어느 한쪽이 금융자산 또는 실물자산과 같은 경제적 가치를 제공하는 거래이다. 대가 없이 제공하는 송금, 구호식량, 무상원조, 국제기구 출연금 등이 이에 해당한다.

자본수지의 자본계정(capital account)은 해외이주비나 투자보조금 지급 등 고정자산 취득과 관련한 현금이전 및 특허권, 상표권, 천연자원, 토지 등의 취득이나 처분에 관한 거래를 기록한다. 현물형태 또는 현금형태가 모두 포함되며, 형태와 무관하게 거래금액을 기재한다.

투자계정(investment account)은 해외기업에 대하여 영속적인 이익을 취득하기 위해 대외직접투자를 계상하는 '직접투자', 영속적인 이익보다는 투자수익을 목적으로 직접투자하는 '증권투자(증권 및 파생상품 포함)', 대출 및 차입, 무역거래와 관련한 신용, 현금, 예금 등 직접투자와 증권투자에 속하지 않는 모든 금융거래를 기재하는 '기타 투자'를 기재한다. 또한 통화 당국이 국제수지 불균형을 직접 시정하거나 외환시장 개입을 통해 환율정책에 의한 국제수지 불균형을 간접적으로 조정하기 위해 마련하는 준비자산이 포함된다. 준비자산에는 IMF 특별인출권(SDR), 외화자산 등이 포함되며, 준비자산계정에 양(+)의 표시가 되어 있으면 준비자산의 증가가 필요하다는 의미이므로 국제수지 적자, 음(−)의 표시가 있으면 반대로 국제수지 흑자 상태를 나타낸다.

③ 작성의 예

〈표 6-1〉을 참고하여 아래 세 가지 예를 가지고 구체적인 국제수지표의 작성 방법을 알아보자.

우리나라의 A기업이 미국에 U$1억 어치의 반도체를 수출하고 그 대금을 수표로 송금 받았다고 가정하자. 수출은 외화를 벌어들이는 원천이므로 오른쪽 항목(수입)에 기록하고 외화수표는 금융자산 수입으로서 대외자산이 증가하는 것이므로 아래와 같이 동일한 금액만큼 왼쪽 항목에 기록한다.

	차변(지급 기록)	대변(수입 기록)
반도체(상품 수출)		U$1억
외화수표(대외자산 증가)	U$1억	

미국에 있는 B항공사가 U$1억 상당의 시설장비를 국내에 가져와 국내공항의 청사건설에 사용하였다면, 시설재 도입은 상품 수입으로서 왼쪽 항목(지급)에 기록하고 외국기업의 국내투자는 대외부채가 증가한 것이므로 오른쪽 항목에 기록한다.

	차변(지급 기록)	대변(수입 기록)
시설재(상품 수입)	U$1억	
국내투자(대외부채 증가)		U$1억

공공기업인 C기업이 국가기반시설 공사를 위해 현물차관 U$1억, 현금차관 U$5천만의 외국차관을 도입하였다면, 현물차관은 상품 수입이므로 왼쪽 항목(지급)에 기록하고 현금차관 U$5천만은 외화표시 금융자산의 증가로 대외자산이 늘어나는 것이므로 왼쪽 항목(지급)에 같이 기록한다. 총 U$1.5억의 차관을 도입한 내용은 오른쪽 항목(수입)에 기록한다.

	차변(지급 기록)	대변(수입 기록)
현물차관(상품 수입) 현물차관(대외자산 증가)	U$1억 U$0.5억	
차관도입(대외부채 증가)		U$1.5억

2 국제수지와 환율

(1) 국제수지 균형

기업이나 개인의 수입과 지출이 항상 일치되는 것처럼, 변동환율제도 하에서는 국제수지표의 외환의 수입과 기록도 특별한 사정이 없는 한 일치하게 된다. 고정환율제도를 채택하고 있는 국가에서는 환율의 고정 또는 안정을 위해 외환수급을 인위적으로 균형에 맞추는 수단을 강구하게 되어 외환의 수급이 맞지 않을 수 있지만, 변동환율제도 하에서는 외환의 수요·공급이 일치하고, 이에 따라 국제수지는 항상 균형을 이룬다.

즉, 국제수지는 경상수지$(X-M)$와 자본수지$(CI-CO)$로 구성되어 있으므로 이에 따른 자본유출입은 항상 일치된다는 것이다.

> BOP = 경상수지+자본수지 = $(X-M)+(CI-CO)$
> 단, X: 수출, M: 수입, CI: 자본유입, CO: 자본유출

그러므로 변동환율제도 하에서 경상수지 적자는 자본수지 흑자와 일치하는데, 자본수지 적자는 외국인 자금 유출 또는 외채가 증가하였다는 것을 의미한다. 만일 국제수지가 균형을 이루지 않으면 외환보유고의 변동으로 보전하게 되는데, 외환보유고의 변동까지 포함하였는데도 유입과 유출이 일치하지

않으면 기록의 실수나 누락 및 오차라는 별도 항목으로 집계한다.

국제수지가 흑자를 기록하는 것은 그만큼 외환의 유입이 유출보다 많다는 의미이므로 환율을 인하(통화가치 강세)시키는 요인이 된다.

(2) 우리나라의 국제수지표

우리나라의 국제수지표를 간략하면 〈표 6-2〉와 같다. 1996년 이후 2010년까지 우리나라의 경상수지는 매년 흑자를 보이다가 1997년 외환위기, 2008년 세계 금융위기 당시 두 차례 적자를 보인 바 있다. 그러나 외환보유고의 경우 매년 증가하여 2015년에 4,000억달러를 넘어서 2011년 이후에는 3,000억달러 내외를 기록함으로써 세계 5~9위권 수준을 나타내고 있다.

세계 주요국의 외환보유액은 중국과 일본이 압도적으로 높고, 러시아, 대만, 인도, 한국 등이 뒤를 잇고 있다. 적정 외환보유액 수준에 대한 논란이

표 6-2 우리나라의 국제수지표 (단위 : 억달러)

항목명1	1990	1993	1997	1998	1999	2000	2005
경상수지	−2804	1688	−10812	40113	21785	10181	12209
상품수지	−3689	2683	−6745	39614	25446	15393	32493
서비스수지	501	−1019	−1244	2881	1042	−846	−8984
본원소득수지	−548	−742	−3167	−5201	−5537	−4152	−8041
이전소득수지	932	767	345	2819	833	−214	−3258
자본수지	0	0	0	442	56	38	−1
자본이전	0	0	0	2	71	50	0
비생산비금융자산	0	0	0	440	−15	−11	−1
금융계정	−3529	473	−17785	33969	18371	9526	18469
직접투자	88	611	1110	−1769	−6759	−6667	−5313
증권투자	−162	−10102	−14384	1224	−9190	−12177	3518
파생금융상품	78	88	89	654	514	179	−1790
기타투자	−2348	6868	7322	2885	10823	4419	2248

	2010	2012	2015	2016	2017	2018	2019
경상수지	27951	48791	105119	97924	75231	77467	59971
상품수지	47932	48589	120275	116462	113593	110087	76856
서비스수지	−13973	−5058	−14626	−17338	−36734	−29369	−23021
본원소득수지	−693	10733	4455	4567	5337	4902	12199
이전소득수지	−5317	−5474	−4985	−5767	−6965	−8153	−6063
자본수지	−63	−42	−60	−46	−27	317	−64
자본이전	11	−4	26	8	60	−4	−4
비생산비금융자산	−74	−38	−86	−54	−87	320	−60
금융계정	21521	48389	102785	99811	84425	76934	60951
직접투자	18724	21103	19583	17785	16157	26038	24965
증권투자	−42365	−6748	49530	66970	57853	47421	40121
파생금융상품	−829	−2628	1791	−3440	−8253	−1502	5974
기타투자	19019	23478	19828	10881	14312	−12517	−11576

그림 6-1 원/달러 환율추이와 국제수지

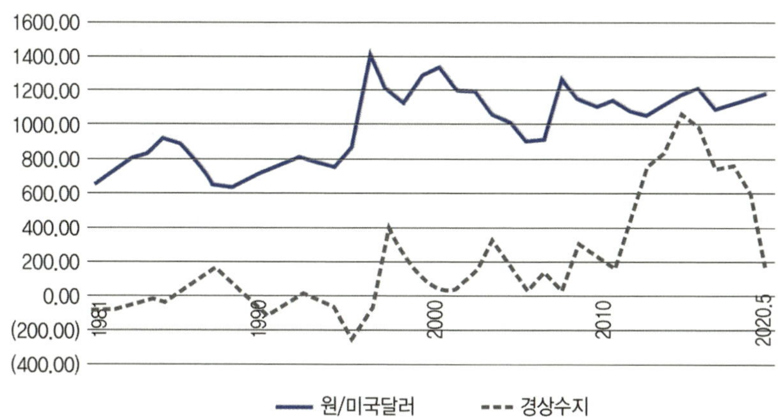

주 : 2008년을 제외하고 1996년 이후 자본수지 흑자 시현

표 6-3 외환보유액 및 우리나라 외환보유액 구성 추이

A. 주요국의 외환보유액 (단위 : 억달러)

순위	국 가	외환보유액		순위	국 가	외환보유액	
1	중국	31,017	(+102)	6	대만	4,845	(+27)
2	일본	13,782	(+97)	7	사우디아라비아	4,485	(+11)
3	스위스	9,120	(+243)	8	홍콩	4,424	(+11)
4	러시아	5,661	(+1)	9	한국	4,075	(+33)
5	인도	4,936	(+125)	10	브라질	3,457	(+64)

주 : ( )는 전월말 대비 증감액
자료 : 한국은행, 2020년 6월말 기준잔액임.

B. 우리나라 외환보유액 구성 추이 (단위 : 억달러, %)

	2016년말	2018년말	2020.6월말 (구성비)	
외환보유액	3,711.0	4,036.9	4,107.5	(100.0)
유가증권[1]	3,433.3	3,796.0	3,725.8	(90.7)
예 치 금	183.7	137.3	260.4	(6.3)
S D R	28.8	34.3	30.8	(0.7)
IMF포지션[2]	17.3	21.4	42.5	(1.0)
금	47.9	47.9	47.9	(1.2)

주 : 1) 국채, 정부기관채, 회사채, 자산유동화증권(MBS, 커버드본드) 등
2) IMF 회원국이 출자금 납입, 융자 등으로 보유하게 되는 IMF에 대한 교환성통화 인출권리
자료 : 한국은행

있다.

외환보유액이 많을 경우, 외환의 수급이 불안할 때 정부가 이를 안정화할 수 있는 수단으로 작용한다는 이점이 있다. 그러나 외환보유액이 적정 수준 이상일 경우 이를 유지하는 데 따르는 비용도 발생한다. 외환보유액에 많은 국가자금이 묶여 있을 때 보다 합리적인 국가적 투자가 이루어지지 않을 수 있고, 외환보유를 위한 세금비용 및 국가부채가 증가할 가능성도 존재하기 때문이다. 정부가 외환시장 안정을 위한 자금조달을 주목적으로 발행하는 외국환평형기금채권(foreign exchange stabilization bond, FESB)이 이에 해당한다.[1)]

3 환율제도의 선택

(1) 투기적 시장거래와 환율

① 거래적 동기와 투기적 동기

외환을 수요하는 동기에는 크게 거래적 동기(transactional motive)와 투기적 동기(speculative motive)가 있다. 거래적 동기는 외국과의 국제거래를 수행하는 과정에서 외환시장에 참가하게 되는 것이고, 투기적 동기는 환율변동에 따른 차익을 목적으로 외환시장에 참가하는 것이다.

따라서 투기적 동기는 환율예측을 전제로 외환을 매도하거나 매수하여 환율변동위험에 노출되는 오픈포지션(open position)을 구성한다. 외환을 매수하면 환율상승시 수익을 취할 수 있지만 환율하락에 따른 손실위험에 노출되고, 외환을 매도하면 환율하락시 수익을 취할 수 있지만 환율상승에 따른 손실위험에 노출되기 때문이다.

투기적 동기는 외화를 일정기간 동안 보유하거나 필요로 하지 않는 상태에서 외화매매에 참여하는 것이기 때문에 거래 만기일에 외화를 거래상대방에게 지급하거나 수취할 필요가 없다. 외환매입자는 만기일 이전에 매도거래를 통해 거래를 청산하고, 외환매도자는 만기일 이전에 매입거래를 통해 거래를 청산할 수 있기 때문이다. 그리고 거래 청산시 거래에서 발생한 손익만을 거래상대방에게 지급하면 된다. 그 대표적인 거래형태로는 역외 NDF(역외 차액결제선물환)거래를 들 수 있다. 원화와 다른 통화를 거래하는 역외 NDF시장으로는 뉴욕, 런던 등이 대표적이다. 그러므로 뉴욕이나 런던에서 NDF형태로 거래되는 원/달러, 원/엔, 원/유로 환율이 국내 원화의 환율에 상당한 영향

---

1) 우리나라의 외환보유고는 미국국채, SDR, 금 등으로 구성되는데 미국국채가 압도적으로 많은 비중을 차지한다. 외국환평형기금채권은 국가 신용도를 측정하는 채권으로 사용되기도 한다.

그림 6-2 역외 NDF(역외차액결제선물환) 거래와 환율

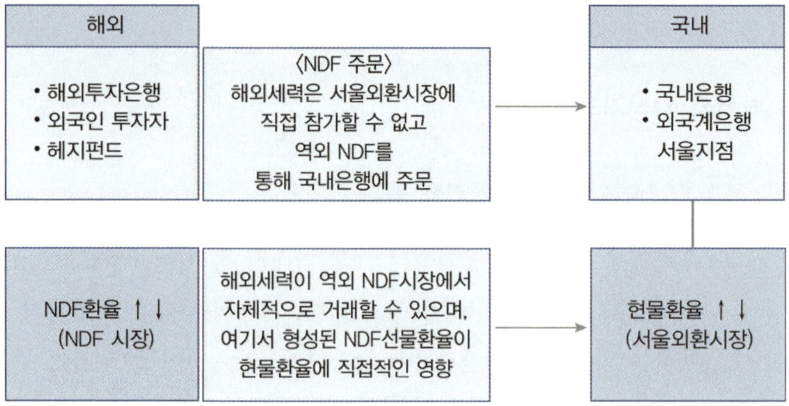

을 미치게 된다.

이렇게 역외시장거래 그것도 차액만 결제하는 선물환거래가 우리나라 외환시장에 영향을 주는 현상을 흔히 '웩더독(wag the dog)'이라고 속칭한다.[2)]

차액결제선물환거래라고 부르는 이유는 거래참가자들이 거래시마다 원본금액을 주고받는 것이 아니라 만기에 계약한 선물환율과 정산환율(fixing rate) 간에 발생한 손실이나 이익이 난 차액만을 정산하여 결제하기 때문이다. 그러므로 지급불능이나 지연 등의 결제위험이 적다는 장점이 있지만 과도한 거래를 유발하여 투기적 요소가 다분하다는 단점도 있다. 그리고 만기일의 결제통화는 계약한 통화가 아니라 달러로 정산한다.

2) 외환시장뿐만 아니라 증권시장에서도 wag the dog 현상은 빈번하게 일어난다. 주가지수 선물가격이나 주식선물가격 등의 선물가격이 현물가격을 리드하는 경향이 있어 현물을 보유한 투자자가 거래하는 현물시장이 현물을 보유하지 않고 가격 변동을 이용한 시세차익을 노리는 거래가 주종인 선물시장에서 형성된 가격에 많이 좌우되기 때문이다.

예를 들어, 선물환거래에서 A(매입자)가 1,000원/$에 100만달러를 매입하고, B(매도자)는 1,000원/$에 매도하였는데, 환율(정산환율)이 1,100원/$로 상승하였다면 매입자는 달러당 100원의 이익을, 매도자는 달러당 100원의 손실을 보게 된다. 이 거래에서 매입과 매도 당시에 100만달러가 거래되지 않고 이후 만기에 손익발생금액인 차액 1억원(=100원×100만달러)을 원화로 정산하지 않고 달러로 환산하여 정산한다.

즉, 1,000원/$에 매입하여 1,100원/$에 매도시 차액인 100원을 달러로 정산하는 방식이다.

② 투기적 시장참가자의 기능

경제적 거래가 수반되지 않고 환율변동 수익을 목적으로 한 투기적 시장참가자는 환율을 교란하여 어떤 경우 왜곡된 환율정보를 생산하기도 하지만 그렇다고 해서 외환시장에 반드시 부정적 기능을 수행하지는 않는다. 아래와 같이 투기적 참가자의 거래를 통해 시장환율을 보다 적정한 상태로 만드는 등의 긍정적 기능도 있다.

긍정적 기능

- 정보분석에 입각한 거래로 환율 관련 정보가 적절하게 시장 환율에 반영되도록 함
- 정보가 환율에 잘 반영되는 효율적 시장 및 효율적 자원배분기능 수행

부정적 기능

- 투기적 거래로 인해 환율이 급변할 수 있는 불안정요인으로 작용
- 군중심리(herd instinct) 유발에 따른 버블(bubble)의 가능성 상존

(2) 환율제도의 선택과 환율

① 고정환율제도의 장·단점

고정환율제도는 변동환율제도와 달리 정부의 개입을 통해 환율을 일정 수준으로 고정시켜 자국 경제의 안정을 기하려는 국가에서 채택하고 있다. 이러한 연유로 주로 개발도상국이나 신흥시장에서 주로 취하는 환율제도이다. 우리나라도 1998년까지 원/달러 환율을 미국 달러당 800원~900원 수준에서 고정시키는 고정환율제도(달러페그제도)를 유지하다가 현재는 변동환율제도를 시행하고 있다.

고정환율제도는 다음과 같은 장·단점을 가진다.

■ 불확실성의 감소

환율변동으로 인한 경제환경 변화, 대외경쟁력 감소 등의 불확실성 제거

■ 안정적 투기(국제수지 안정)

일반적으로 환차익을 노리는 투기활동이 없어 투기성 단기자본으로 인한 국제수지 불안 요소 해소

■ 상품가격규제 혜택

환율변동을 방어하기 위한 물가안정을 기하도록 상품가격 인상 규제

■ 환율변동에 따른 경제활동 조정을 위한 시장개입비용 발생

국내 총수요조정(금리조정, 통화공급), 외환보유고를 통한 직접 개입

■ 개별국가의 경제적 독립성 결여

자국 상품의 가격경쟁력 강화로 인한 국제수지 흑자는 무역상대국으로부터 발생하는데 이러한 상태에서 인플레이션 요인이 발생하더라도 이를 억제하게 되어 결국 무역상대국과의 관계에서 경제적 독립성 결여

② 변동환율제도의 장 · 단점

변동환율제도는 1973년 킹스턴체제 이후 채택된 환율제도로서 제2차 세계대전 이후 세계경제 회복을 논의한 1945년 브레튼우즈협약(Brettonwoods agreement)에서 채택된 고정환율제도가 폐지되면서 각 나라에서 시행하고 있다. 환율의 변화가 국가경제에 미치는 여파가 크므로 상대적으로 통화가치가 일정한 추세를 유지하거나 경제 규모가 큰 국가에서 채택하고 있다.

고정환율제도와 비교하여 변동환율제도는 다음과 같은 장 · 단점을 가진다.

■ 국제수지 불균형의 자동 해소

환율 안정을 위한 정부의 개입비용 최소화 및 경제정책의 낭비 불필요

■ 국제수지 불균형의 자동 해소로 국제수지와 관계없이 국내경제 상황에 따라 물가안정이나 고용 등 경제발전을 위한 경제정책을 독자적으로 자유롭게 수행

변동환율제도와 외환위기 가능성

- 1997년의 아시아 외환위기, 2008년의 미국 금융위기에 따른 각국 외환시장 혼란은 변동환율제도로 인한 외환위기 가능성을 증대시킨 사례이다. 우리나라의 경우 두 금융위기에 공통적으로 원/달러환율 폭등으로 인한 외환시장의 교란이 위기를 부추킨 바 있다.
- 또한 2020년 상반기 COVID-19 사태 때에도 유사한 양상을 보였다.
- 투기성 자본의 이동, 금융위기의 전염효과(contagion effect)와 함께 금융위기 가능성을 높이게 된다.
- 전염효과는 세계 금융시장의 동조화(synchronization)로 인해 어떤 국가에서 금융위기가 발생하였을 때 주변 국가로 확산되어 가는 효과이다.
- 특히 변동환율제도의 도입 이후 세계적인 경제위기가 발생하였을 때 투자자산들이 안전자산인 금, 미국 달러, 엔화 등에 집중되어 우리나라 원화 등 신흥시장 국가의 통화 가치가 폭락하기도 하였다.

(3) 환율제도와 환율변동

① 환율제도와 균형환율

〈그림 6-3〉은 환율제도의 선택에 따라 균형환율이 결정되는 형태를 보이고 있다. 직선 A는 외환의 수요를 나타내고, 직선 A′는 외환의 공급이다. 외환의 수급이 A, A′일 경우 그림에서처럼 균형환율은 (1)이 된다.

먼저 변동환율제도 하에서 외국제품의 수요 증가 등으로 인해 외환의 수요가 A → B로 증가하면 환율은 (1) → (2)로 올라가게 되는데(환율인상), 이 환율은 그대로 시장균형환율이 된다. 하지만 고정환율제도 하에서는 이와 다른 양상이 나타난다. 외환의 수요가 A → B로 증가하여 환율은 (1) → (2)로 올라가려는 인상요인이 발생하면 국가가 개입하여 외환을 공급한다. 즉, 국가의 외환공급으로 A′→ B′으로 공급곡선이 이동하면서 균형환율은 이전과 동일한 수준인 (3)이 된다.

따라서 변동환율제도 하에서는 외환의 수요·공급에 따라 환율이 자유로이 상승 또는 하락하게 되지만 고정환율제도 하에서는 외환의 수요가 많은 경우

그림 6-3 환율제도와 균형환율

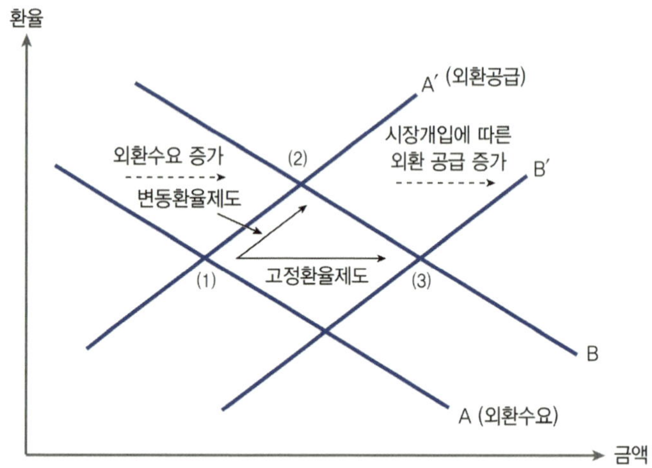

국가가 필요한 공급을 통해 환율을 안정시키고, 외환의 공급이 많은 경우에는 국가가 이를 환수함으로써 환율을 안정시키게 되어 국가의 시장개입이 빈번해지고, 시장개입비용도 증가한다.

이와 같은 변동환율제도와 고정환율제도 하에서의 환율변동을 요약하면 다음과 같다.

- 변동환율제도 하에서의 환율변동 : (1) → (2)
- 고정환율제도 하에서의 환율변동 : (1) → (3)

즉, 외환수요 증가에 대해 중앙은행이 외환공급을 통해 환율을 일정한 수준으로 고정시킨다.

② 환율제도 선택과 국가경제

환율제도의 선택은 환율변동이 국가경제에 미치는 경제적 비용과 시장개입비용을 고려하여야 한다. 변동환율제도를 채택한 경우 국가의 개입비용이 줄어들어 경제적으로 환율안정 비용이 감소하지만 경제의 불확실성이 제거되는 정도가 고정환율제도에 비해 미흡하게 된다. 또한 외환위기와 같은 외부경제의 충격에 취약해지는 단점이 있다. 반대로 고정환율제도 하에서는 변동환율제도의 단점이 장점으로 부각되어 기업이나 가계 등 경제주체로 하여금 경제에 대한 불확실성을 제거하고 경제활동의 예측성이 높아지는 반면 독립적인 통화정책에 어려움을 가질 수 있다.

표 6-4 변동환율제도와 고정환율제도

	변동환율제도	고정환율제도
경제의 불확실성 제거	낮 음	높 음
환율 안정	중 간	중 간
외환위기에 대한 취약성	취 약	취 약
외부충격에 대한 취약성	취 약	안 정
독립적 통화정책	보 장	어려움

고정환율제도가 경제적 안정성을 유지한다는 장점 때문에 말레이시아 등 신흥시장의 많은 국가가 여전히 고정환율제도를 채택하고 있다.

4 무역금융(수출금융)

(1) 의의

국제수지는 크게 경상수지와 자본수지로 나누고 경상수지의 본질적 지위에는 무역수지가 자리 잡고 있다. 본절에서는 무역금융을 소개하여 무역수지와 관련한 무역거래활동에 대해 개괄해 본다.

무역금융은 국제적 무역거래에 따라 소요되는 자금을 조달하고 대금을 결제하는 데 있어서 무역거래 당사자, 금융기관 또는 정부가 제공하는 수출 및 수입 관련 금융활동을 의미한다. 무역거래는 수출기업과 수입기업이 서로 상반된 이해관계를 가지고 최대한 저렴한 비용과 위험부담으로 거래를 하려는 목적을 가지고 있기 때문에 무역금융이 중요한 비중을 차지한다. 좁은 의미에서 무역금융은 수출입업무와 관련한 모든 여신업무를 말한다. 크게 무역어음대출과 지급보증이 주를 이룬다.

외국으로 상품이나 서비스를 수출하는 기업에 대해서는 국제 간 거래를 행하는 동안 자금조달활동이 원활하게 이루어지는 것이 중요하다. 이는 수입기업에 있어서도 동일하다. 이러한 무역거래는 국내거래에 비해 현금화 기간이 길어지므로 그만큼 위험부담이 커지게 된다. 이렇게 국내거래에 비해 거래기간과 위험이 커지는 이유에는 수송기간, 교역국가 간의 상이한 거래관습, 환율 또는 독특한 정치 · 사회 · 문화적 배경 등이 있다. 수출입을 수행하는 데 있어서 필요한 무역금융(수출금융)을 간략히 소개하면 다음과 같다.

(2) 결제 방법

국제 간의 거래에서 복잡한 구조를 가진 것 중의 하나가 대금지급 및 결제 방법이다. 수출기업의 입장에서 볼 때 상품판매가 완료되고, 대금이 은행계좌에 예치된 상태 이전까지는 지불절차가 끝나지 않기 때문이다. 무역금융에는 판매자와 구매자 간에 이루어진 계약조건에 따라 다양한 결제 방법이 사용된다. 이들 방법은 지급일, 소유권 이전 관계 및 시기, 구매자와 판매자가 부담하는 거래상의 위험 등에 따라 달라진다.

① 현금결제

무역결제에는 현금, 송금환, 신용장, 환어음, 현물 등의 다양한 결제수단이 이용된다. 현금결제에는 다음과 같은 방법이 있다.

■ 선결제

선결제(cash in advance 또는 payment in advance)는 수출기업에 대해 가장 적은 위험부담을 주는 방법으로 상품 선적 이전에 대금결제가 이루어진다. 수입기업에게 대부분의 거래위험이 생기므로 신용이 좋은 국가나 기업과 거래하더라도 흔하게 사용하는 방법은 아니라고 볼 수 있다.

■ 주문결제

주문결제(cash with order)는 주문불이라고 하며, 상품구입 주문과 함께 대금을 현금으로 결제하는 방법이다. 주로 소액의 견본상품 또는 긴급한 주문에 이용된다.

■ 선적서류결제

서류상환결제(cash against document, CAD)라고도 하며, 수출기업이 상품을 수출하였다는 선적 증빙 서류를 수입업체의 거래은행이나 대리점 등에 제시하여 대금을 결제 받는 방식이다.

그림 6-4 상품인도결제(COD) 흐름도

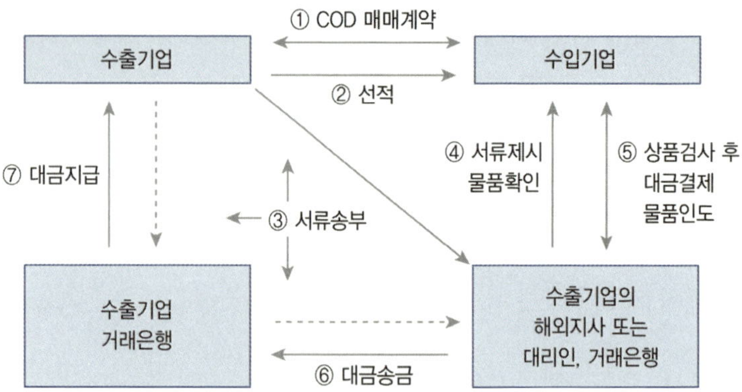

■ 상품인도결제

상품인도결제(cash on delivery, COD)는 상품이 현지 수입기업에 도착하면 상품과 교환으로 현금결제하는 방법이다. CAD와 함께 국내 상거래에서도 많이 이용된다.

■ 송금환결제

송금환결제는 전신환(telegraphic transfer, T/T) 또는 우편환(mail transfer, M/T) 등 송금환 방법을 이용하는 것으로서 주로 소액결제에 사용된다.

② 신용장 결제

무역거래에서 흔히 사용되는 용어인 신용장(letter of credit, L/C)은 수입기업의 요청과 지시에 따라 수입기업의 거래은행이 신용장 개설은행이 되어 수출기업이 발행하는 어음(환어음)의 결제를 보증해 주는 증서이다. 신용장 방식은 어음의 결제를 신용장 개설은행이 확인해 주는 절차를 취하고 있으므로 수출기업과 수입기업 모두에 대해 거래 안전성을 높이는 방법이다. 현대에 이루어지고 있는 무역거래의 약 70% 이상은 신용장 방식의 결제를 이용하고

그림 6-5 신용장 결제 흐름도

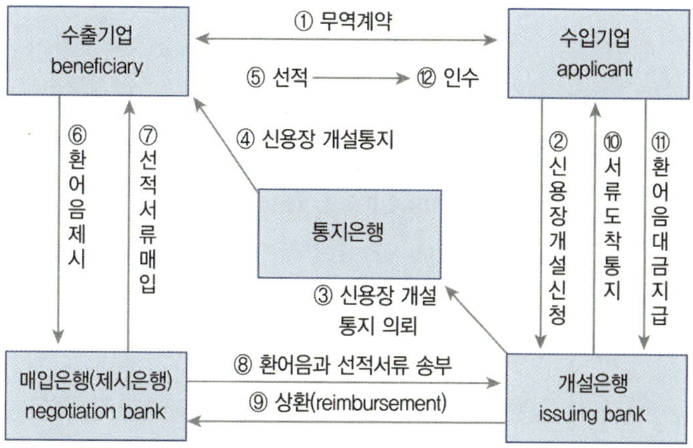

있다.

발행되는 어음의 결제조건에 따라 일람불신용장(at sight L/C)과 기한부신용장(usance L/C)으로 구분된다. 일람불신용장은 수출 지역에서 신용장 매입은행이 선적서류를 송부하면 신용장 개설은행은 서류상의 하자가 없는 한 즉시 신용장 대금의 전액을 매입하여 은행계좌에 입금시켜 주는 형식이다. 기한부신용장은 환어음 제시 후 일정기간이 경과한 후 대금지급을 확약하는 신용장으로서 일람불신용장과 달리 신용장에 의해 발행되는 환어음의 기간이 기한부인 신용장이다.

③ 환어음 결제

환어음(bill of exchange, draft)은 채권자인 수출기업이 채무자인 수입기업에 대해 어음상의 표시금액을 일정한 장소와 기간에 맞춰 제시할 경우 이를 지급할 것을 위탁하는 유가증권이다. 거래은행에 당좌계정을 개설한 수출기업은 수입기업에 대해 환어음 결제를 요구할 수 있다. 환어음은 기본적으로 은행을 통해 공식적으로 추심을 하도록 하는 것이므로 은행은 추심자로서 자금중개 역할을 수행한다.

무역거래에서의 환어음거래는 국내거래와 반대로 통상 채권자인 매도인이 매수인이나 매수인의 거래은행을 지급인으로 하는 환어음을 발행하여 수출대금을 회수하는 추심환(collection) 방식이 이용된다.

환어음은 결제 시기에 따라 지급도조건(document against payment, D/P)과 인수도조건(document against acceptance, D/A)로 나눈다. 그리고 실질적인 결제 시기에 따라 일람불어음(at sight draft)과 기한부어음(usance draft)으로 구분한다.

일람불어음은 수출기업이 환어음과 함께 선적서류를 자신의 거래은행을 통해 수입 지역의 거래은행이나 대리점에 송부하여 추심을 의뢰하면 수입기업은 어음을 받은 즉시 대금을 지급해야만 상품인수에 필요한 서류를 확보할 수 있다. 그러므로 일람불어음에 의한 대금결제는 지급도조건(D/P)이 된다. 반면에 기한부어음은 수입기업에게 어음이 제시되면 어음을 제시받은 일자를 적고 서명한 뒤('acceptance'라고 칭함) 대금을 즉시 결제하지 않고도 상품인수서류를 넘겨 받을 수 있으며, 대금결제는 수출, 수입 당사자 간에 사전에 약속된 조건에 따라 일정기간 이후 이루어진다. 이에 기한부어음결제는 인수도조건(D/A)이라고 한다.

④ 장부결제와 현물결제

수출과 수입이 많이 이루어지거나 본사-현지법인 관계에 있는 경우 등에는 개별 무역거래에 대해 대금결제를 하지 않고 장부에 기록하여 두었다가 일정기간이 경과한 후 일괄적으로 누적금액을 결제할 수 있는데 이를 장부결제(open account 또는 current account)라고 한다.

현물결제는 수출에 대한 대가로 특정 물품을 수입하고, 반대로 수입에 대해 수출하는 방식으로 물물교환방식(barter trade system)이나 구상무역(counter trade)과 같은 연계무역은 현물결제로서 대금결제를 갈음한다.

(3) 금융수단

① 일반수출입금융

상품의 수출과 관련하여 원자재를 구매하고 완제품을 선적하여 인도할 때까지 소요되는 제반 자금을 융자해 주는 제도로서 적격업체에 대해서는 동일인 여신한도가 적용되지 않는다. 그러므로 융자대상은 중소기업 또는 대규모 기업집단에 소속되지 않은 비계열 대기업으로서 신용장 금액, 실적 등을 기준으로 원자재 구매자금, 원자재 수입자금, 생산자금 등으로 나누어 이루어지기도 하고(용도별 금융), 자금용도에 구애받지 않고 일괄적으로 자금을 지원하기도 한다(포괄금융). 따라서 포괄금융에는 수혜자격에 제한이 있다. 우리나라에서도 수출입은행(EXIM Bank)과 시중은행 등을 통해 수출입금융이 활발하게 제공되고 있다. 무역금융에서 제공되는 대출시 환율은 통상 전월(30일간) 평균 환율을 이용한다.

② 은행인수어음

은행인수어음(banker's acceptance, B/A)은 은행이 인수하여 지급을 보증한 기한부어음이다. 수입기업이 이 기한부어음에 의해 대금결제를 일정기간 이후에 할 수 있도록 하는데 수출기업 입장에서는 이 어음을 은행에 제시하고 수출대금을 지급받을 수 있다. 은행인수어음은 기업어음(CP)이나 양도성예금증서(CD) 등과 함께 높은 신용도와 유동성을 지닌 단기금융상품으로 분류되기도 한다. 수입기업 입장에서는 일정기간 이후로 지급을 유예할 수 있다는 점에서 은행을 통해 기간이익을 향유할 수도 있다.

③ 매출채권금융

매출채권금융(financing through receivables)은 수출기업이 수출상품매출채권을 담보로 융자를 받은 다음 만기에 결제받은 대금으로 이자와 함께 이를 상환하는 방식이다. 매출채권담보 대출은 수출기업의 운전자본을 증가시키므로 수출기업의 무역거래로부터 위험을 높이지 않게 된다.

④ 팩토링

팩토링(factoring) 혹은 국제 팩토링은 수출기업이 발행한 기한부어음 등의 매출채권을 종합금융사 등의 금융기관이 매입하여 대금을 지급한 후 이들 금융기관이 다시 다른 금융기관에 판매하는 방식이다. 이러한 방식으로 자금을 제공하는 금융기관을 팩터(factor)라고 부른다. 팩터는 수출기업에 대한 팩터(수출팩터)와 수입기업에 대한 팩터(수입팩터)가 있다.

⑤ 포페이팅

기타 금융 방식으로는 포페이팅(forfaiting, customized factoring)이 있다. 포페이팅은 중장기 매출채권(medium-term accounts receivables)에 대하여 고정금리의 기간이자를 기준으로 할인하여 팩토링을 수행하는 방법이다. 유럽 지역에서 보편적인 방법이고 최근 미주 지역에서도 이 방법을 이용하는 추세가 늘어나고 있다. 수입기업이 반기 이자지급 형태의 어음을 발행하면 포페이터(forfaiter)는 이 어음에 대해 지급을 보증하는 은행이나 지급보증인을

표 6-5 팩토링과 포페이팅 비교

	팩토링 거래	포페이팅 거래
1. 거래금액	일반적으로 소액(U$30만불 미만)	비교적 거액(U$100만 이상) * 소액(U$1만 이상)도 취급
2. 외상기간	단기(1년 이내, 3개월 미만이 대부분)	중장기(2년 이상 10년 이내)
3. 금리	제한 없음	고정금리로만 할인
4. 지급근거	수입팩터의 신용승인	수입기업 거래은행의 지급보증
5. 거래방식	송금 방식이 가장 많음	환어음 또는 약속어음
6. 대상통화	제한 없음	미국 달러, 유로화 등 주요 국제통화
7. 대상채권	현재뿐만 아니라 미래에 발생할 매출채권까지 포함	개별적으로 확정된 매출채권에만 국한

구하여 거래절차 상에서 발생할 수 있는 비용을 절감한다. 즉, 포페이팅을 취급하는 전문금융회사인 포페이터가 중장기 매출채권을 매입하는 무역금융기법이다.

학습정리

01 | 외국제수지표는 대외거래에 따른 자금 유입과 유출을 기록한 표이다. 자금 유입이 유출보다 많으면 국제수지 흑자로 기록되고 외환보유고를 증가시킨다.

02 | 변동환율제도 하에서 국제수지는 외환보유고의 조정을 통해 균형을 이루게 된다.

03 | 국제수지 흑자는 외화공급의 증가를 의미하며 통화가치 상승(환율인하) 요인이 된다.

04 | 외환시장의 거래 동기는 크게 수출입 등의 거래적 동기와 환율변동 차이를 통해 수익을 얻으려는 투기적 동기로 나누어진다.

05 | 투기적 동기의 외환거래는 정보가 가격에 잘 반영되는 효율적 시장 및 효율적 자원배분기능을 수행하는 반면 급격한 환율변동을 유발하여 시장 불안정화의 요인이 된다.

06 | 역외시장에서 거래되는 역외차액결제선물환(NDF) 거래는 거래원본이 아닌 시세차익의 차액만을 결제하며, 우리나라 외환시장의 환율형성에 영향을 준다.

07 | 고정환율제도 하에서는 외환수요 증가에 대해 중앙은행의 외환공급으로 환율을 일정 수준으로 유지시키게 된다. 고정환율제도는 외환시장의 안정화를 꾀할 수 있는 반면에 사회적 비용이 수반되는 단점이 있다.

08 | 환율제도의 선택은 환율변동이 국가경제에 미치는 경제적 비용과 시장개입 비용을 고려하여야 한다.

09 | 무역금융에서 대금을 결제하는 방법에는 현금결제, 신용장 결제, 환어음 결제 등이 있으며 주로 신용장 결제 방식을 이용한다.

CHAPTER 07

환율, 물가, 금리의 관계

어제 미국 시카고에서 친구와 함께 맥도널드에서 빅맥햄버거를 $1에 사먹은 박OO 대리는 귀국하여 오늘 서울에 있는 맥도널드에서 빅맥햄버거를 1,250원에 사먹었다. 그래서 박OO 대리는 환율이 1,250원/$라고 생각하게 되었다. 이렇게 각 나라 통화의 구매력을 통해 환율을 예측하는 것을 구매력평가설이라고 한다.

위와 같은 상황에서 현재의 시장환율이 1,100원/$라면 어떻게 된 것일까? 물론 다양한 요인이 환율에 영향을 미쳤다고 볼 수 있지만, 다른 조건이 일정한 상태라면 현재 시장환율은 구매력평가설에 의한 환율 1,250원/$를 고려할 때 낮은 상태로서 앞으로 1,100원/$ → 1,250원/$으로 환율이 오를 것을 예상할 수 있다. 박OO 대리는 회사 업무에 앞으로 환율이 오를 것이라는 것을 염두에 두고 임하게 되었고 적절한 대처가 이루어졌다.

다른 예가 있다. 우리나라 금리가 5%이고, 일본의 금리가 1%라고 가정하자. 이때 엔화로 대출받게 되면 저금리를 적용받게 되지만 만일 대출금을 상환할 때 원/엔환율이 4% 이상 상승한다면 환율인상이 금리 차이보다 커져 오히려 손해를 본다. 즉, 환율은 두 나라 금리 차이도 반영하여 형성되는데 이를 금리평가설이라고 한다.

환율에 영향을 미치는 기본적인 요소에는 물가와 금리가 있다.

1 물가와 환율

(1) 명목환율과 실질환율

① 명목환율과 실질환율

환율은 별다른 표시가 없으면 명목환율이다. 자국화폐 단위로 표시한 외국화폐의 가격을 명목환율(nominal rate)로 표시한다. 즉, 환율이 $1=1,200원이라는 것은 달러라는 물건의 값이 하나에 1,200원이라는 의미하며 이를 명목환율이 나타낸다. 그리고 실질환율(real rate)은 명목환율로 계산했을 때 두 나라 사이에 재화와 서비스의 교환비율을 나타낸다.

② 구매력평가설

구매력평가설(purchasing power parity, PPP)은 균형환율은 동일 재화에 대한 구매력이 같도록 결정된다는 환율결정이론이다. 이 이론에 의하면 만일 구매력에 비해 환율이 높거나 낮으면 구매력에 비례하여 환율이 변동하여 균형을 찾게 된다.

미국에서 $1인 맥도날드의 빅맥햄버거가 한국에서는 1,000원이라면 실질환율은 1,000원/$이어야 한다. 그런데 만일 시장에서 형성된 환율(명목환율)이 1,050원/$라면, 실질환율은 원화가 달러화에 대해 과소평가되어 있기 때문에 앞으로 환율이 1,050원/$에서 1,000원/$로 하락할(환율인하) 가능성이 높다

(2) 구매력평가설과 일물일가의 법칙

① 구매력평가설

구매력평가설은 동일상품의 가격은 동일통화로 표시하면 세계적으로 같다는 일물일가의 법칙(law of one price, LOP)을 이용한다. 예를 들어, 버드와이저 맥주 1병의 가격은 일물일가의 법칙에 따라 모든 나라에서 동일하게 거래되며, 만일 양국 간 가격이 틀리게 되면 차익을 노린 차익거래가 발생하여 가격 차이가 없어진다. 미국에서의 버드와이저 맥주 판매가격이 프랑스보다 높다면 프랑스에서 맥주를 수입하여 미국에 판매하면 차익이 생기므로 이러한 차익을 거두기 위해 거래가 일어남으로써 두 나라의 가격이 비슷해져 결국에는 같아진다는 것이다.

일물일가의 법칙이 성립하지 않는다면 가격이 싼 나라에서 상품을 구매하여 가격이 비싼 나라에 팔아서 차익을 얻을 수 있다. 이에 근거하여 구매력평가설은 구매력이 같도록 환율이 결정되어 외환시장과 실물시장에서 일물일가의 법칙이 성립되어야 한다는 환율의 균형조건이다.

$$P_h = eP_f$$

P_h : 어떤 상품의 국내가격 (= 국내물가수준)

P_f : 어떤 상품의 외국가격 (= 외국물가수준)

e : 현물환율

② 빅맥지수와 구매력평가설

빅맥지수는 1986년부터 영국의 경제주간지인 이코노미스트지(The Economist)가 발표하는 통화의 구매력지수로서 빅맥햄버거의 현지 가격을 미국 판매가격으로 환산하여 구매력을 측정하는 데 이용한다.[1)]

1) 빅맥지수와 유사한 성격의 세계 공통의 재화에 대한 지수가 개발되었는데, 세계 공통 기호식품인 커피의 가격을 이용한 카페라떼 지수, 스타벅스 지수도 발표되고 있다.

표 7-1 빅맥지수와 구매력평가설

	빅맥가격			빅맥지수	달러화에 대한 가치 비율(%)
	현지 통화	달러로 환산한 현지 국내가격	시장환율		
미 국	U$	2.56	–	2.56	–
영 국	£	1.84	0.72	3.05	+19
중 국	Yuan	9.90	3.87	1.20	△53
독 일	DM	4.95	1.93	2.69	+5
일 본	¥	279.04	109	2.08	△19
한 국	Won	2,600.96	1,016	1.76	△31
네덜란드	NLG	5.45	2.13	2.63	+3
스 위 스	Sfr	5.90	2.30	3.87	+51

〈표 7-1〉의 빅맥지수에 의하면 달러화에 대한 가치는 (미국빅맥지수-현지빅맥지수)÷미국빅맥지수로 산출하는데 아래 예에서는 빅맥지수로 본 원화 환율의 경우 (2.56-1.76)/2.56=31.25(%)로서 원화강세를 나타내고 있다.

(3) 구매력평가의 균형조건

① 절대적 구매력평가설

절대적 구매력평가설(absolute version of PPP)은 일물일가의 법칙을 그대로 이용한 균형관계이다. 미국에서 $1인 생수 한 병이 한국에서는 1,000원이고 거래비용(T)과 기타비용(Z)이 50원 소요된다면 환율은 1,050원/$이어야 한다는 것이다. 운반비용은 거래비용의 대표적인 것이고, 측정오차 등은 기타비용에 속한다.

$$P_h = eP_f + T + Z$$

이 균형식에 괴리가 생길 경우 곧바로 차익거래가 개입하여 다시 시장은 균형일물일가의 법칙을 전체 재화에 적용하여 물가수준을 비교해 보는 경우 거래비용 T와 측정오차를 나타내는 Z는 생략되므로 다음과 같다. 즉, 생수 한 병이 아닌 국가 전체의 거래재화를 고려한다면 구매력평가설에 의한 추정 적정환율은 1,000원/$이 된다.

$$P_h = eP_f \qquad \text{그러므로, } e = \frac{P_h}{P_f}$$

여기서, e = 균형환율, P_h = 자국물가, P_f = 외국물가

만일 실제 시장환율이 1,000원/$이 아니라 900원/$이라면 미국에서 생수 한 병을 $1에 사서 한국으로 가져온 다음 이를 1,000원에 판매하여 판매대금을 달러로 교환하면 달러당 900원이 들고 판매대금 중 100원이 남게 된다. 그러므로 이러한 차익거래를 통해서 생수 한 병당 100원의 이익을 남길 수 있다.

- 생수 한 병을 미국에서 $1에 구입 → $1 지출
- 구입한 생수 한 병을 한국에서 판매 → 1,000원 수입
- 1,000원의 판매대금을 달러로 교환 → 900원 지출(100원 차익)

이렇게 잠재적인 차익이 존재하면 미국에서 한국으로 생수가 이동하게 되고 그에 따라 미국에서의 생수 판매가격이 상승하며, 생수를 사기 위한 달러 수요가 증가한다. 그렇게 되면 시장환율은 900원/$ 이상으로 인상될 압력이 발생하여 궁극적으로는 차익이 발생하지 않을 1,000원/$까지 상승하게 될 것이다.

② 상대적 구매력평가설

상대적 구매력평가설(relative version of PPP)은 절대적 구매력평가설로부터 인플레이션의 미래 변화에 대한 기대가 환율변화에 영향을 미치게 된다는 점을 나타낸다. 현재보다 미래 환율변화가 중요하므로 상대적 구매력평가설

이 더 유용하게 쓰인다. 현재시점(t)과 미래시점($t+1$)에서 자국의 물가(P_n^t, P_h^{t+1})와 타국의 물가(P_f^t, P_f^{t+1})의 비율은 절대적 구매력평가설에 의해 $\frac{e_t+1}{e_t}$ 로 쓸 수 있으므로 상대적 구매력평가설은 다음과 같이 정리된다.

$$e_t = \frac{P_h^t}{P_f^t} \qquad e_{t+1} = \frac{P_h^{t+1}}{P_f^{t+1}}$$

$$\frac{e_{t+1}}{e_t} = \frac{\frac{1/P_f^{t+1}}{1/P_h^{t+1}}}{\frac{1/P_f^t}{1/P_f^t}} = \frac{\frac{P_h^{t+1}}{P_h^t}}{\frac{P_f^{t+1}}{P_f^t}} = \frac{1+i_h}{1+i_f}$$

$\frac{P_h^{t+1}}{P_h^t}$: 국내의 t에서 $t+1$기간 사이의 물가수준 변화$=1+i_h$

$\frac{P_f^{t+1}}{P_f^t}$: 외국의 t에서 $t+1$기간 사이의 물가수준 변화 $1+i_f$

t에서 $t+1$기간 사이의 환율변화 $\frac{e_{t+1}-e_t}{e_t}$ 는

그러므로 $\frac{e_{t+1}-e_t}{e_t} = \frac{i_h - i_f}{1+i_f}$

i_f가 미미한 수준이라면,

$$\frac{e_{t+1}-e_t}{e_t} = i_h - i_f$$

이를 그래프로 표시하면 옆 그림과 같다.

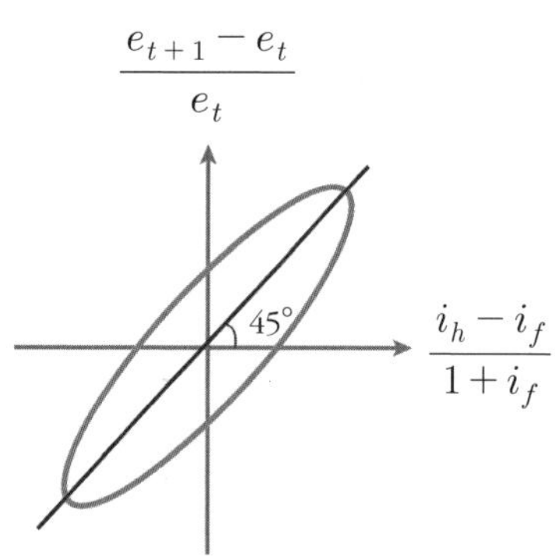

만일 구매력평가설이 정확하게 성립한다면 45°선 위에 놓이겠지만, 그렇지 않다면 선 주위에 긴 타원형으로 분포하게 된다. 상대적 구매력평가설을 이용한 환율예측기법의 예를 들면 다음과 같다.

현재의 국내 물가지수는 100이고 연말 물가지수가 120이 될 것으로 예상되며, 현재 미국 물가지수는 1,000이고 연말 물가지수는 1,100이 예상된다고 가정할 때 현재 환율이 1,000/$라면 연말 기대환율은 얼마인가?
$e_{t+1} - 1{,}000 \ / \ 1{,}000 = 0.2 - 0.1$에서 연말기대환율()은 1,100원으로 예상할 수 있다.

현재 환율이 ₩1,200/U$이고 Budsweiser 한 병이 국내에서 1,000원, 미국에서 $1이다.

- 명목환율과 실질환율은 얼마인가?
- 환율이 얼마일 때 구매력평가식이 성립되는가?
- 환율이 900원이라면 어떠한 무역거래가 이루어지겠는가?
- 환율은 어느 방향으로 움직이겠는가?

명목환율은 1,200원/$이지만 구매력으로 평가한 실질환율은 1,000원/$이다.
환율이 1,000원/$이라면 구매력평가식이 성립한다.
환율이 900원/$이라면 국내 판매가격이 낮은 것이므로 미국에서 한국으로의 재화 이동 즉, 한국의 수입이 늘어난다.
다른 조건이 일정하다면 환율은 1,000원으로 인하될 가능성이 높다.

③ 구매력평가조건의 한계

물가와 환율의 관계를 이용하여 균형환율을 예측하는 구매력평가설은 쉽게 적용할 수 있는 장점이 있지만 명목환율이 국가 간 화폐의 구매력 차이를 정확하게 반영하는지의 여부가 관건이 된다. 그 배경에는 모든 재화가 국가 간에 쉽게 교역되지 않는다, 교역재들이 완전한 대체재가 아니어서 우리나라 토산품과 같은 비교역재가 존재하고 각 나라마다 물가지수 작성 방법이 다르다는 등의 한계점이 존재한다. 예를 들어 도매물가지수와 소매물가지수의 작성 방법이 국가마다 차이가 있고 각 재화마다 물가에 영향을 미치는 리드타임(lead time) 또는 래그타임(lag time)이 다르게 나타난다. 교역과 관련된 거래비용이나 관세를 고려하지 않는다는 한계점도 있다.

(4) 물가와 국제경쟁력, 국제수지

① 물가상승과 환율변동

물가의 상대적 차이를 이용하여 환율의 변화를 예측하는 구매력평가설에 의하면 물가상승률과 환율변동률이 다를 때 실질환율이 변한다. 즉, 물가상승률만큼 명목환율이 조정되지 않으면 실질환율의 불균형으로 국제수지에 영향을 미치게 된다. 두 나라의 물가상승률의 차이가 x%인데 명목환율이 그보다 큰 폭으로 또는 작게 변화한다면 그에 따라 환율의 차이에 의한 수출 및 수입 상품의 가격경쟁력에 영향을 미친다는 의미이다.

예를 들어, A국이 B국보다 물가상승률이 3% 높다면 구매력평가설에 의해 A국의 통화가치가 3% 하락하는 것이 이론적으로 양국의 상품가격 경쟁력에 영향을 미치지 않는다. 그런데 A국의 통화가치가 2% 하락한다면 이는 A국의 상품가격이 상대적으로 높게 설정되어 다른 조건들이 일정하다면 가격경쟁력에 불리하게 작용한다는 것이다.

② 환율인상의 J-커브 효과

환율인상은 우리나라처럼 수출비중이 높은 국가에서 수출상품의 가격경쟁력을 높여 국제수지를 개선하는 효과가 있다. 그런데 환율인상 이후 국제수지의 개선모양이 시간의 흐름에 따라 J처럼 보이는 현상을 J-커브효과라고 한다.

표 7-2 환율변동과 시장경제

명목환율의 변동	실질환율의 변동	실질환율지수 (기준지수 100)	한국상품의 대외경쟁력
원화 3% 평가절상	원화 2% 평가절상	99	상승
원화 5% 평가절하	원화 5% 평가절하	100	불변
원화 8% 평가절하	원화 11% 평가절하	103	하락

이처럼 J-커브효과가 나타나는 것은 환율인상에 따른 수출입가격 변동과 이에 따른 수출업무량 조정기간에 시차가 존재하기 때문으로 수출가격경쟁력을 의식해서 인위적으로 환율을 인상시키면 당장은 효과가 나타나지 않거나 악화되었다가 이후에 장기적으로 나타나게 된다. 아래에서처럼 환율인상이 일시적으로 국제수지를 악화시키다가 차츰 수출물량이 증가하고 수입수요가 둔화되어 국제수지가 개선된다.

환율인상
- 수입가격의 일시 상승(-)
- 수출가격인하효과(-) > 수출물량증대효과(+)

→ 국제수지 일시 악화

차츰 수출물량이 증가하고 수입수요가 둔화되며, 국제수지 개선

그림 7-1 J-커브효과

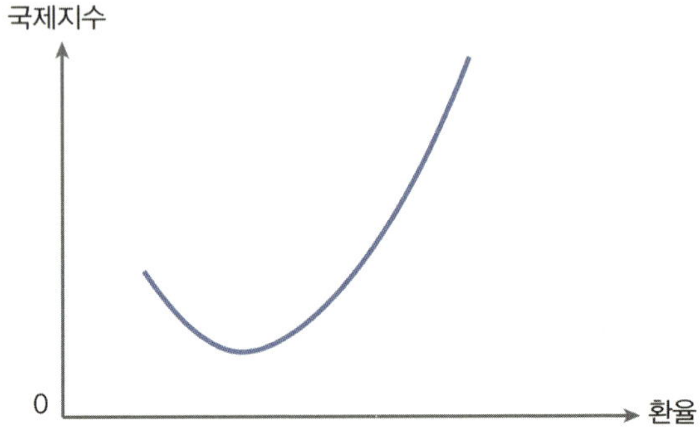

② 자산가격과 환율

(1) 피셔효과

① 물가와 금리

물가와 금리 사이에는 물가가 상승하면 금리도 상승한다는 비례관계가 성립하는 것이 일반적이다. 극심한 인플레이션이 발생할 경우 경제 안정화를 위해 금리를 어느 수준으로 동결하기도 하지만 대개의 경우 물가상승은 금리인상을 수반하게 된다. 이를 이론적으로 나타내는 것이 피셔효과(Fisher effect)인데, 이에 의하면 명목이자율은 실질이자율과 기대물가상승률의 합계로 나타낸다. 여기서 흔히 금리라고 하면 명목이자율을 칭한다.

피셔효과 : 명목이자율 = 실질이자율 + 기대물가상승률

따라서 물가상승은 금리인상 압박으로 작용하며, 높은 인플레이션으로 인해 물가상승률이 명목이자율보다 높은 과도한 수준일 경우 물가가 금리보다 빠르게 인상되어 은행에 예금하는 것보다 물건을 구입하는 것이 유리하게 되어 인플레이션을 가속시킬 수도 있다.

② 피셔효과의 균형조건

피셔효과는 물가와 금리 간 균형관계를 설명하는 것으로 아래 식에 의해 명목이자율을 실질이자율과 기대물가상승률의 합계로 나타낸다.

$1+R=(1+r)(1+E_i)$

$1+R=(1+r+E_i+r\times E_i)$

$r\times E_i$는 미미한 숫자이므로

$R=r+E_i$

R = 명목이자율　　r = 실질이자율　　E_i = 기대물가상승률(기대인플레이션율)

이론적으로 실질이자율은 동일하다고 가정하므로 두 나라에 피셔효과를 적용하면 명목이자율과 기대물가상승률을 간단하게 예측할 수 있게 된다.

한국과 미국의 기대인플레이션율이 6%와 3%로 예상되고, 한국의 명목이자율이 10%일 때 균형상태에서 미국의 명목이자율은 몇 %이어야 하는가?
실질이자율은 10−6=4%로서 장기적으로 두 나라 간 동일하다.

$$1+R=(1+0.04)(1+0.03)$$
그러므로 $R=0.0712$ (즉 7.12%)

(2) 국제피셔효과

피셔효과가 국가 간에 성립한다는 점에서 도출된 이론이다. 국가 간 금융자산의 가격인 명목이자율의 차이는 기대물가상승률의 차이이며, 구매력평가설이 성립한다면 환율은 기대물가상승률의 차이만큼 변하게 된다. 따라서 금리(명목이자율)가 높은 나라의 통화가치가 금리차이만큼 평가절하할 것이라고 기대하는 것이 국제피셔효과(international fisher effect)이다. 좀 더 간단히 표현하면, 양국 간 금리의 차이가 환율의 차이로 나타난다는 것이다.

국제피셔효과는 피셔효과가 성립한다는 것에서 이론을 정립한다.

- 국내(h) 입장에서의 피셔효과 성립 : $R_h = r_h + E_h$
- 외국(f) 입장에서도 피셔효과 성립 : $R_f = r_f + E_f$

따라서 국내와 외국 간의 금리 차이($R_h^t - R_f^t$)는 기대물가상승률($E_h^t - E_f^t$)의 차이$\left[(R_h^t - R_f^t) = (E_h^t - E_f^t)\right]$이며, 구매력평가설이 성립한다면 기대물가상

승률은 명목환율의 차이로 나타나므로$\left[(E_h^t - E_f^t) = \frac{e_{t+1} - e_t}{e_t}\right]$, 금리의 차이만큼 환율이 변하게 된다. 따라서 명목금리가 높은 나라의 통화가치가 그 금리차 이만큼 평가절하(환율인상)할 것이라고 기대할 수 있다$\left[(R_h^t - R_f^t) = \frac{e_{t+1} - e_t}{e_t}\right]$.

$$(R_h^t - R_f^t) = (r_h^t - r_f^t) + (E_h^t - E_f^t)$$

장기에 있어서는 국내/해외 실질이자율이 같아지는 경향이 있으므로,

$$(R_h^t - R_f^t) = (E_h^t - E_f^t)$$

구매력평가설에 의해

$(R_h^t - R_f^t) = (E_h^t - E_f^t) = \frac{e_{t+1} - e_t}{e_t}$, ※ e_{t+1}은 미래 예상치 → $\therefore \widetilde{e_{t+1}}$

예를 들어, 미국 달러화의 1년 만기 금리가 5%, 엔화의 1년 만기 금리가 3%일 때, 국제피셔효과의 논리에 따르면 앞으로 1년 동안 미국 달러화가 엔화에 비해 2%만큼 평가절하될 것으로 예측할 수 있다.

다른 예를 들면, 현재 한국과 미국의 금융시장에서 1년 만기 이자율이 10%와 6%이고, 환율이 850원/U$라면 국제피셔효과에 의해 1년 후 예상되는 환율(e_{t+1})은 $\left[(R_h^t - R_f^t) = \frac{e_{t+1} - e_t}{e_t}\right]$에 의해 아래와 같이 4% 인상된 850원 × (1+0.04) = 884원 수준이 된다.

$\left[(R_h^t - R_f^t) = \frac{e_{t+1} - e_t}{e_t}\right] = (0.1 - 0.06) = \left(\frac{e_{t+1} - 850}{850}\right)$ 에서, e_{t+1} =884원

3 금리와 환율

(1) 금리평가설

① 개념

구매력평가설과 국제피셔효과에 의해 서로 다른 통화로 표시된 금융상품 간에 일정한 법칙이 성립하여 환율에 영향을 미친다면 이는 통화의 미래가치에 적용되어 통화 간 미래 선물환 할증률(또는 할인율)이 두 통화 간의 금리 차이와 같게 된다는 것을 의미한다. 이를 이용하여 금리와 미래 환율의 관계를 정립한 것이 금리평가설 또는 이자율평가설(interest rate parity theory, IRPT)이다.

쉬운 예로서, A국의 금리가 7%이고, B국의 금리가 3%일 때 다른 조건이 동일하다면 미래 적용될 선물환율도 이 금리수준과 연동하여 A국의 선물환율이 B국의 선물환율에 비해 4% 가량 할인되어 통화가치도 그만큼 낮게 형성된다는 것이다.

원화를 가진 국내 투자자가 미국 현지에 투자하는 경우 달러가치 하락이 예상되면 더 높은 수익률 즉 이자율을 요구하겠는가?
달러가치 하락은 국내 투자자에 있어서는 달러화를 원화로 환전할 때 손해를 주므로 국내 투자자는 이에 대한 대책으로 더 높은 수익률을 요구하게 된다.

② 금리평가설의 균형조건

불편기대가설(unbiased expectation theory, UET)이 현재시점(t)에서 볼 때 미래시점$(t+1)$에 예상되는 환율은 선물환율(F_t^{t+1})이다. 선물환율은 미래시점에 도달하였을 때 기대되는 그 시점의 현물환율$(\widetilde{e_{t+1}})$ 이므로 선물환율=기대현물환율의 관계가 성립한다($(F_t^{t+1} = \widetilde{e_{t+1}})$.

이를 위에서 살펴본 국제피셔효과에 적용할 수 있다. 즉, 국제피셔효과의 $\left[(R_h^t - R_f^t) = \dfrac{e_{t+1} - e_t}{e_t}\right]$의 균형식을 이용하여 기대 현물환율($\widetilde{e_{t+1}}$)을 선물환율($F_t^{t+1}$)로 대체하면 $\left[(R_h^t - R_f^t) = \dfrac{F_t^{t+1} - e_t}{e_t}\right]$이 가능해지고 이 균형 조건이 금리평가설이다.

> 1원의 국내(h) 금융상품에 대한 투자가치=$(1+R_h^t)$
>
> 1원의 외국(f) 금융상품에 대한 투자가치=$\dfrac{1}{e_t}(1+R_f^t)\widetilde{e_{t+1}}$
>
> 여기서, $\widetilde{e_{t+1}} = F_t^{t+1}$(즉, 만기시점의 선물환율)
>
> $=(1+R_h^t) = \dfrac{1}{e_t}(1+R_f^t)\widetilde{e_{t+1}} = \dfrac{1}{e_t}(1+R_f^t)F_t^{t+1}$
>
> $=(1+R_h^t) = \dfrac{F_t^{t+1}}{e_t}(1+R_f^t) \rightarrow \dfrac{(1+R_h^t)}{(1+R_f^t)} = \dfrac{F_t^{t+1}}{e_t}$
>
> 양변에서 $\dfrac{e_t}{e_s}$를 뺌
>
> $\dfrac{F_t^{t+1}-e_t}{e_t} - \dfrac{e_t}{e_t} = \dfrac{(1+R_h^t)}{(1+R_f^t)} - \dfrac{e_t}{e_t} \rightarrow \dfrac{F_t^{t+1}-e_t}{e_t} = \dfrac{(1+R_h^t)e_t - (1+R_f^t)e_t}{(1+R_f^t)e_t}$
>
> $\therefore \dfrac{F_t^{t+1}-e_t}{e_t} = \dfrac{R_h^t - R_f^t}{1+R_f^t}$
>
> $1+R_h^t$가 미미하다면 $\dfrac{F_t^{t+1}-e_t}{e_t} = R_h^t - R_f^t$
>
> 즉, 선물환 할증(할인)률 = 두 통화 간 금리의 차이

③ 금리평가설과 균형선물환율

금리평가설을 이용하면 현물환율과 선물환율(또는 선도환율), 그리고 이자율 사이에 균형관계가 성립한다. 즉, 국내에 1원을 투자하면 1기간 후 1원× $(1+R_f^t)$만큼의 금액을 얻게 된다. 마찬가지로 외국에 1원을 투자하면 $\dfrac{1}{e_t}$

$(1+R_f^t)F_t^{t+1}$ 만큼의 금액이 된다. 이때 차익거래가 발생하지 않기 위해서는 이 두 투자금액이 동일하도록 하는 것이 금리평가설의 의미이다. 이 방법을 통해 산출된 금리평가설의 조건식 $\left[(R_h^t - R_f^t) = \frac{F_t^{t+1} - e_t}{e_t}\right]$ 을 선물환율 (F_t^{t+1})에 대해 정리하면 다음과 같이 무위험차익거래가 발생하지 않을 균형 선물환율을 구하는 식을 도출할 수 있다.

$$F_t^{t+1} = e_t \times [1 + (R_h^t - R_f^t)]$$

하나의 예를 들어보자. 원/달러 현물환율이 1,000원/$이고, 미국의 이자율 (R_f^t)이 10%, 한국의 이자율이 5%라고 한다면 무위험차익거래가 존재하지 않을 원/달러 균형선물환율은 다음과 같이 구할 수 있다.

$$F_t^{t+1} = e_t \times [1 + (R_f^t - R_h^t)]$$

$$F_t^{t+1} = 1{,}000 \times [1 + (0.05 - 0.10)]$$

$$= 1{,}000 \times 0.95 = 950$$

따라서 여기서 산출된 균형선물환율은 950원/$이고, 이 균형환율 950원/$에 비추어 볼 때, 원화는 달러화보다 향후 상대적으로 할증되어 거래된다는 것을 예상할 수 있다.

(2) 금리평가설과 국제피셔효과 비교

위에서처럼, 국제피셔효과의 $\left[(R_h^t - R_f^t) = \frac{e_{t+1} - e_t}{e_t}\right]$ 의 균형식을 이용하여 기대 현물환율$(\widetilde{e_{t+1}})$을 선물환율(F_t^{t+1})로 대체하면 $\left[(R_h^t - R_f^t) = \frac{F_{t+1}^t - e_t}{e_t}\right]$ 이 가능해지고 이 균형조건이 금리평가설이 된다.

금리평가설에서는 국가 간 명목이자율 차이를 현재 t시점에서 확실하게 확정되는 선물할증률 또는 할인율과 연결시키고 있으나, 국제피셔효과에서는 국가 간 명목이자율 차이가 불확실한 미래 현물환율의 기대변화율과 연결된다. 따라서 국제피셔효과에서 설명한이익은 단지 기대금액이다.

즉, F_t^{t+1}(금리평가설)과 $\widetilde{e_{t+1}}$(국제피셔효과)의 차이

국제피셔효과 : $R_h^t - R_f^t = \frac{e_{t+1} - e_t}{e_t}$

금리평가설 : $R_h^t - R_f^t = \frac{F_t^{t+1} - e_t}{e_t}$

(3) 금리평가설과 무위험금리차익거래

① 금리평가설과 무위험금리차익거래

금리평가설이 성립되지 않아 만기와 위험이 동일한 두 통화 금융상품 간에 수익률이 서로 다를 경우 무위험금리차익거래(covered interest arbitrage)가 가능해진다. 서로 다른 통화를 적용한 금융상품이 있을 때 둘 중에서 수익률이 낮은 금융상품으로 차입하여 수익률이 높은 금융상품에 투자함으로써 위험에 노출되지 않고 차익을 올릴 수 있는 거래를 무위험금리차익거래라고 한다.

무위험금리차익거래에 무위험(covered)이라는 용어가 사용되는 이유는 미리 약정한 선물환율을 거래에 이용하기 때문에 미래환율이 변할 수 있는 위험을 제거했기 때문이다.

② 무위험금리차익거래

무위험금리차익거래가 가능해지는 조건은 금리평가설을 이용하면 찾을 수 있다. 금리평가설에 의하면 $\left[\frac{F_{t+1}^t - e_t}{e_t} = (R_h^t - R_f^t)\right]$ 또는 축약되지 않은 식으로 $\left[\frac{F_{t+1}^t - e_t}{e_t} = \left(\frac{R_h^t - R_f^t}{(1+R_f^t)}\right)\right]$ 이어야 하는데 이 균형식이 성립하지 않으면

불균형상태	금리차익거래
$\frac{F_t^{t+1}-e_t}{e_t} > \frac{R_h^t - R_f^t}{1+R_f^t}$	원화 차입, 달러화에 투자 달러화 현물환 매입, 달러화 선물환 매도
$\frac{F_t^{t+1}-e_t}{e_t} < \frac{R_h^t - R_f^t}{1+R_f^t}$	달러화 차입, 원화로 투자 달러화 현물환 매도, 달러화 선물환 매입

차익거래가 가능해진다.

③ 무위험차익거래의 예

■ 거래비용이 없다고 가정할 경우

6개월 만기(182일) 미국재정증권(TB) 연간수익률은 3.2%이고 6개월 만기 스위스재정증권의 연간수익률은 4.3%이다. 현물환율은 \$0.5115/Sfr이고 6개월 선물환율은 \$0.5112/Sfr이다. 이때 \$100,000을 투자하려는 미국투자자가 스위스재정증권의 수익률이 미국보다 높다는 것을 알고 미국 달러화를 스위스 프랑(Sfr)으로 전환하여 스위스증권에 투자하는 것이 더 유리한가를 조사해 본다.

① 현물환시장에서 \$100,000을 Sfr으로 교환
→ \$100,000/0.5115 = Sfr195,503
② 182일 동안 4.3% 수익률로 스위스증권에 투자한 원리금합계
→ Sfr195,503×(1+0.043×182/360)=Sfr199,753
③ 6개월 선물환계약으로 스위스 프랑을 미국 달러화로 환전
→ Sfr199,753×0.5112=\$102,113.73
④ 스위스증권에 투자하지 않고 미국증권에 \$100,000을 투자했으면 얻었을 금액
→ \$100,000×(1+0.032×182/360)=\$101,617.78
미국증권에 투자한 투자원리금과 스위스증권에 투자한 투자원리금의 투자차액
즉, Sfr투자가 \$투자보다 \$102,113.73−\$101,617.78=\$496 만큼 수익이 크다.

■ 거래비용이 존재할 경우

무위험금리차익거래기회가 존재하더라도 발생이익이 거래비용보다 적다면 무위험금리차익거래의 유인을 갖지 못한다. 여기서 거래비용은 차입과 대출금리의 차이, 매입가격과 매도가격 간의 스프레드 등을 말한다. 이렇게 거래비용이 존재한다면 차익거래이익을 상쇄할 뿐만 아니라 거래비용이 차익보다 큰 경우도 발생한다. 다음의 예를 들어본다.

미국과 영국의 외환시장에 다음과 같이 이자율과 환율이 형성되어 있다. 투자에 소요되는 금액 $1백만불을 차입하여 외환시장에 투자하는 경우 무위험차익거래기회가 존재하는지 알아보자.

- 차입하여 투자한 금액 : $1,000,000
- 현물환율($/£) : 1.4028 – 1.4038
- 3개월만기 선물환율($/£) : 1.4279 – 1.4289
- 3개월만기 달러화 금리(%) : 연이자율 4.9975 – 5.0025
- 3개월만기 파운드화 금리(%) : 연이자율 5.9975 – 6.0025

① 현물환시장에서 5.0025%로 3개월 $ 차입(달러 대출금리는 연 5.0025%이고 3개월이므로 4로 나누어 줌)
→ 3개월 후 상환원리금 = $1,000,000 × (1 + 0.050025/4) = $1,012,506

② 차입한 $1,000,000을 £로 전환(고객 입장에서는 매도환율 1.4038 적용)
→ $1,000,000/1.4038 = £712,352

③ 환전한 £를 3개월간 예금 투자(파운드화 예금금리는 연 5.9975%이고 3개월 예금이므로 4로 나누어 줌)
→ £712,352 × (1 + 0.059975/4) = £723,033

④ 투자해서 얻은 £를 선물환매도하여 $로 전환(고객 입장에서는 매입환율 1.4279 적용)
→ £723,033 × 1.4279 = $1,032,419

즉, £투자가 $투자보다 $1,032,419−$1,012,506=$19,913만큼 차익을 거둠

(주) 위에서 연이자율 4.9975−5.0025로 표시된 수치는 각각 예금금리(4.9975%)와 대출금리(5.0025%)를 의미한다.

4 환율, 물가, 금리의 균형관계

(1) 환율, 물가, 금리 : 균형조건 종합

이론적으로 물가와 환율, 금리와 환율 간에는 구매력평가설, 국제피셔효과, 금리평가설 등의 관계를 통해 균형관계가 성립한다.

먼저 물가와 환율 간의 관계를 규명한 구매력평가설에 의하면 동일 재화에 대한 구매력이 같도록 결정된다. 그러므로 환율의 변화는 국가 간의 기대물가 상승률에 의해 영향을 받는다.

■ 구매력평가설 : $\dfrac{e_{t+1}-e_t}{e_t}=i_h-i_f$

상대적 명목이자율이 통화가치를 결정한다는 국제피셔효과에 의하면 두 나라 간의 금리차이가 미래 기대현물환율의 수준을 결정한다.
즉, 국내와 외국의 이자율 차이가 물가상승률의 차이와 같다는 것을 의미한다.

■ 국제피셔효과 : $\dfrac{\widetilde{e_{t+1}}-e_t}{e_t}=R_h^t-R_f^t$

금리평가설은 기대현물환율과 선물환율이 동일하다는 불편기대가설

그림 7-2 물가, 금리, 환율의 이론균형관계

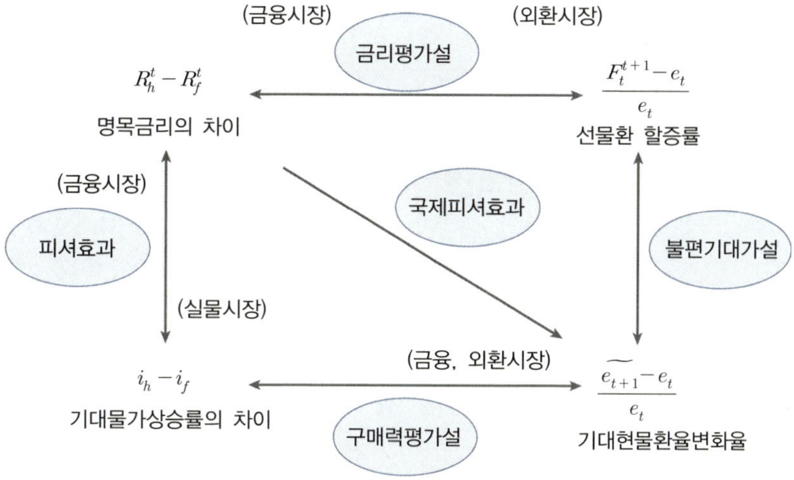

(unbiased expectation theory, UET)이 성립한다는 전제 하에서 선물환할증률(할인율)이 두 통화 간의 금리 차이에 영향을 받는다고 설명한다.

■ 불편기대가설 : $F_t^{t+1} = \widetilde{e_{t+1}} = E(e_{t+1})$

■ 금리평가설 : $\frac{F_t^{t+1} - e_t}{e_t} = R_h^t - R_f^t$

〈그림 7-2〉는 이와 같은 물가, 금리, 환율의 이론적 균형 관계를 도식한 것이다.

• 구매력평가설 : 균형환율은동일 재화에 대한 구매력이 같도록 결정된다.

$$\frac{e_{t+1}-e_t}{e_t}=i_h-i_f$$

• 국제피셔효과 : 국가간 명목금리의 차이는 기대물가상승률의 차이이며, 구매력 평가설이 성립한다면기대물가상승률의 차이만큼 환율이 변동한다.

$$\frac{\widetilde{e_{t+1}}-e_t}{e_t}=R_h^t-R_f^t$$

• 금리평가설 : 선물환할증률(할인율)이두 통화간의금리차이와같게 된다.

$$\frac{F_t^{t+1}-e_t}{e_t}=R_h^t-R_f^t$$

• 불편기대설 : 미래 기대현물환율은 많은 사람이 기대하는 미래시점의 현물환율 즉, 선물환율과 같아진다.

$$F_t^{t+1}=\widetilde{e_{t+1}}=E(e_{t+1})$$

(2) 해외투자 경제성 분석

물가, 금리와 환율 간에 성립하는 균형관계를 이용하여 해외투자의 경제성을 분석하는 예를 들어본다.

IF전자는 미국에 전자부품 조립공장을 세우기로 결정하고 투자 후 4년 동안의 순현금 흐름을 다음과 같이 예상하고 있다.
그리고 이 투자안에 대해 14%(원화기준)의 수익률을 기대하고 있다. 우리나라와 미국의 명목이자율은 현재 각각 8%와 9%이며, 두 국가 간의 실질금리는 같다. 현재 환율이 ₩1,100/$인데 투자가치를 평가해 보자.
(우리나라의 기대물가상승률은 6%이다.)

(단위 : 천달러)

연도	1	2	3	4
순현금흐름	500	550	570	595

① 피셔효과

우선 피셔효과에 의해 명목금리(R), 실질금리(r) 및 기대물가상승률(E)의 관계를 통해 실질금리를 산출한 다음 각국의 기대물가상승률을 예측한다. 우리나라의 기대물가상승률은 주어져 있으므로 미국의 기대물가상승률은 다음과 같이 추정한다.

$$1+R=(1+r)(1+E_i)=(1+0.06)(1+r)$$

$$\therefore (1+r)=\frac{(1+0.08)}{(1+0.06)}=1.019 \rightarrow r=0.019(1.9\%) \text{ : 실질금리}$$

미국의 기대인플레이션율은 다음과 같이 7%이다.

$$(1+E_i)=\frac{(1+0.09)}{(1+0.019)}=1.07$$

$$\rightarrow E_i=0.07(7\%)$$

$$1+R=(1+r)(1+E_i)$$
한국 $1.08=(1+0.019)(1+0.06)$
미국 $1.09=(1+0.019)(1+0.07)$

② 불편기대가설

현재 환율이 ₩1,100/$이고 국내 기대인플레이션율이 미국의 기대인플레이션율보다 낮으므로 이 현상이 선물환율에 반영될 것이라는 불편기대가설에 의하면 원화의 선물환율은 현물환율에 비해 매년 1% 감소할 것으로 예상한다. 그러므로, 각 연도의 현물환율 예측치는 다음과 같다.

$$t\text{기의 선물환율} = \text{현물환율} \times \frac{(1+\text{기대인플레이션율}_{₩})^t}{(1+\text{기대인플레이션율}_{\$})^t}$$

$$\rightarrow \text{1년 후 선물환율} = 1{,}100 \times \frac{1.06}{1.07} = 1{,}090/\$$$

$$\rightarrow \text{2년 후 선물환율} = 1{,}100 \times \left(\frac{1.06}{1.07}\right)^2 = 1{,}080/\$$$

$$\rightarrow \text{3년 후 선물환율} = 1{,}100 \times \left(\frac{1.06}{1.07}\right)^3 = 1{,}069/\$$$

$$\rightarrow \text{4년 후 선물환율} = 1{,}100 \times \left(\frac{1.06}{1.07}\right)^4 = 1{,}059/\$$$

③ 투자안의 현금흐름

이상과 같이 추정한 선물환율을 달러화 현금흐름에 적용하여 원화 현금흐름을 구하고 이에 대해 투자안의 채택 여부를 결정한다.

연도	1	2	3	4
현금흐름(천 달러)	500	550	570	595
적용 선물환율(₩/$)	₩1,090/$	₩1,080/$	₩1,069/$	₩1,059/$
원화현금흐름(천 원)	545,000	594,000	609,330	630,105

위 원화표시 현금흐름을 원화의 자본비용 14%로 할인한 원화표시 현재가치(PV)는 다음과 같이 1,721.5백만원이다.

$$PV = \frac{545{,}000}{1.14} + \frac{594{,}000}{1.14^2} + \frac{609{,}330}{1.14^3} + \frac{630{,}105}{1.14^4} = 1{,}721.50(\text{백만원})$$

그러므로 투자금액이 1,712.50백만원보다 작다면 수익을 남기는 투자안으로서 투자를 수행하고 그렇지 않으면 기각한다.

학습정리

01 | 구매력평가설은 구매력이 같도록 환율이 결정되어 외환시장과 실물시장에서 일물일가의 법칙이 성립되어야 한다는 환율의 균형조건이다.

02 | 물가상승률만큼 명목환율이 조정되지 않으면 실질환율의 불균형으로 가격경쟁력에 영향을 주어 국제수지에 긍정적으로 또는 부정적으로 작용한다.

03 | J-커브효과는 환율인상 이후 국제수지의 개선모양이 시간의 흐름에 따라 J처럼 보이는 효과를 말한다.

04 | 서로 다른 두 나라에서 피셔효과가 성립한다는 국제피셔효과로부터 명목금리가 높은 나라의 통화가치가 금리차이만큼 평가절하(환율인상)할 것이라고 기대할 수 있다.

05 | 물가, 금리, 현물환율, 선물환율은 상호 간에 균형관계를 보이며 균형환율을 형성한다.

06 | 금리평가설에 의하면 선물환 할증률(할인율)이 두 통화 간의 금리차이와 같게 된다. 금리평가설이 성립하지 않을 경우 무위험차익거래를 통해 차익이 실현되고 금융상품 간에 다시 균형에 이르게 된다.

07 | 무위험금리차익거래기회가 존재하더라도 발생이익이 거래비용보다 적다면 무위험금리차익거래의 유인은 존재하지 않는다.

08 | 국제피셔효과와 금리평가설의 차이점은 국제피셔효과로부터 명목금리가 높은 나라의 통화가치가 금리 차이만큼 평가절하할 것이라고 기대할 수 있는 한편 금리평가설에 의하면 선물환할증률(할인율)이 두 통화 간의 금리 차이와 같게 된다.

09 | 해외 현지 투자의 경제성은 환율이 변함에 따라 달라질 수 있으므로 경제성 분석시 환율변화에 대한 분석이 선결적으로 이루어져야 한다.

CHAPTER

08

외환시장 수요 · 공급과 환율예측

일본에 철강부품을 수출하고 있는 (주)UF기업은 수출대금으로 받는 엔화를 처리하는 데 고심이다. 엔화환율이 어떻게 변할지 예측이 어렵기 때문이다. 그래서 이 기업은 엔/원환율이 전기 대비 5% 오르면 팔고 5% 하락하면 매도를 중단하는 방법을 사용하고 있다. 이 단순한 필터기법(filter rule)이라는 방법을 통해 이 회사는 환율 변화에 민감하지 않고 큰 손해는 입지 않게 되었다.

외환딜러 A와 B가 있는데 A는 현재 원/달러 환율 1,100원/U$이 3개월 후 1,500원/U$으로 상승할 것으로 예측하고 B는 3개월 후 1,050원/U$으로 하락할 것으로 예측하였다. 만일 3개월 후 환율이 1,100원으로 형성되었다면 1,500원으로 예측한 A가 우수한 것일까? 아니면 1,100원과 가까운 1,050원으로 예측한 B가 우수한 것일까? 여기서는 1,100원과 가까운 1,050원으로 예측한 B가 아니라 1,500원으로 환율이 오를 것으로 예측한 A가 우수하다.

환율예측은 오를 것이냐, 떨어질 것이냐의 방향성이 우선이고, 얼마나 가까운가의 정확성은 그 다음이다. B처럼 아무리 정확한 예측이더라도 손실이 발생하면 의미가 없기 때문이다.

1 환율과 외환수급

(1) 환율과 외환수급

환율(e)은 어떤 통화에 대한 가격(price of a currency)으로 정부의 개입이 없다면 아래와 같이 외환의 수요(수입)·공급(수출) 및 물가나 이자율과 같은 경제상황에 의해 결정된다. 이번 절의 내용은 환율변동에 영향을 미치는 외환의 수요·공급의 요인들은 무엇이고 환율변동이 경제 각 분야에 미치는 영향에 대한 이해를 돕는다.

$$e = f(X, I, r_h, i_h, i_f, s, GDP, \cdots\cdots)$$

X : 수출
I : 수입
r_h, r_f : 국내, 외국의 이자율
i_h, i_f : 국내, 외국의 물가상승률
s : 주가
GDP : 국내총생산

이미 다룬 바와 같이 외환수급에 영향을 주는 요인에는 국제수지, 물가와 금리, 국민소득, 통화량, 실업률, 주가 등 다양한 형태가 존재한다. 그리고 이들 요인을 각기 상이한 형태로 외환의 수급을 증가 또는 감소시킨다. 즉, 국제수지, 금리, 국민소득 등의 개선은 대체로 외환 공급을 늘려 환율을 인하하는 효과가 있는 반면 물가, 통화량, 실업률 등의 지표가 올라가면 외환 공급의 감소 또는 외환 수요의 증가를 유발하여 환율을 인상시킨다.

이론적으로 볼 때, 환율에 영향을 미치는 중요한 요소에는 이와 같은 기본적 요인이 크게 작용하고 특히 물가와 금리가 차지하는 비중이 크다. 그러나 변동환율제도가 활성화되고 국제적으로 자본이동이 활발해지면서 경상수지에 영향을 미치는 무역이나 서비스 등의 요인보다 자본수지 측면의 영향이 두드러졌다. 우리나라의 외환위기에서 찾아볼 수 있듯이 외국자본의 급격한 유출이 환율을 큰 폭으로 인상시켜 대내외 경제활동에 심대한 손실을 가져온 것도 국제자본 이동에 대해 환율이 보다 민감하게 반응하기도 한다.

(2) 외환의 수요·공급곡선

외환의 수급이 환율변화에 미치는 영향을 학습하기 위해 모형을 단순화하여 한국과 미국 간에 수출과 수입만 존재한다고 가정한다.

① 외환의 수요곡선

외환의 수요량은 외국으로부터의 재화나 서비스 또는 자산에 대한 수요로 발생한다. 즉, 외국에서 생산하는 재화나 서비스 또는 자산을 구입하기 위해 외환을 필요로 하는 것이다.

그림 8-1 수입재화에 대한 국내의 수요 · 공급곡선

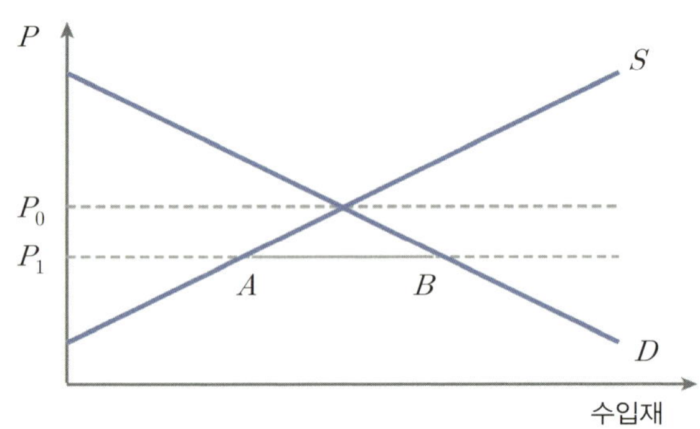

■ 우리나라가 수입하는 재화에 대한 국내의 총수요곡선과 총공급곡선

P_0 : P_0에서는 우리나라의 수입재화에 대한 수요는 국내공급에 의해 충당되어 미국으로부터의 수입수요가 없음

P_1 : P_1으로 가격하락시, 수입재화에 대한 수요가 증가하고 국내공급은 감소하여 AB만큼의 초과수요 발생

〈그림 8-1〉은 수입재화에 대한 국내의 수요·공급곡선을 나타내고, 〈그림 8-2〉는 수입재화에 대한 수입수요곡선만을 표시한 것이다. 여기에서와 같이

그림 8-2 수입재화에 대한 수입수요곡선

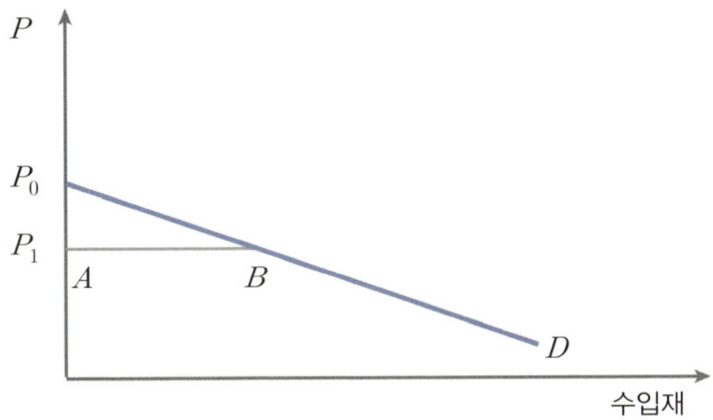

- 〈그림 8-1〉에서와 같은 미국으로부터의 수입수요곡선을 나타냄.
- 여기서 수입재화의 해외가격이 일정하다면, 수입수요는 환율에 의해서 결정됨.
  → 환율이 높을수록 국내판매가격이 높아져 수입수요 하락
  환율이 낮을수록 국내판매가격이 떨어져 그만큼 수입수요 증가

그림 8-3 환율변화에 따른 수입수요곡선

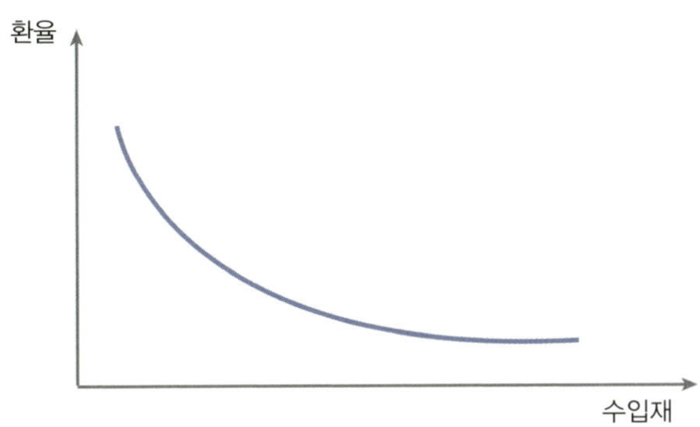

- 환율변화에 따른 수입재화의 수요 변화
  → 환율이 높을수록 국내판매가격이 높아져 수입수요 하락
  환율이 낮을수록 국내판매가격이 떨어져 그만큼 수입수요 증가

그림 8-4 **외환시장의 수요곡선**

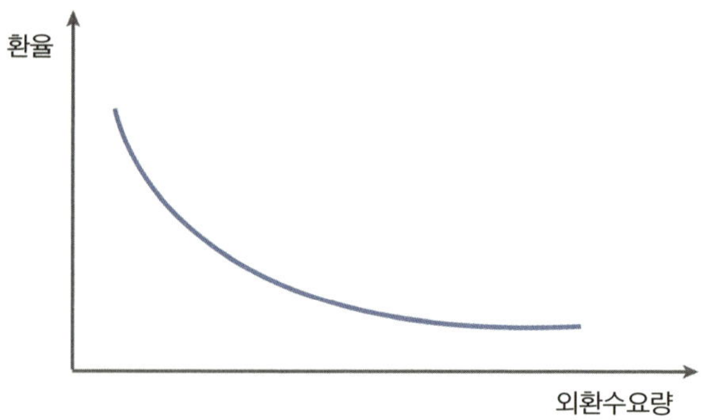

■ 환율변화에 따른 외환시장에서의 외환수요량
→ 환율변화에 따른 외환시장의 수요곡선이 우하향

수입재화의 해외가격이 P_0에서 P_1으로 하락하면 수입재에 대한 초과수요가 발생하고, 만일 수입재화의 해외가격이 일정하다면 수입수요는 환율에 의해 좌우된다. 즉, 환율이 높을수록 수입재화의 국내 판매가격이 비싸지기 때문에 그만큼 수입수요는 감소한다.

그림 8-5 **미국의 수입재화에 대한 수요 · 공급곡선**

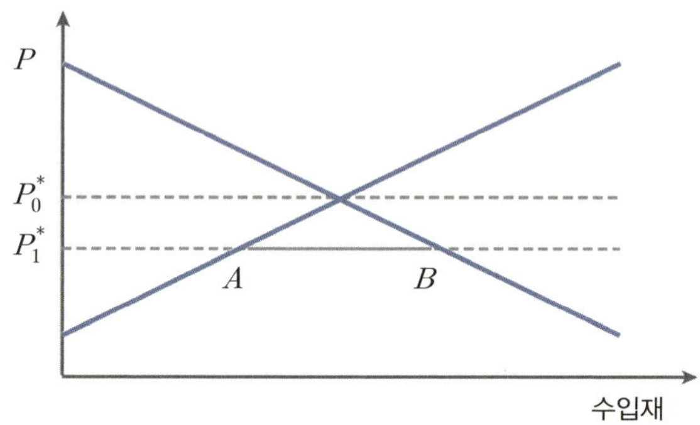

■ 미국이 우리나라로부터 수입하는 재화의 총수요곡선과 총공급곡선
달러화로 표시된 우리나라 수출재화의 가격이 하락하면($P_0^* \rightarrow P_1^*$), 미국의 수입수요 증가, 반대로 수출재화의 가격이 올라가면 미국의 수입수요 감소

그림 8-6 **미국의 수입재화에 대한 수입수요곡선**

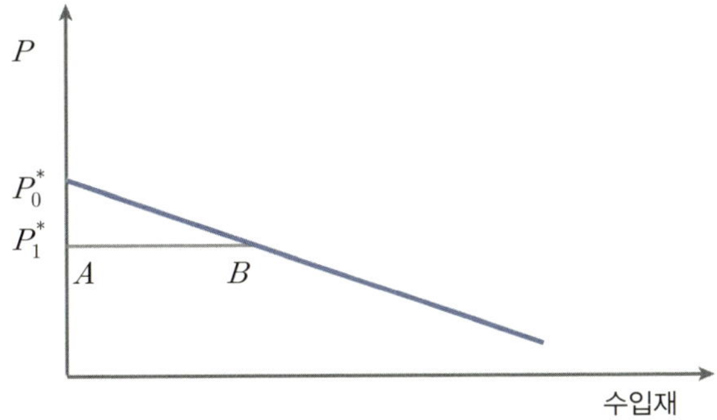

■ 〈그림 8-5〉에서와 같은 미국의 우리나라 수출재화에 대한 수입수요곡선을 나타냄. 여기서 수출재화의 가격이 일정하다면, 수입수요는 환율에 의해서 결정됨.
→ 환율이 높을수록 달러화 표시 판매가격이 낮아져 미국의 수입수요 증가 환율이 낮을수록 달러화 표시 판매가격이 높아져 미국의 수입수요 감소

그림 8-7 **환율변화에 따른 미국의 수입수요곡선**

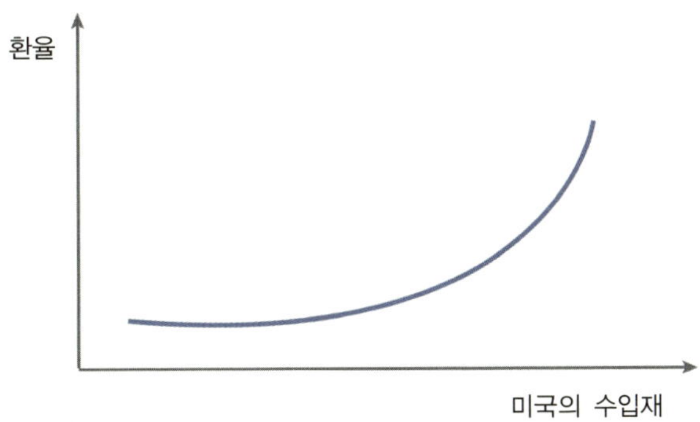

■ 환율변화에 따른 미국에 대한 수출재화와 수요 변화
→ 환율이 높을수록 미국 현지 판매가격이 낮아져 미국의 수입수요 증가
환율이 낮을수록 미국 현지 판매가격이 높아져 미국의 수입수요 감소

그림 8-8 외환시장의 공급곡선

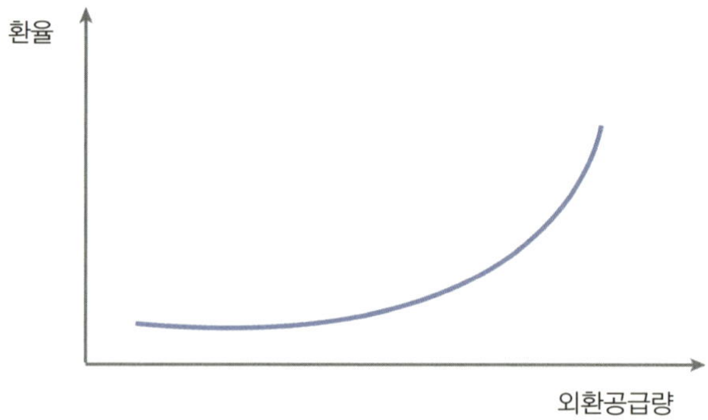

■ 환율변화에 따른 우리나라 외환시장에서의 외환공급량
→ 환율변화에 따라 우리나라 외환시장의 수요곡선이 우상향

② 외환의 공급곡선

미국과 우리나라에 수출과 수입만 존재한다고 단순화한 모형 하에서 외환의 공급은 우리나라 수출재화에 대한 미국의 수입수요에서 발생한다.

(3) 균형환율

지금까지 살펴본 바와 같이 자국의 통화가치가 하락하여 환율이 상승하면 외국으로부터 수입되는 상품의 가격이 상승하고 자국의 수출가격이 하락하여 외환수요량이 줄어드는 반면 외환공급량은 증가하게 된다. 따라서 외환에 대한 수요곡선은 우하향하고, 공급곡선은 우상향하는 형태를 보인다.

균형환율은 〈그림 8-9〉에서처럼 외환의 수요와 공급이 일치하는 곳에서 결정된다. 만일 외환시장에서 외환의 초과수요가 발생하여 수요곡선이 오른쪽으로 이동하면(수요곡선 A) 환율인상 압박에 의해 환율이 상승하게 된다(e_0). 환율상승은 수출상품의 가격이 하락하여 가격경쟁력이 우수해지고 이에 따라 수출이 증가하여 외환의 공급을 증가시키는 한편 수입수요는 감소시킨다. 따라서 외환의 공급량이 늘어 공급곡선을 오른쪽으로 이동시켜(공급곡선 A) 초과수요에 대응하게 되므로 다시 환율은 균형을 이룬다. 이와 반대로 외환의 초과공급이 발생하는 경우 환율이 인하되는데 이는 수출상품의 가격 경쟁력을 약화시키고 수입상품의 가격이 하락하는 효과를 가져와 수출 감소, 수입 증가로 인해 외환시장의 초과공급이 없어지며 균형환율로 되돌아간다.

한편으로 외환시장에서 외환수요가 폭증하여 환율이 큰 폭으로 인상되는 경우 환율인상이 수출상품의 가격경쟁력에 미치는 영향보다 외환에 대한 수요가 훨씬 크게 나타나 균형환율로 돌아가지 않고 환율이 계속 상승하는 경우가 있다. 환율변화가 외환의 수급에 영향을 주고 외환의 수급량 변화가 다시 환율에 영향을 주는 탄력적인 순환이 이루어지지 않을 때 발생한다. 1997년에 아시아 지역에서 발생한 외환위기, 2002년 남미 지역의 높은 인플레이션에 이은 통화위기가 이 경우에 해당하는 것으로서 환율이 안정적인 균형에서 크게 벗어나 수요·공급에 영향을 미치는 기본적 요인으로는 균형을 되찾지 못하게 되며, 정부 또는 중앙은행의 강력한 개입 등 외환시장 외적인 조치가 필요해진다.

그림 8-9 균형환율의 결정

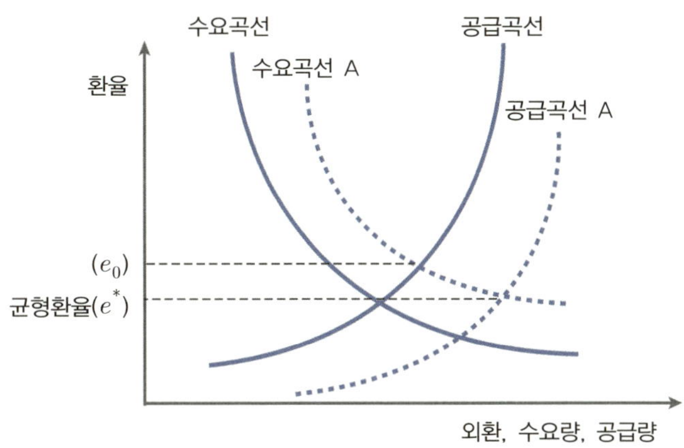

② 외환시장의 효율성

(1) 시장효율성

① 시장효율성의 개념

시장효율성은 가격결정에 의미 있는 정보(useful information)가 얼마나 빨리 반영되는가를 의미한다. 효율성의 정도는 시장에 도달된 의미 있는 정보에 가격이 반응하는 속도로 측정하는데, 가격에 영향을 미칠 정보가 신속하게 가격에 반영된다면 그 정보를 이용한 성공적인 미래가격의 예측은 불가능해진다.

중앙은행의 금리인하 정보는 일반적으로 해당 국가의 통화가치를 하락시킨다. 금리가 높은 국가로 자본이 이탈될 수 있기 때문이다.
효율적 시장 하에서 이러한 정보는 즉시 가격에 반영되어 실세 금리가 떨어지기 전에 금리가 하락할 것이라는 기대만으로도 통화가치가 하락한다.

- 그러나 효율적 시장에서는 관련 정보가 가격에 즉각 반영되어 현재 시점의 특정 정보의 집합을 이용하여 가격을 예측하는 것이 불가능하다.
- 반면에 정보가 천천히 반영되는 비효율적 시장에서는 가격에 반영되는 속도가 늦어져 정보에 입각한 미래 환율변동 예측이 가능해지고 예측노력이 경제적 의미를 가진다. 따라서 비효율적 시장에서는 예측의 노력이 초과이익을 가져올 수 있다.

그러므로 시장효율성의 문제는 가격이 가치를 표시하는 기능을 충분히 수행하는가, 지속적인 투기이익이 가능한가와 관련한 중요한 문제이다.

② 효율적 시장 가설

시장이 가격을 어떻게 얼마나 효과적으로 반영하는가에 관한 논의인 효율적 시장 가설(efficient market hypothesis, EMH)은 가격변화에 의미 있는 정보를 크게 세 가지 범주로 구분하여 약형효율성, 준강형효율성, 강형효율성으로 나눈다.

약형효율성(weak form efficiency)은 현재의 가격이 과거의 가격변화 정보를 반영하고 있다는 것이고, 준강형효율성(semi-strong form efficiency)은 현재의 가격이 이용 가능한 공식적인 모든 시장정보를 반영한다는 내용을 담고 있다. 마지막으로 강형효율성(strong form efficiency)은 가격이 내부정보를 포함한 모든 정보를 반영한다는 것으로 강형효율성이 성립한다면 현재의 가격은 모든 정보를 반영하여 형성된다. 그러므로 강형효율성 가설 하에서는 초과이익을 달성하려는 기본적 분석이나 기술적 분석과 같은 가격예측기법이나 모형이 의미를 가지지 못하게 된다.

표 8-1 외환시장의 효율성

가설의 유형	관련 정보	예측기법과 모형
weak-from efficiency (약형효율성)	past price movements (과거 가격변화 정보)	technical analysis (기술적 분석) – 차트분석 – 시계열분석 등
semi-strong from efficieny (준강형효율성)	all available information in the market (이용가능한 공식적 시장정보)	fundamental analysis (기본적 분석, 내재가치 분석) – 외환의 수요/공급, 안정성 분석 – 회귀분석, 연립방정식모형 등
strong form efficiency (강형효율성)	all available information in the market including inside information (가격변동에 영향을 미칠 수 있는 내부정보를 포함한 모든 정보)	

그림 8-10 약형효율성

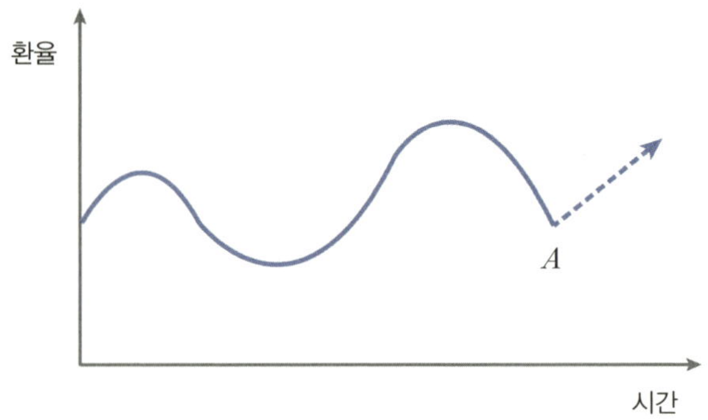

(2) 약형효율성

① 의의

약형효율성은 과거 환율변화 정보가 현재 및 미래 환율예측에 영향을 미친다는 것이다. 〈그림 8-10〉에서와 같이 과거의 환율변동을 고려할 때 A시점에서는 환율상승을 예측할 수 있다. 여기서 환율상승을 예측하여 이익을 거둘 수 있다면 약형효율성은 성립하지 않는다. 다시 말하면 과거 환율변동을 분석하여 예측한 환율시세로 외환시장 거래에서 이익을 거두지 못하면 약형효율성이 성립되는 시장이다.

환율변동을 예측함에 있어서 기술적 분석(techincal analysis)은 과거의 환율변동을 조사한 시계열자료로부터 (확률적) 규칙성을 발견하고 이를 이용하여 시세의 움직임을 파악하려는 노력이다. 그러므로 약형효율성이 성립하지 않는다면 기술적 분석을 이용한 환율예측이 초과수익을 달성할 수 있게 된다.

② 필터기법

필터기법(filter rule)은 환율이 한 방향으로 일정한 비율(필터)만큼 움직일 때 거래하는 기법이다. 그러므로 단순한 형태의 기술적 분석을 이용한 방법이

그림 8-11 필터기법

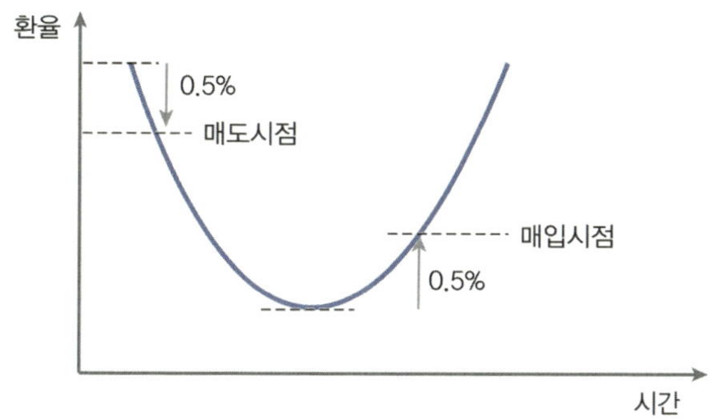

라고 할 수 있다. 예를 들어 〈그림 8-11〉과 같이 달러화가 0.5% 상승하면 매입하고, 0.5% 하락하면 매도하는 것이다. 환율이 일단 움직이기 시작하면 한 방향으로 계속해서 움직이는 경향(모멘텀)이 있다는 데 근거를 둔다. 놀랍게도 대부분의 실증연구에서는 이렇게 단순한 형태의 매입 및 매도기법이 이익을 얻을 수 있다는 증거를 제시하였으며, 이는 외환시장에서 약형효율성이 성립하지 않는다는 것을 뜻한다. 또한 외환시장의 가격정보인 환율이 그만큼 비효율적이라는 증거도 된다.

(3) 준강형효율성

① 의의

준강형효율성은 외환시장에 도달한 모든 공식적 관련 정보가 환율에 신속히 반영되느냐의 여부로 시장효율성의 정도를 평가하는 것이다. 과거 환율의 움직임을 포함하여 시장에 도달한 모든 관련 정보와 이후 환율변화 간에 일정한 규칙성이 있다면, 이는 정보가 시장에 도달한 이후 환율에 완전히 반영되기까지 시차가 존재한다는 의미로서 이는 곧 외환시장이 공식적 정보에 대해 효율적으로 반응하지 않는다는 것을 뜻한다. 유무형자산을 거래하는 시장에는 "소문에 사서 뉴스에 판다(buy on the rumor, sell on the fact)"라는 속설이 있는데 이는 이러한 정보와 가격형성 간의 시차를 반영하는 말이기도 하다.

이렇게 시장이 준강형의 의미에서 효율적이지 못하다면 시장에 도달한 관련 정보와 이후 환율의 움직임 간에 규칙성을 발견하고, 이 규칙성을 이용하여 미래환율을 예측하는 노력은 이익을 얻어낼 수 있게 되는데 이를 기본적 분석(fundamental analysis)이라고 한다. 기본적 분석을 통해 환율변화에 영향을 주는 내재가치나 요인을 찾고 이를 변수의 움직임과 환율변화의 구조에 연계하여 환율변화를 예측하는 것이다.

② 사건연구

사건연구(event study)는 시장에 영향을 미칠 중요한 정보(사건)에 대해 가격이 얼마나 예측을 하여 반응을 보였는가에 관한 실증연구 방법이다. 예를 들어 어떤 국가에서 금리를 50bp(0.5%) 올렸을 때 이후 환율변화가 이전과

그림 8-12 사건연구의 예

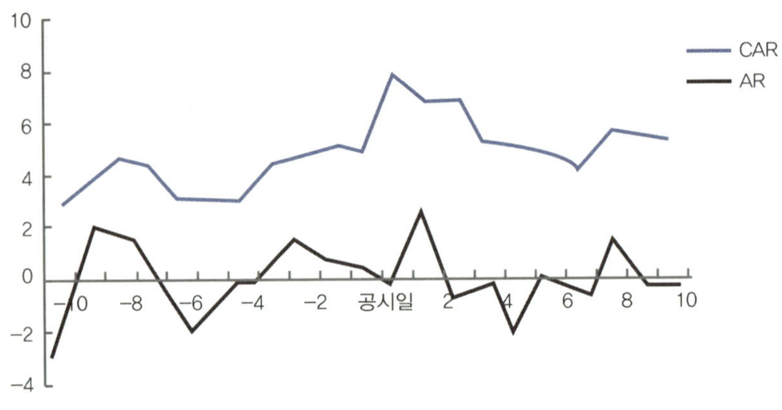

- AR(Abnormal Return : 비정상초과주가수익률
- CAR(Comulative Abnormal Return) : 비정상누적초과주가수익률
  매일의 AR을 누적해서 나타내면 CAR이 된다.

다른 행태를 보여 환율인하가 나타난다면 금리인하라는 사건은 통화가치에 긍정적인 영향을 미친 것이다.[1)]

또 다른 예를 들어, ABC그룹이 그룹의 핵심역량을 강화하기 위해 불필요한 기업자산을 매각하기로 발표하고 이 사실이 시장에서 호재로 받아들여지면서 발표일(공시일) 전후에 주가가 상승하였다면 자산매각이라는 공식적 정보가 가격 움직임에 긍정적으로 작용하였음을 의미한다. 그런데 이때 주가반응은 흔히 공식적인 발표일인 공시일 이전에 나타나는데 이는 앞서 언급한 대로 공식적 정보가 시장에 도달한 이후 가격에 완전히 반영되기까지 시차가 존재한다는 증거가 된다.

(4) 강형효율성

과거 환율변화, 공식적 정보를 포함하여 내부정보 또는 내부자정보에 대한 외환시장 반응 속도로 측정하는 효율성의 정도이다. 즉, 강형효율성은 내부정보나 내부자정보까지 포함한 효율성으로서 환율에 영향을 미칠 수 있는 모든 정보가 신속히 환율에 반영된다는 것을 말한다. 대부분의 시장에서는 내부자로서 얻을 수 있는 정보를 이용하여 다른 시장거래자에게 피해를 입히는 행위는 법으로 엄격히 금지되는데 외환시장은 아직까지 약형이나 준강형에서도 비효율적이라는 증거가 많으므로 강형효율성 여부는 외환시장의 정보효율성 논의의 핵심적 이슈는 아니라고 볼 수 있다.

1) bp는 basis point의 줄임말이고, 1bp는 0.0001(0.01%)를 나타낸다.

3 외환시장 환율예측

(1) 선물환율과 환율예측

① 선물환율

선물환은 현재가 아니라 미래 일정시점에 결제되는 외환거래이다. 선물환율은 미래 일정시점에 결제될 선물환 거래의 환율을 현재시점에서 미리 정해 두는 것으로서 미래 환율에 관련된 정보를 반영하여 시장에서 결정되는 미래 환율의 예측치이다. 미래 일정시점이 3개월 후이면 3개월(물) 선물환율 또는 3개월 만기 선물환율, 6개월 후이면 6개월(물) 선물환율 또는 6개월 만기 선물환율 등으로 칭한다.

증권시장 등 다른 자본시장과 유사하게 외환시장에서는 현물환율과 함께 선물환율도 고시되며, 선물환율은 현물환율 거래에서 중요하게 고려될 뿐만 아니라 현물환율을 선도하는 가격지표의 역할도 한다.

② 환율예측과 선물환거래

환율예측이 경제적 의미를 가지는 데는 선물환 거래의 만기시점에서의 현물환율에 대한 예측치를 산출하여 a) 현재 시장의 선물환율과 비교하여 예측치보다 선물환율이 낮으면 선물환 매입, b) 현재 시장의 선물환율과 비교하여 예측치보다 선물환율이 높으면 선물환 매도를 통해 외환거래 이익을 추구하기 때문이다.

현재 3개월물 원/달러 선물환율이 1,100원으로 거래되고 있다고 가정하자.
(A) 외환거래 딜러가 3개월 후에 현물환율이 1,100원 이상이 될 것으로 예측하면 원/달러 선물환을 매입하고

(B) 외환거래 딜러가 3개월 후에 현물환율이 1,100원 이하가 될 것으로 예측하면 원/달러 선물환을 매도함으로써 거래이익을 추구할 수 있다.

만일 3개월 후 시점에서 환율이 1,050원으로 형성되었다면 A포지션을 취한 딜러는 달러당 50원의 손해를 보고, B포지션을 취한 딜러는 달러당 50원의 이익을 본다.

③ 선물환율 예측오차

선물환율은 현재까지 시장에 도달한 정보를 반영하고 있다. 따라서 선물환율과 해당 만기일 현물환율 간의 오차는 선물환율이 형성된 이후 시장에 도달한 새로운 뉴스에 의해 발생하게 된다. 또한 시장에 새로이 도달한 뉴스는 랜덤워크모형에 따르므로 미래현물환율과 해당 선물환율 간 오차의 확률분포는 0을 중심으로 위, 아래 어느 쪽으로도 치우치지 않는 분포를 보인다.

이 경우 선물환율(F_t^{t+1})은 미래기대현물환율[$E(e_{t+1})$]의 불편추정치(unbiased estimator)라고 한다. 예측오차(ε_{t+1})의 분포는 평균이 0이고, 일정한 분산(σ)을 가진 정규분포(normal distribution)의 형태를 가진다. 여기서 선물환율(F_t^{t+1})과 미래기대현물환율[$E(e_{t+1})$] 간의 차이가 예측오차(ε_{t+1})가 된다.

즉, $F_t^{t+1} = E(e_{t+1})$이고,

$$\varepsilon_{t+1} = F_t^{t+1} - e_{t+1}$$

$\varepsilon_{t+1} \sim N(0, \sigma)$이다.

④ 선물환율과 기대현물환율 간의 오차 확률분포의 예

〈그림 8-13〉과 같이 선물환율과 기대현물환율 간의 오차는 양(+)의 오차와 음(-)의 오차가 균형적으로 발생한 A를 중심으로 B의 경우 일관되게 음(-)의 오차, C의 경우 일관되게 양(+)의 오차가 발생하였다. 그러므로 예측방법을 평가하게 되면 A가 B나 C보다 우수하다.

그림 8-13 선물환율과 기대현물환율 간의 오차

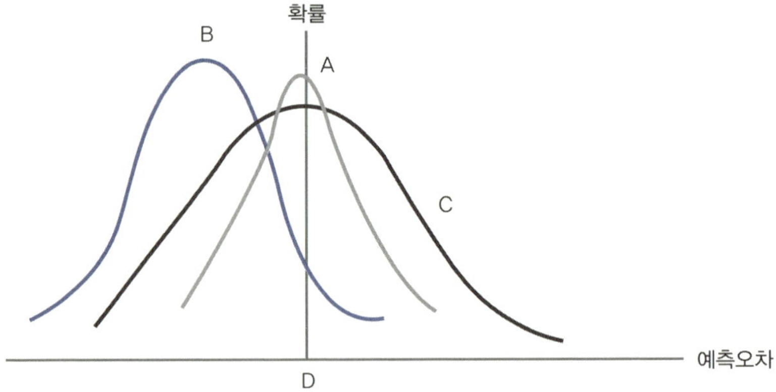

B의 경우 일관되게 음(-)의 오차가 발생($\varepsilon_{t+1} = F_t^{t+1} - S_{t+1} < 0$)하였는데 이는 기울어진 예측오차의 분포에 관한 정보가 선물환율에 반영되지 않음을 의미하고 선물거래자는 각 시점에서 선물환매입을 통해 양(+)의 수익을 실현할 수 있게 된다.

(2) 환율예측의 성과

① 정확성과 방향(승률)

환율예측의 성과는 정확성과 방향이 중요하다. 정확성은 미래환율과 어느 정도 정확한 환율을 예측하느냐이고, 방향은 미래환율이 오를 것이냐, 떨어질 것이냐를 의미한다. 정확성과 방향을 고려할 때 환율의 예측에서 보다 경제적 의미 측면에서 보면 정확성보다 방향이 우선한다. 즉, “승률”이 우선한다는 것으로 가장 좋은 예측이란 선물환율에 비해서 실제현물환율과 같은 방향으로 환율을 예측한 것이 전체 횟수 가운데에서 몇 번인가의 비중으로 계산한다.

아래 〈그림 8-14〉에서 예측치 A는 환율인상을 예상하여 선물환을 매입한 경우이고 예측치 B는 환율인하를 예상하여 선물환을 매도한 경우이다. 만기

그림 8-14 환율예측의 정확성과 방향

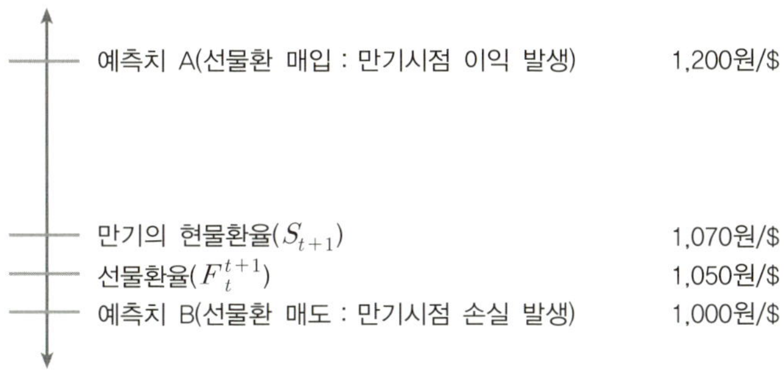

* 예측치 B가 A보다 만기의 현물환율에 근접하여 정확성은 우수하지만 손실이 난 포지션이기 때문에 정확성은 B보다 떨어지지만 이익이 발생한 A가 더 우수한 예측이다.

의 현물환율이 선물환율 대비 인상되었을 때 선물환 매입포지션을 취한 예측치 A는 만기시점 이익이 발생하지만 예측치 B의 경우 만기시점 손실이 발생한다. 만기의 현물환율을 볼 때 예측치 A가 예측치 B에 비해 정확성은 떨어지지만 방향에서 환율인상을 예측하였으므로 이익이 발생하지만 예측치 B는 손실이 발생하므로 A가 더 나은 것이 된다.

② 방향 예측의 중요성

예를 들어, 지금 현물환율(S_t)이 1,030원이고 선물환율(F_t)이 1,050원이라고 가정하자. A딜러는 미래 현물환율(S_{t+1})을 1,200원으로 예측하여 선물환을 매입하고, B딜러는 1,000원으로 예측하여 선물환을 매도하였다.

여기에서 $t+1$ 시점의 현물환율이 1,070원으로 형성되었다면, 정확성 면에서는 A딜러가 +130원(1,200원-1,070원)의 오차를 냈고, B딜러는 -70원(1,000원-1,070원)의 오차로 정확성 면에서는 B딜러가 우수하다. 그러나 실제로는 A딜러는 환율이 오를 것으로 예측하였기 때문에 이익이 발생하고 B딜러는 환율이 떨어질 것으로 예측하였기 때문에 손실이 발생한다. 아무리 정확한 예측이더라도 B딜러처럼 일단 손해가 나면 의미가 없다. 따라서 환율예측의 경제적 성과를 평가할 때는 정확성보다 방향이 먼저라는 점을 알 수 있다.

(3) 주요 환율예측기법

① 기본적 분석과 기술적 분석

외환시장을 포함한 금융시장의 예측기법은 크게 기본적 분석(fundamental analysis)과 기술적 분석(technical analysis)으로 구분된다. 기본적 분석이 내재가치나 변수를 분석하여 적정 가격을 도출하려는 데 반해 기술적 분석은 과거 거래량이나 가격을 참고하여 현재 또는 미래 가격 추이를 예측하는 기법이다. 기본적 분석이 현재 가격의 적정성을 평가하는 것이라면, 기술적 분석은 실제 시장에서 매매 타이밍(timing)이나 매매가격을 포착하는데 유용한 기법으로서 정교한 분석이 없이도 널리 사용되는 방법이다.

외환시장의 기본적 분석은 지금까지 읽어왔듯이 경제성장률, 국민소득, 물가, 금리, 통화량, 실업률, 국제수지, 경기동향 등이 외환의 수요·공급이나 환율변화에 미치는 메커니즘을 분석하는 것이다.

기술적 분석은 환율의 변동을 예측하기 위하여 과거의 가격이나 거래량과 같은 여러 가지 거래자료를 분석하는 기법으로 도표에 의한 분석에도 많이 의존한다. 도표(chart) 등의 수단에 의해 의미 있는 패턴을 발견한 다음 미래 환율을 예측하기 때문에 무엇보다도 환율 움직임의 단순성에 기초한다. 하지만 기술적 분석은 가격 패턴의 자기파괴적 성격이 존재한다고 본다면 내재적 한계를 가진다. 즉, 어떤 가격 패턴이 존재하고 그 가격 패턴이 투자자들에게 알려지게 되면 결국 그 가격 패턴은 스스로 파괴되어 더 이상 이용할 수 없게 되는 현상이 있기 때문에 기술적 분석이 한계를 가지게 된다는 것이다.

그럼에도 불구하고 기술적 분석은 실제 외환시장, 주식시장, 파생금융상품시장 등에서 유용한 수단으로 사용된다. 외환거래, 주식투자 등은 신속한 의사결정을 하여 매매시점을 잘 포착하여야 하는데, 기본적 분석에 의존할 경우 분석하는 데 시간이 소요되고 실제 투자에 결정되는 도움을 주지 못할 경우가 많기 때문이다.

② 기술적 분석의 전제조건

기술적 분석은 외환시장이나 주식시장 등 금융시장이 비효율적이어서 정보의 흐름을 반영하고 있지 못한다는 전제에서 시작한다. 그에 따라 환율이나 거래량의 변화로부터 정보를 유추하여 현재 또는 미래의 주가를 예측하려는 것인데, 이러한 분석이 가능하려면 몇 가지 가정이 필요하다.

i) 가격이 수요와 공급에 의해서만 결정된다, ii) 가격은 장기간 지속되는 흐름을 따라 특정한 추세를 형성하면서 변화한다. iii) 추세의 변동은 수요와 공급에 의해서만 변화한다, iv) 수요와 공급을 변화시키는 요인은 정확히 규명할 수는 없지만 가격의 추이인 도표에 나타난다, v) 도표상의 가격 패턴은 반복하려는 속성이 있다 등이다. 다소 비현실적인 가정에도 불구하고 비계량적인 가격 움직임과 매매 타이밍을 포착하기 좋다는 점에서 기술적 분석이 설득력을 가지기도 한다.

아래에서는 기본적 분석 방법인 회귀분석과 기술적 분석으로 이용되는 대표적인 기법인 이동평균선, 도표분석을 소개한다.

③ 회귀분석

회귀분석(regression)은 현재 혹은 일정시점에서 환율과 주요 경제변수 간의 구조적 관계를 추정하는 방법이다. 환율(e)에 영향을 미치는 여러 경제적 변수의 관계를 도출하여 이를 통해 향후 환율과 경제변수의 관계를 예측하는 데 사용된다.

$$e = a_0X + a_1I + a_2r_h + a_3r_f + a_4i_h + a_5i_f + a_6s + a_7GDP + \cdots\cdots$$

X : 수출
I : 수입
r_h, r_f : 국내, 외국의 이자율
i_h, i_f : 국내, 외국의 물가상승률
s : 주가
GDP : 국내총생산
$a_0,\ a_1,\ a_2 \cdots\cdots$: 국내총생산

간단한 예로써, 회귀분석을 통해 어떤 국가의 경제성장률과 환율변동 사이에 다음과 같은 관계가 존재한다는 사실을 알아냈다고 가정하자.

경제성장률 $(G_i) = 0.31 + 0.24R_{W/\$} - 0.45R_{¥/\$} + \varepsilon$

₩/$: 원/달러 환율

¥/$: 엔/달러 환율

ε : 오차

이 회귀식의 결과를 해석하면 원/달러 환율변동에는 환율인상과 경제성장률이 양(+)의 관계를 보이고, 엔/달러 환율변동에는 음(-)의 관계를 나타내고 있어 기업의 형태로 보자면 일본 기업과 수출을 다투는 국내 수출기업에 해당된다.

다른 조건이 일정한 상태에서 만일 원/달러 환율과 엔/달러 환율이 똑같이 1%만큼 상승할 경우 원/달러 환율인상은 경제성장률에 긍정적으로, 엔/달러 환율인상은 경제성장률에 부정적으로 작용하는데 엔/달러 환율변화에 대한 음(-)의 계수값(0.45)이 원/달러 환율변화에 대한 양(+)의 계수값(0.24)보다 크므로 환율이 똑같이 1% 상승할 경우 경제성장률에 부정적으로 작용할 것으로 예측할 수 있다.

④ 이동평균선

이동평균선(moving average, MA)은 시장환율에 근거한 환율예측기법으로서 과거의 특정 시점에서부터 현재까지 이동한 평균값을 예측치로 사용하는 방법이다. 아래와 같이 환율이 형성되었을 때 5일 이동평균환율(MA5)은 1,018.60원이 된다. 이는 직전 5일간의 환율을 평균한 것[=(1.025+1,020+1,015+1,013+1,020)/5]으로 이렇게 구한 이동평균선을 연결하면 5일 이동평균선이 만들어지고 25일간의 환율을 평균하면 25일 이동평균선이 구해진다.

한편 가중이동평균법(weighted moving average method, WMA)의 방법도 있는데 이는 이동평균환율을 구하는 데 있어서 가장 최근의 변동에 대하여

표 8-2 이동평균선

$\widetilde{e_{t+1}}=\frac{e_t+e_{t-1}+e_{t-2}+\cdots\cdots+e_{t-n}}{n+1}$		MA5
−10	1010.00	
−9	1020.00	
−8	1022.00	
−7	1025.00	
−6	1030.00	1021.4
−5	1015.00	1022.4
−4	1020.00	1022.4
−3	1013.00	1020.6
−2	1015.00	1018.6
−1	1020.00	1016.6
0	1025.00	1018.6

그 영향에 대한 가중치를 높여서 평균치를 산출한다. 즉, 〈표 8-2〉에서 0일 〉-1일 〉-2일 〉-3일 〉-4일 〉-5일 순서로 가중치를 크게 두어 이동평균선을 구한다. 이 방식을 이용하면 내일의 예측치는 단순 이동평균선가격인 1,018.60보다 큰 수치를 보이게 될 것이다.

⑤ 도표분석

도표분석 혹은 차트분석(chart analysis)은 기술적 분석의 대표적인 방법으로서 다우이론, 봉도표, 추세선 분석, 필터기법 등이 이에 해당한다. 다우이론(Dow theory)은 매도신호와 매입신호를 통해 대세를 추정하는 것으로 아래와 같은 몇 가지 내용을 제시한다. 특히 장기추세를 파악하는 데 유용하게 사용된다.

- 평균은 모든 것을 고려하고 있다
- 시장은 주추세, 2차추세, 소추세의 세 가지 추세를 가지고 있다
- 주추세는 초기국면(매집국면), 2차국면, 3차국면(최종국면)의 세 국면을

가진다.

- 거래량은 추세와 일치한다.
- 어떤 추세는 그 추세가 반전되는 확정적 징후가 나타날 때까지 유효하다

봉도표(bar chart)는 매일매일의 환율변동을 막대로 나타낸 도표로서 일중(日中)의 가격변화를 파악하고, 추세선(trend line) 분석 혹은 선도표(line chart)는 상향추세, 하향추세, 보합추세 등의 패턴을 파악하여 향후 환율전망을 가늠하는 방법이다. 필터기법은 앞서와 같이 환율이 특정 수준(filter)에 도달하였을 때 매도(매수)하는 전략이다.

아래 예를 통해 봉도표의 작성 방법을 살펴본다.

①번은 환율이 하락한 날의 봉도표이다. 환율이 전일 최종가격인 1,100원/$에서 시작하여 1,150원/$까지 올랐다가 1,000원/$로 저점을 보이다가 1,050원/$에 그날의 최종가격(종가)를 기록한 경우이다. 즉, 시가(始價) 1,100원/$, 저가(低價) 1,000원/$, 고가(高價) 1,150원/$, 종가(終價) 1,050원/$로서 환율이 1,100원에서 시작하여 1,050원/$로서 50원 하락한 것이다.

②, ③, ④번은 환율이 상승한 날의 봉도표이다. ②번은 환율이 전일 최종가격인 1,050원/$에서 시작하여 1,000원/$까지 떨어졌다가 1,150원/$으로 고

그림 8-15 봉도표

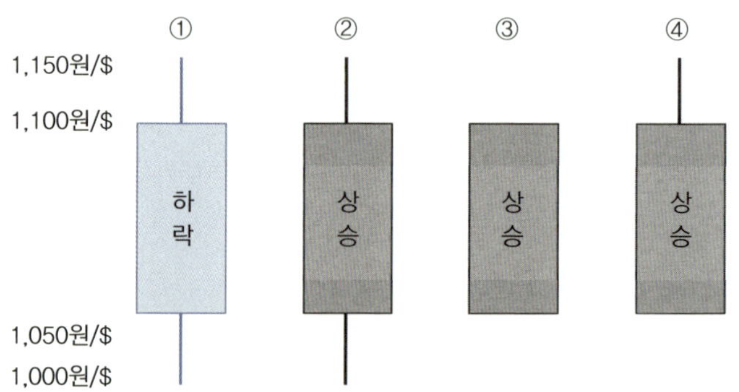

점을 보이다가 1,100원/$에 그날의 최종가격(종가)을 기록한 경우이다. 즉, 시가(始價) 1,050원/$, 저가(低價) 1,000원/$, 고가(高價) 1,150원/$, 종가(終價) 1,100원/$로서 환율이 1,050원에서 시작하여 1,100원/$로서 50원 상승한 것이다.

그러므로 봉도표의 가격은 다음과 같이 정리된다.

	시가	저가	고가	종가	환율변화
①	1,100원/$	1,000원/$	1,150원/$	1,150원/$	50원 하락
②	1,050원/$	1,000원/$	1,150원/$	1,100원/$	50원 상승
③	1,050원/$	1,050원/$	1,100원/$	1,100원/$	50원 상승
④	1,050원/$	1,050원/$	1,150원/$	1,100원/$	50원 상승

여기서의 매일의 최종가격 1,050원, 1,100원, 1,100원, 1,100원 등을 연결하면 〈그림 8-16〉과 같은 선도표가 된다.

그림 8-16 선도표

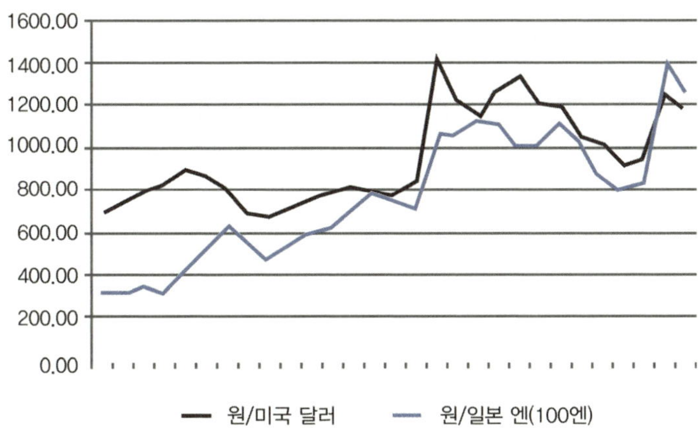

학습정리

01 | 환율예측을 위해 환율수급에 영향을 미치는 요인 즉, 물가, 금리, GDP 등과의 관계와 환율변동이 경제 각 분야에 미치는 영향에 대한 이해가 필요하다.

02 | 외환의 수요와 공급은 국내와 외국 재화의 거래에 따른 외환수급에 좌우된다.

03 | 환율의 변화는 현지 판매가격을 변화시켜 외환의 수요와 공급량을 증가 또는 감소시키는 요인으로 작용한다.

04 | 균형환율은 외환의 수요와 공급이 일치하는 곳에서 결정되며, 외환의 초과수요나 초과공급이 생기면 환율인상과 환율인하로 이어져 환율은 다시 균형을 이루게 된다.

05 | 효과적인 환율예측을 위해서는 시장효율성에 관한 이해가 필요하다.

06 | 시장효율성은 가격결정에 의미 있는 정보(useful information)가 얼마나 빨리 반영되는 가로서 약형효율성, 준강형효율성, 강형효율성의 세 가지 범주로 구분된다.

07 | 기존의 연구에 의하면 외환시장은 비효율적 시장으로서 환율예측을 위한 노력으로 이익을 얻을 수 있는 시장이라는 증거가 제시되고 있다.

08 | 환율예측에 있어서 선물환율의 이해가 선행되어야 한다. 선물환율과 기대현물환율 간의 오차 확률분포를 측정하는 것은 좋은 환율예측의 수단이 될 수 있다.

09 | 주요 환율예측기법에는 이동평균법, 회귀분석, 차트분석 등이 사용된다.

PART 02

환위험관리전략, 국제금융시장

제 1 부 외환시장과 환율

제 1 장 개요
제 2 장 외환시장
제 3 장 환율
제 4 장 외환거래와 환율
제 5 장 국제통화제도와 우리나라 환율제도
제 6 장 국제수지, 환율제도와 무역금융
제 7 장 환율, 물가, 금리의 관계
제 8 장 외환시장 수요 · 공급과 환율예측

제 2 부 환위험관리전략, 국제금융시장

제 9 장 환위험의 인식과 측정
제10장 환위험 내부관리전략
제11장 파생금융상품의 이해
제12장 환위험 외부관리전략 I
제13장 환위험 외부관리전략 II
제14장 국제금융시장
제15장 외환시장 사례분석

CHAPTER

09

환위험의 인식과 측정

화장품을 제조하는 가나다(주)는 2019년 무역보험공사로부터 1년 당기순이익인 5.5억원을 훨씬 상회하는 24억원의 환보험금을 받아 환위험 헤지에 성공하였다. 이 회사는 2019년 6,000만달러, 2020년 6,500만달러의 수출대금에 대해 보험을 가입하였다. 2019년 1월부터 2020년 9월까지 평균 보장환율은 1,197.46원으로 수출대금을 환전한 평균 결제환율 1,157원보다 49원 가량 높아 수출대금 6,000만달러×40원=24억원의 보험금을 받아 환차손을 메웠다.

이동통신 단말기 제조판매업체인 OOO(주)는 2018년 수출대금 중 1,500만달러에 대해 환변동보험에 가입하였다. 2018년 2월 26일에 가입한 환변동보험의 만기는 12월이고, 보험계약시 보장환율은 1,192원이었다. 당해연도 말 결제환율은 1,053원으로 보장환율에 비해 139원이나 낮았고, 그에 따라 1,500만달러×139원=20.85억원의 보험금을 수령하였다.

환보험은 환율변동으로부터 발생하는 환위험을 제거하거나 환위험으로부터 발생하는 손실을 보장받는 외부수단으로 유용하게 활용된다.

1 환위험

(1) 환위험의 개념

① 정의

환위험(foreign exchange risk)은 환율변동에 따라 손실을 볼 가능성을 의미한다. 다시 말하면 예상치 못한 환율변동으로 인해 기업, 정부, 가계 등 경제적 주체의 부나 가치가 변동될 가능성을 뜻한다. 자국통화가 아닌 외국통화로 표시된 자산, 부채 또는 손익의 흐름을 보유하고 있을 때 미래 불확실한 환율변동으로 인하여 수익성, 현금흐름 및 시장가치 등의 경제적 가치가 변동할 수 있는 가능성이 상존하기 때문이다.

은행이 외화를 환전해 준 경우 외화를 보유하게 되고, 기업도 수출입을 통해 외화를 확보하게 된다. 이렇게 확보한 외화는 환율변동으로 인한 위험에 노출된다는 것이다. 개인이 외화를 송금할 때에도 환율이 변하면 유리하거나 불리해지는데 이 또한 환위험의 전형적인 형태이다.

그러나 환위험이 존재한다는 것은 동시에 그에 따른 이익의 기회가 있음을 의미한다. 그러므로 환위험을 잘 관리하면 오히려 이익을 얻게 되므로 환위험 관리가 더욱 중요해지는 이유가 된다.

② 개념적 특징

환위험은 "장래 예상하지 못한 환율변동"으로 인한 경제적 가치의 변동 가능성이다. 따라서 환율이 예상대로 변동하였다면 이는 위험이라기보다는 영향이라고 볼 수 있다. 여기서 예상된 환율이란 사실상 선물환율 그 자체일수도 있기 때문에 위험회피가 지극히 단순할 수 있다. 환율변동으로 인한 경제적 가치 등의 변동 가능성을 의미하는 환위험이라는 차원에서 예상된 부분은 제거되어야 하기 때문이다. 그러므로 환위험에서의 환율변동은 (실제 환율 –

예상된 환율)의 차이로 나타날 수 있는 예상치 못한 환율변동으로 좁혀서 이해할 수 있다.

③ 환위험, 환노출, 환차손익

환위험이 불확실한 환율변동으로 인한 기업의 경제적 가치 변동이라면 환노출(foreign exchange exposure)은 환율변동으로 인하여 보유하고 있는 외화표시 순자산의 가치 또는 현금흐름의 순가치가 변동될 수 있는 불확실성이다. 엄밀하게 말하면, 환노출은 환위험이 발생할 수 있는 상태를 사전적으로 분석한 개념이고 환위험은 사후적인 개념이다. 또한 환율변동은 외부적으로 발생하는 것으로서 개별 경제주체가 통제할 수 있는 변수가 아닌 반면 환노출은 외환보유금액을 조정함으로써 통제 가능한 변수이다. 환노출을 적절하게 관리함으로써 환위험을 줄일 수 있는 것은 이렇게 환노출이 경제주체가 통제 가능한 관리대상이기 때문이다. 그래서 일반적으로 환위험과 환노출을 구분하지는 않는다. 예를 들어 설명해 보자.

환노출×가격변동성=환위험
$1백만을 보유하고 있다면 원/달러 환율 10원 변동시,
$1백만×₩10=₩1천만의 환위험에 직면한다.
즉, 여기서 $1백만 ⇒ 환 노출
₩10 ⇒ 가격변동성
₩1천만 ⇒ 환위험

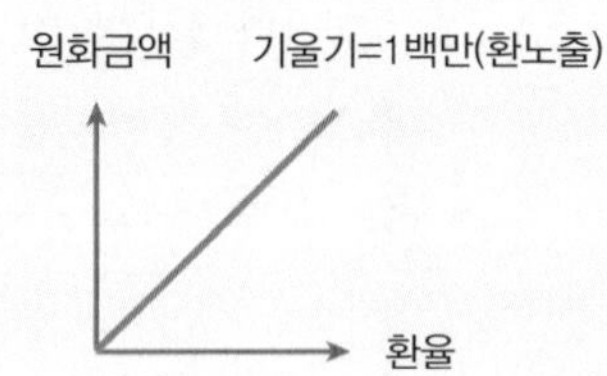

환차손익(gain & loss on foreign exchange)은 환위험의 크기를 나타내기 위한 측정수단으로 넓은 의미로는 환차손익과 환위험은 동일한 개념이다. 외화자산의 회수 또는 외화부채의 상환시 발생하는 차액이나 손실을 말한다.

즉, 어떤 기업이 자회사 현지 공장 또는 모기업의 무역활동 등을 통해 외화자산이나 외화부채를 보유하고 있을 때 외화자산을 원화로 교환하여 입금할

때 또는 외화부채를 원화로 바꾸어 상환할 때 발생하는 만일 위에서 어떤 기업이 달러표시 자산을 $1천만, 달러표시 부채를 $5백만 보유하고 있다면 이 기업의 환노출금액은 $5백만이 된다. 이를 순노출이라고도 한다. 이 기업의 경우 환율이 10원 하락하면 5천만원의 환위험 즉, 환차손이 발생한다.

④ 환위험의 구성요소

위에서처럼 환위험은 환율의 변동성(불확실성)과 환율변동에 대한 민감성(환노출)으로 구성된다. 그러므로 환율변동성은 통제할 수 있는 변수가 아닌 반면 환노출은 보유외환의 규모를 조절함으로써 통제 가능하다는 것은 위에서 언급한 바와 같다.

(환위험) 시장원험	=	(가격 불확실성 : uncertainty) 가격변동성	×	(환노출 : exposure) 가격변동에 대한 민감성

⑤ 물가, 금리와 환위험

변동환율제도 하에서 환율변동이 물가나 금리의 자동조정을 통해 상쇄된다면 이론적으로 환위험은 발생하지 않는다. 그러나 현실적으로 각국의 사정을 감안할 때 최소한 단기적으로는 물가, 금리, 환율 간에 괴리가 존재하므로 환위험을 인식하고 이를 관리할 필요가 있다. 그렇지 않으면 환율변동으로 인해 예상치 못한 손실을 볼 수 있기 때문이다.

구매력평가설(PPP theory)에 의하면 환율은 물가상승률의 차이만큼 변화하기 때문에 환율인상이나 인하로 인한 환차손익은 상쇄될 수 있다. 예를 들어 맥도널드의 빅맥햄버거가 미국에서는 $1이고, 한국에서는 1,000원이라면 구매력평가설에 따른 원/달러 환율은 1,000원/$가 된다. 이후 국내 물가상승으로 환율이 인상되어 1,100원/$가 되었다면(10% 인상) 국내 햄버거 가격도 1,100원으로 올라 외화인 달러의 구매력은 이전과 동일하게 된다.

동일한 맥락에서 금리 이외 다른 조건이 일정하다면 금리평가설(IRPT)의 균형조건에 의하여 환율은 금리변화만큼 변화한다. 예를 들어 미국의 금리가 3%이고 한국의 금리가 5%라면 금리 차이인 2%만큼 환율인상이 나타나게 된다는 것이다. 이 상황에서 동일한 투자자금을 가지고 한국과 미국에서의 투자수익이 같아지기 때문이다. 즉, 두 나라의 금리 차이가 환율의 변동에 의해 정확하게 상쇄되므로 환위험은 발생하지 않게 된다. 그러나 금리의 움직임이 환율에 반영되는 형태가 각 나라마다 다르게 나타나고 시차, 경제상황 등에 따라 환율변화의 폭도 변동되므로 환위험이 상존하는 것이다.

(2) 환위험의 측정

① 분산과 표준편차

환율변동에 따라 부담할 가능성이 있는 환위험은 환율변동의 분산(variance) 및 표준편차(standard deviation)로 측정한다. 이는 여타 금융시장에서 위험을 측정하는 척도로 분산과 표준편차를 이용하는 것과 같다. 분산은 환율의 변동이 평균을 중심으로 퍼져 있는 정도(the extent of dispersion)로 아래와 같은 방법을 이용한다.

$$VAR(e,\ X) = \sum P(e\overline{X} - ex)^2$$

분산 $= \Sigma$\{각각의 확률 $\times$ (각 예상금액 $-$ 평균$)^2$\}

표준편차 $=$ $\sqrt{\text{분산}}$

여기서, 평균 $=$ 가중평균 $= \Sigma$\{각각의 확률$\times$각 예상금액\}

② 환위험 측정의 예

> 한국의 수출업자가 미국에 100만달러 어치의 상품을 수출하고 3개월 후 대금을 받기로 하였다. 3개월 후 환율이 ₩1,000/$가 될 확률이 25%, ₩1,100/$가 될 가능성은 50%, ₩1,200/$가 될 확률은 25%라고 하자.

이때 환위험의 크기를 측정해 보면,

$$VAR(e,\ X) = \sum P(e\overline{X} - ex)^2$$

분산 = 각각의 확률×(평균－각 예상금액)

3개월 후 환율이 ₩1,000/$일 때 원화금액 = ₩1,000/$×$1,000,000
=₩1,000,000,000
3개월 후 환율이 ₩1,100/$일 때 원화금액 = ₩1,100/$×$1,000,000
= ₩1,100,000,000
3개월 후 환율이 ₩1,200/$일 때 원화금액 = ₩1,200/$×$1,000,000
= ₩1,200,000,000

위 세 가지 경우의 평균은,
= 0.25×₩1,000,000,000 + 0.50×₩1,100,000,000+0.25×₩1,200,000,000
= ₩1,100,000,000
따라서 분산은,
$= 0.25\times(10억-11억)^2+0.50\times(11억-11억)^2+0.25\times(12억-11억)^2$
= 5,000억원
표준편차는,
$\sqrt{5{,}000억원}$ =7,071만원

그러므로, 이 경우 7,071만원의 환위험이 존재한다(환노출은 U$1백만). 즉, 확률적으로 가능한 환율변동에 따라 원화수입금액은 11억원±7,071만원의 현금흐름이 예상된다.

정부, 기업, 개인 등 개별 경제주체 입장에서 볼 때, 이와 같은 환율변동에 따른 현금흐름 변화(=7,071만원)가 유의적인 영향을 미치지 않는 수준이라면 환위험을 관리할 필요가 없으나 이로 인해 운영상에 문제를 야기할 수 있다면 이를 통제, 관리해야 한다. 위 예에서도 수출금액이 1백만달러가 아닌 1억달러라면 환위험은 70.71억원이 되므로 어느 경제주체이든간에 운영에 영향을 주는 상당한 규모의 환위험이 될 수 있다.

(3) 환노출의 유형

① 환노출의 유형

환노출은 환위험의 발생 원천이나 발생 범위에 따라 분류하는데 여기에서는 경제적 환노출, 거래적 환노출, 회계적 환노출이 있다. 경제적 환노출(economic exposure)은 환율변동에 따라 영업활동을 통해 창출할 현금흐름이 변동하여 기업가치가 변동하는 정도로서 환노출이 궁극적으로 기업의 가치평가에 미치는 영향을 통칭하는 것이라고 할 수 있다. 거래적 환노출(transaction exposure)은 계약에 의해 확정된 미래 현금흐름의 변동으로서 수출입과 관련된 거래의 상당 부분을 차지한다. 즉, 수출과 수입, 외화차입 또는 외화대출과 같이 외화표시 거래의 계약시점 환율과 결제시점 환율이 다를 경우에 발생하는 손실과 이익의 정도이다. 환산노출 또는 회계적 환노출(accounting exposure, translation exposure)은 환산에 따른 기업회계적 가치 변동으로서 외화표시 자산과 부채, 수익과 비용 등의 재무제표를 자국통화로 환산할 경우 환율변동에 따라 발생 가능한 환차손 또는 환차익의 정도이다.

② 환산노출에 적용되는 환율

환산과정에 적용되는 환율은 현행환율, 역사적 환율(과거환율), 평균환율이 있다.

현행환율(current rate)법은 결산일 당일의 현재 환율을 적용하는 것으로 현행환율로 적용할 경우 자산 및 부채 항목 모두 환위험에 노출되지만 적용이 간편한 장점이 있다.

역사적 환율(historical rate)법은 자산 취득시 또는 부채 발생 당시의 환율

표 9-1 환노출의 유형

환노출 유형	환노출의 요인	대응 전략
경제적 환노출	기업활동에 의한 미래 현금흐름 현재가치의 변화	영업전략, 투자전략, 생산전략, 마케팅전략
거래적 환노출	계약에 의한 확정된 미래 현금흐름	파생상품을 이용한 헤지전략, 기대환율 변동요인을 감안하여 계약조건 결정
회계적 환노출	환산에 의한 기업 회계적 가치의 변화	재무상태표 헤지, 파생상품 해지

을 적용하는 것으로 이 경우 환위험에 노출되지 않지만 이미 종결된 거래의 단순한 회계적 수치상의 변화이므로 실질적인 현재의 현금포지션을 반영하지 못한다.

평균환율(average rate)법은 대상 회계기간 동안의 평균환율을 적용하는 것으로 통상 손익계정의 환산에 사용한다.

이들 방법 가운데 항목의 성격에 따라, 측정하는 목적에 따라 동일한 기준이 없이 적정환율을 결정한다.

③ 환노출과 환위험관리

궁극적으로 환노출은 모두 기업가치에 영향을 주므로 환위험관리의 대상이 된다. 그리고 그에 대한 대응전략도 여러 가지가 있다.

(4) 환위험과 금리위험

① 금리위험

금리위험은 기대치 않은 금리변동에 의해 경제적 가치가 하락할 가능성이다. 환위험과 함께 기업가치 변동의 주요 변수가 된다. 금리위험노출은 경제적 가치가 금리변동에 얼마나 민감한가를 나타내는 것으로 대개 금리변동에 따라 현금유입과 현금유출의 구조적인 차이가 클 때 노출의 수준이 커진다.

고정금리로 차입한 기업에 대해 금리인상은 기회비용을 하락시켜 기업가치 상승을, 변동금리로 차입한 기업에 대해 금리인상은 기회비용을 하락시켜 기업가치 하락을 가져올 수 있다.

② 환위험과 금리위험의 상관관계위험과 환노출

상관관계위험과 환노출(correlation risk and exposure)은 금리위험과 환위험의 상관관계에 따라 총위험이 큰 폭으로 달라지는 관계와 이에 따른 기업가치 변동위험을 말한다. 예를 들어, 우리나라가 경험한 외환위기 당시 환율폭등과 함께 큰 폭의 금리인상이 이어져 (환율+금리)의 총위험이 배가되었다. 이렇게 환율위험과 금리위험이 동시에 발생한 경우 총위험은 금리위험과 환위험을 합한 것보다 훨씬 커질 수 있다.

환위험과 금리위험이 공존할 때 두 위험 간의 상관관계가 전체위험(=환위험+금리위험)에 미치는 영향은 다음과 같은 식으로 살펴볼 수 있다.

먼저 위험은 분산으로 측정하므로 환위험[$Var(e)$]과 금리위험[$Var(r)$]에 따른 가격위험은 Var(*price*)로 정의하고, 다시 아래와 같이 가격위험 Var(*price*)=$\mathrm{Var}(e_i + r_i)$로 바꿀 수 있다.

$$\mathrm{Var}(price) = \mathrm{var}(e_i) + \mathrm{var}(r_i) + 2\mathrm{cov}(e_i,\ r_i) = \mathrm{var}(e_i) + \mathrm{var}(r_i) + 2\sigma_e\sigma_r\rho_{er}$$
$$= \sigma_e^2 + \sigma_r^2 + 2\sigma_e\sigma_r\rho_{er}$$

$\rho_{er} = 1$일 때, $\mathrm{Var}(price_i) = (\sigma_e - \sigma_r)^2$이고 $\sigma(price_i) = |\sigma_e + \sigma_r|$

$\rho_{er} = -1$일 때, $\mathrm{Var}(price_i) = (\sigma_e + \sigma_r)^2$이고 $\sigma(price_i) = |\sigma_e - \sigma_r|$

$\rho_{er} = 0$일 때, $\mathrm{Var}(price_i) = (\sigma_e^2 + \sigma_r^2)$이고 $\sigma(price_i) = \sqrt{\sigma_e^2 + \sigma_r^2}$

여기서, $\mathrm{cov}(e_i,\ r_i)$은 환위험과 금리위험의 공분산

σ_e, σ_r은 환위험과 금리위험의 표준편차

ρ_{er}는 환위험과 금리위험의 상관관계

즉, 위 식에서 환위험과 금리위험의 상관관계(ρ_{er})가 1이라면 위 식의 값이

가장 크게 나타나고, 상관관계가 -1이라면 위 식의 값이 가장 작다. 그러므로 환위험과 금리위험이 동시에 같은 방향으로 나타나면 그에 따른 가격변동위험이 두 위험의 단순합계보다 $2\sigma_e \sigma_r \rho_{er}$만큼 커지게 된다. 예를 들어, 환위험이 3%이고, 금리위험이 5%라면 상관관계가 1일 때 두 위험의 가격위험의 표준편차 $[\sigma(price_i)]$는 $|3\% + 5\%| = 8\%$이지만, 상관관계가 -1일 때는 $|3\% - 5\%| = 2\%$로서 각각의 개별위험보다 낮은 위험수준으로 떨어진다. 이는 환위험과 금리위험이 상이한 영향을 가져오는 경우에는 위험의 수준이 크게 낮아지지만 동시에 닥쳐올 때에는 개별위험이 가지는 영향보다 더 큰 위험으로 작용한다는 것을 의미한다.

- 환위험과 금리위험의 상관관계 > 0
  → 환위험과 금리위험을 합한 총위험이 기업가치에 더욱 크게 영향을 미침
- 환위험과 금리위험의 상관관계 $= 0$
  → 두 위험이 각각 영향을 미치는 때보다 유의적인 차이가 없음
- 환위험과 금리위험의 상관관계 < 0
  → 환위험과 금리위험을 합한 총위험이 기업가치에 둘의 합보다 작은 영향을 미침

(5) 환노출 대응전략

생산/판매/원자재 조달을 해외에서 하는가, 국내에서 하는가의 측면에서 볼 때 우리나라 대다수의 기업은 최소한 하나의 활동은 해외에서 이루어진다고 볼 수 있다. 그러므로 수출 중심의 경제구조를 가진 우리나라의 경우 경제적 환노출이 상당히 크고 그에 따라 이를 관리할 필요가 있다. 또한 환율변동에 따른 현금흐름의 차이는 생산전략, 마케팅전략 차원에서의 대응전략으로서 아웃소싱(outsourcing), 해외직접투자(foreign direct investment, FDI),

표 9-2 국내 생산/판매/조달시의 환위험

생산/판매/원자재 조달이 모두 국내에서 이루어져 환율변화의 영향이 없을 것 같은 생수제품을 예로 환위험의 중요성을 들어보자.

〈상황 1〉 미국산 생수 가격이 1달러이고, 환율은 1,000원/U$	→ 국내 판매가격 1,000원
〈상황 2〉 환율이 800원/US$로 환율인하	→ 국내 판매가격 800원
〈상황 3〉 환율인하로 미국산 생수 판매량이 늘어 국산 생수제품 판매량 감소	→ 국내 생수판매업체에 대해 환위험 발생

해외시장 개척, 제품 차별화의 전략 등을 이용하여 최소화하는 노력이 필요하다.

생수업체, 연탄업체, 생필품업체 등 생산/판매/원자재 조달이 모두 국내에서 이루어지는 기업이 있다고 가정해 보자. 과연 이러한 종류의 기업은 환위험에 노출되어 있지 않은 것일까? 외국에서 수입되는 생수는 환율에 따라 판매가격이 달라지는데 원화가치가 상승(환율 인하)하는 경우 수입생수의 판매가격이 상대적으로 낮아지게 되어 국내 생수보다 판매량이 상대적으로 많아질 수 있다. 그러므로 생산/판매/원자재 조달과 같은 기업활동이 모두 국내에서 이루어지는 경우라 할지라도 환위험에 노출되어 있다.

2 경제적 환노출

(1) 경제적 환노출의 의의

① 기업가치와 경제적 환노출

기업의 가치는 현재와 미래에 창출 가능한 현금흐름(net cashflow)의 현재

가치로 측정한다. 다시 말하면 현재와 미래에 기업이 보유하거나 기업으로부터 발생 가능한 현금흐름의 현재가치의 합이 된다. 따라서 외환시장을 고려한다면 지금과 같은 글로벌 시대에서 기업의 가치는 항상 환율변화에 노출되어 있다. 1997년과 2008년에 세계적으로 발생한 금융위기로 인해 많은 기업이 대규모 외환손실을 입은 것은 좋은 예라고 볼 수 있다.

경제적 환노출(economics exposure)은 예상치 못한 환율변동으로 인한 미래 기대현금흐름 변화 및 이에 따른 기업가치 변동 가능성을 의미한다. 환율변동이 기업활동에 영향을 미쳐 궁극적으로는 기업의 가치를 변동시키기 때문이다. 그러므로 경제적 환노출은 다양하게 영향을 미치게 된다. 기업이 달성한 매출을 자국통화로 환산할 때 발생하는 가치변동이나 환율변동이 기업의 경쟁적 위치에 미치는 영향 등이 이에 속한다. 쉬운 예로써, 수출기업의 경우 환율변동의 영향을 크게 받게 되는데 다른 나라 통화로 표시된 수출금액은 원화로 환산할 때 규모가 증감할 수 있고, 수출상품의 가격경쟁력에도 영향을 미치므로 수출량에도 영향을 준다.

② 환율과 기업가치의 관계

환율변동에 따른 기업가치의 변동은 흔히 회귀분석으로 추정한다. 회귀분석(regression)은 현재 또는 일정시점에서 환율변동과 기업가치의 관계를 선형식으로 나타내는 선형회귀분석이 가장 보편적으로 사용된다. 다음과 같이 어떤 기업의 가치가 원/달러 환율과, 엔/달러 환율에 영향을 받는다고 가정해 본다.

$$\text{기업가치} = a_0(\text{원/달러환율}) + a_1(\text{엔/달러환율}) + \cdots\cdots$$

$$a_0,\ a_1,\ \cdots\cdots : \text{추정회귀계수}$$

$$(\text{예})\ Value_i = 0.01 + 0.08R_{₩\$} - 0.05R_{¥\$} + 0.02R_m$$

이때, 추정된 원/달러환율의 회귀계수의 값이 양(+)인 경우, 환율 인상(달러가치 상승)이 기업가치를 높이는 효과를 가져오는 것으로 해석할 수 있고 대다수의 국내 수출기업이 이에 해당한다. 이러한 경제적 환노출을 달러의 롱포지션(long position)이라고 한다. 반대로 추정된 엔/달러 환율의 회귀계수의 값이 음(−)인 경우, 환율인상(엔화가치 하락)은 기업가치를 하락시키는 효과가 있으며, 대다수의 국내 수입기업이 이에 해당한다. 이러한 경제적 환노출을 엔화의 숏포지션(short position)이라고 한다.

(2) 경제적 환노출의 예

스위스에 있는 기업의 달러환산현금흐름은 앞으로 5년간 매년 $1,680,000으로 예상된다. 만약 내년부터 환율의 변화로 Sfr가치가 하락하여 Sfr2/U$1 → Sfr2.5/U$1로 하락하고 이러한 영향이 역시 5년간 지속된다고 가정하자.

(1) 요구수익률이 20%라고 한다면, 경제적 환노출에 따른 예상 기업가치 변화는?

- Sfr2.0/U$1 → $1,680,000 = Sfr3,360,000
- Sfr2.5/U$1 → $1,680,000 = Sfr4,200,000

∴ 5년간 (Sfr4,200,000 − Sfr3,360,000 = Sfr840,000)만큼의 경제적 이득 발생

$$\frac{840,000}{(1+0.2)}+\frac{840,000}{(1+0.2)^2}+\frac{840,000}{(1+0.2)^3}+\frac{840,000}{(1+0.2)^4}+\frac{840,000}{(1+0.2)^5}=\text{Sfr}2,512,114$$

즉, Sfr2,512,114만큼 기업가치 증가효과가 발생한다.

스위스에 있는 기업의 달러환산현금흐름은 앞으로 5년간 매년 $1,680,000으로 예상된다. 만약 내년부터 환율의 변화로 Sfr가치가 하락하여 Sfr2/U$1 → Sfr2.5/U$1로 하락하고 이러한 영향이 역시 5년간 지속된다고 가정하자.

(2) 위 (1)의 사실에 추가하여 5년 후 $1,000,000의 부채를 만기상환해야 한다면 그때의 예상 기업가치 변화는?

Sfr2.0/U$1일 경우, 부채상환에 필요한 Sfr은 Sfr2,000,000이지만,
Sfr2.5/U$로 상승시, 부채상환에 필요한 Sfr은 Sfr2,500,000이므로 Sfr500,000 만큼 회계적 환노출에 의한 환산손실 발생

$$\frac{840,000}{(1+0.2)}+\frac{840,000}{(1+0.2)^2}+\frac{840,000}{(1+0.2)^3}+\frac{840,000}{(1+0.2)^4}+\frac{840,000}{(1+0.2)^5}-\frac{500,000}{(1+0.2)^5}$$

=Sfr2,311,175

- Sfr화 약세에 따라 U$ 표시 부채상환이 회계적 환노출에 의해 Sfr200,939 만큼손실
- U$ 표시 부채상환에 따른 회계적 환노출에 의한 기업가치 감소를 감안하면, 총 Sfr2,311,175만큼 기업가치 증가효과가 발생한다.

3 거래적 환노출과 회계적 환노출

(1) 거래적 환노출의 개념

거래적 환노출(transactional exposure)은 계약에 의해 확정된 미래 현금흐름이 환율에 의해 변동될 가능성이다. 거래계약에 의해 확정된 외화표시의 미래 현금흐름을 가지는 경우 거래적 환노출을 가지게 된다. 수출과 수입, 외화차입 또는 외화대출과 같이 외화표시 거래의 계약시점 환율과 결제시점 환율이 다를 경우에 발생하는 손실과 이익의 정도이다. 따라서, 거래적 환노출은 청산거래가 종결되지 않아 현금포지션에 영향을 주는 노출이 된다.

거래적 환노출에 의하면 계약의 가치는 환율변동에 따라 달라지며, 아래와 같이 환율변동에 따라 손실 가능성을 내포한다.

그림 9-1 **환포지션**

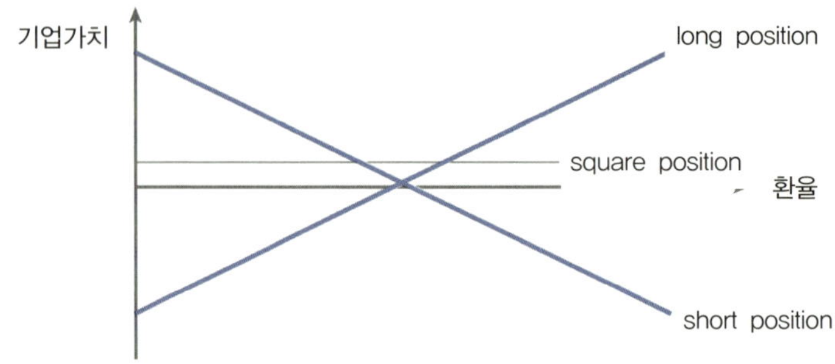

- 롱포지션(long position) : 환율인상에 따라 가치 상승(환율인상시 환차익 발생)
- 숏포지션(short position) : 환율하락에 따라 가치 상승(환율인상시 환차손 발생)
- 스퀘어포지션(square position) : 환율변동에 영향을 받지 않는 포지션

(2) 거래적 환노출의 예

① 수출입과 관련된 거래적 환노출

IF테크(주)는 3개월 후 환율이 1,200원이 될 것으로 예상하고 미국의 ABC기업에게 반도체장비를 개당 100달러에 10,000개를 3개월 후 인도하고 대금 U$1,000,000을 수취하는 계약을 체결하였다. 아래와 같이 만일 3개월 후 결제일 환율이 예상대로 1,200원이 되면 이 기업의 수익은 12억원이 되지만 이보다 하락하여 1,100원이 되면 11억원으로 1억원을 손해 본다. 반대로 환율이 1,240원이 되면 4천만원의 환차익을 얻는다.

	계약시점의 환율	결제일 시점의 환율	
	₩1,200/$	₩1,100/$	₩1,240/$
수출대금	12억원	11억원	12.4억원
거래적 환노출의 크기 환차익(환차손)	$1,000,000	△1억원	+0.4억원

② 국제금융거래에 따른 거래적 환노출

IF테크(주)는 일본은행으로부터 3개월 만기 1억엔을 2.0%의 이자율로 차입하였다. 이 경우 3개월 후 상환해야 할 엔화표시 원리금은 1억엔×(1+0.020/4) = 1,005만엔이 된다. 이는 외환거래에 따른 거래적 환노출의 크기이다.
현재 환율이 100엔당 1,200원이면 이 기업의 원화표시 차입액은 12억원이지만, 3개 월 후 원/엔 환율이 1,260원/100엔으로 5% 상승할 경우 상환금액은 12.6억원으로 6천만원의 추가부담이 발생한다. 반대로 원/엔환율이 1,140원/100엔으로 5% 하락할 경우 원화표시 상환금액은 11.4억원으로 줄어든다.

	계약시점의 환율	결제일 시점의 환율	
	₩1,200/￥100	₩1,260/￥100	₩1,140/￥100
원 금 이 자	￥1억(12억원) ￥50만(500만원)	12.6억원 525만원	11.4억원 475만원
거래적 환노출의 크기 환차익(환차손)	￥1억 50만	△6.025만원 (=12.0500 −12.6,525억)	+6,025만원 (=12.0500 −11.4475억)

(3) 회계적 환노출

회계적 환노출 또는 환산노출은 외화로 표시된 재무제표상의 자산, 부채, 손익을 자국통화로 환산하는 과정에서 생기는 환위험이다. 해외에 자회사나 현지 공장 등을 두고 있는 기업은 이들 부분의 현지 통화 표시 항목을 모기업과 결합하는 데 있어 필연적으로 회계적 환노출에 직면하게 된다. 특히 현대-기아차, 도요타(Toyota), BMW 등 세계 유수의 자동차회사들처럼 장기적으로 환위험을 최소화하기 위해 많은 기업들이 생산공장을 현지로 이전하고 있기 때문에 경제적 환노출이나 거래적 환노출은 상당 부분 줄어드는 반면 모기업과의 결합재무제표를 작성하는 데 있어서 회계적 환노출이 보다 중요해졌다.

미국에 생산공장을 가지고 있는 ABC기업의 현지 공장의 재무상태표가 다음과 같다고 가정하자. 작년 말 원/달러 환율은 1,000원/$이었다.

		부채	$5,000
자산	$10,000	자기자본	$5,000
		부채와 자기자본	$10,000

작년 말의 원/달러 환율로 환산한 원화표시 재무상태표는 다음과 같다.

		부채	$5,000,000
자산	$10,000,000	자기자본	$5,000,000
		부채와 자기자본	$10,000,000

설명의 단순화를 위해 올해 말의 현지 공장 재무상태표가 작년과 같다고 가정하고, 원/달러 환율이 900원/달러로 하락하였다면 원화표시 재무상태표는 다음과 같이 변경된다. 결국 모기업 입장에서는 다른 상황이 변동되지 않았음에도 불구하고 환율변동으로 회계적 성과에 ₩1,000,000만큼의 손실을 입게 된다.

		부채	$4,500,000
자산	$9,000,000	자기자본	$4,500,000
		부채와 자기자본	$9,000,000

이 방법은 현지 공장의 재무제표 항목을 현행환율(current rate)로 측정하였기 때문이라고도 볼 수 있다. 자산 취득시 또는 부채 발생 당시의 환율을

적용하는 역사적 환율법을 이용하면 ₩1,000,000의 손실이 생기지 않을 수도 있으나 이 방법은 현재의 재무상태 또는 자국통화 표시 현금포지션을 반영하지 못한다는 단점이 있다.

(4) 환위험관리의 기준

① 두 가지 기준

환율변동위험에 대비하는 위험관리의 기준은 크게 최저요구수익률과 위험의 신뢰구간을 설정하는 것이다. 최저요구수익률은 허용될 수 있는 위험가이드라인이므로 최저요구수익률과의 비교를 통해 가능한 최고위험금액을 고려한 경우 최저요구수익률을 충족하지 못하면 위험관리전략이 필요하게 된다. 즉, 환위험으로 인해 최소한의 수익을 달성하지 못할 것으로 예상이 되면 적절한 위험관리전략을 강구해야 한다는 것이다.

최저요구수익률 또는 최고위험금액은 외환시장과 환율변동과 관련을 맺고 있는 각 개별 경제주체별로 다르게 설정되므로 절대적인 수준은 존재하지 않는다. 그러므로 개별 경제주체는 자신의 경영상태나 재산현황 및 미래 계획 등을 감안하여 적절한 수준의 최저요구수익률이나 최고위험금액을 설정할 필요가 있다.

위험의 신뢰구간을 설정한다는 의미는 환위험에 대해 보다 위험회피적이라면 환위험이 발생할 수 있는 신뢰구간을 보다 좁게 설정하여 이에 대비하는 것이고(예를 들어 99%보다는 95%의 신뢰구간 설정), 보다 위험추구적이라면 신뢰구간을 보다 넓게 설정하여 환율변동위험에 대응하는 기준으로 삼는다는 것이다.

② VaR system

VaR(Value at Risk)는 '손실금액' 또는 '위험금액'으로서 현실적으로 주어진 신뢰수준 내에서 목표기간에 걸쳐 발생할 수 있는 최대손실금액을 산출하는 종합위험관리시스템이다. 다시 말하면 일정한 신뢰구간 내에서 발생할 수 있는 최대 추정 손실금액이다. 노출형태나 신뢰구간 설정에 따라 각기 다른 VaR를 산출하여 그에 따라 환위험에 대비하는 시스템이다.

학습정리

01 | 환위험은 예상치 못한 환율변화가 야기할 수 있는 경제적 손실을 가리킨다.

02 | 환위험과 유사한 개념으로서 환노출, 환차손익이 있는데 환노출은 환위험을 발생시킬 수 있는 사전적 위험이며, 환차손익은 환위험의 크기를 구체적으로 나타내는 수단이다.

03 | 환위험은 환율변동에 따라 발생하는 현금흐름의 분산과 표준편차로 측정한다.

04 | 환노출은 경제적 환노출, 거래적 환노출, 회계적 환노출(환산노출)로 구분되며, 궁극적으로 기업가치에 영향을 주므로 환위험관리의 중요한 목표가 되고 있다.

05 | 환산노출에 적용되는 환율은 현행환율, 역사적 환율, 평균환율이 있고 항목의 성격에 따라, 측정하는 목적에 따라 동일한 기준이 없이 적정환율을 결정해야 한다.

06 | 환율인상이 기업가치에 양(+)의 영향을 주는 상태를 long position, 환율인하가 기업가치에 양(+)의 영향을 미치는 상태를 short position이라고 한다.

07 | 환위험과 금리위험의 상관관계에 따라 총위험은 변화한다. 특히 환위험과 금리위험의 상관관계가 양(+)의 값을 가질 경우 총위험은 두 위험의 단순합계보다 커지게 된다.

08 | 경제적 환노출을 측정하는 방법으로 환율변화에 따른 기업가치 변화를 살펴보는 회귀분석을 이용한다.

09 | 거래계약에 의해 확정된 외화표시의 미래 현금흐름을 가지는 경우 이 계약의 가치는 환율변동에 따라 달라지며, 환율변동에 따른 손실 가능성을 내포한다. 이를 거래적 환노출이라고 한다.

10 | 환위험관리를 위해서는 최저요구수익률과 신뢰구간의 기준을 설정하여 적정수준의 위험부담금액을 추정하고, 이에 따라 환위험관리전략을 사용한다.

CHAPTER

10

환위험 내부관리전략

독일 자동차회사에 자동차부품을 수출하는 (주)ABC는 시설자금을 대출받을 때 원화가 아닌 유로화로 대출받았다. 독일기업으로부터 받는 유로화로 원리금을 상환하기 위해서이다. 이렇게 외화 현금유입과 현금유출을 일치시켜 환위험을 최소화하려는 방법을 매칭(matching)이라고 한다.

매칭기법은 상당수 국내 수출기업이 사용하는 방법이다. 수출로 유입된 외화를 환전하지 않고 보유하고 있다가 외화를 지불해야 하는 때 보유외화를 지급하면 되기 때문에 단순하면서도 환위험을 줄이는 효과가 크기 때문이다.

이렇게 내부적인 방법을 통해 환위험을 관리하는 기법에는 상계, 매칭, 리딩, 래깅 등 여러 가지 전략이 있다.

1 의 의

(1) 개요

환위험 내부관리전략은 외부적인 수단을 동원하지 않고 스스로 환위험을 통제할 수 있는 전략이다. 즉, 경제주체가 스스로 환위험을 통제하는 것으로서 외부관리전략과 달리 외부적 수단을 이용하지 않기 때문에 비용이 비교적 저렴하게 소요된다는 특징이 있다.

내부관리전략의 대표적인 수단에는 상계, 매칭, 리딩, 래깅, 자산부채종합관리전략, 가격정책, 결제통화조정전략 등이 이용된다. 각각의 특징을 간략하게 소개한다.

- **상계(netting, offset)**
  외화표시 채권 · 채무를 개별적으로 결제하지 않고 일정기간이 경과한 후 채권 · 채무의 차액만을 정기적으로 결제하는 방법

- **매칭(matching)**
  외화자금의 유입과 지급을 통화별, 만기별로 일치시켜 외화자금흐름의 불일치로 발생할 수 있는 환위험을 원천적으로 제거하려는 전략

- **리딩(leading), 래깅(lagging)**
  환율변동에 대비하여 외화의 수급(결제)시기를 앞당기거나(leading), 뒤로 미루는(lagging) 전략

- **자산부채종합관리전략**
  기업이 보유하고 있는 외화표시 자산 · 부채의 포지션을 조정함으로써 환위험을 효과적으로 관리하는 기법

■ 결제통화조정전략

거래의 결제에 사용되는 통화를 신축적으로 선택함으로써 환위험을 관리하는 전략

■ 가격정책

외화표시 판매 및 원자재 구입과 관련한 가격에 대한 전략을 사용하여 환위험을 관리하는 전략

(2) 상계전략

① 개념

상계(netting)는 외국과의 거래를 하는 기업에서 발생하는 외화표시 채권·채무를 개별적으로 결제하지 않고 일정기간이 경과한 후 채권·채무의 차액만을 정기적으로 결제하는 방법으로서 차감(offset)이라고도 한다. 상계처리는 국제거래를 하는 기업의 본사와 지사 간 또는 계열사 간 채권·채무 결제시에 그 차액만을 결제하여 결제 규모를 축소시킴으로써 환위험을 줄이는 방법인데, 환위험을 줄이는 간단하면서도 효과적이기 때문에 현실적으로 유용하게 쓰인다.

② 양자 간 상계

양자 간 상계(bilateral netting)는 두 개의 사업부 간 즉, 쌍방 간에 순채권과 순채무포지션을 일정시점에서 상호 결제하는 제도이다. 두 사업부 간의 채권·채무 청산에 있어 결제자금 규모를 축소시켜 환위험을 감소시키는데 이때 채권과 채무를 상계한 순포지션을 어떤 통화로 결제할 것인가가 주요 사항이다.

〈그림 10-1〉과 같이 상계 전에는 결제에 소요되는 금액이 U$250,000이었으나 상계 후 U$50,000으로 축소되는 효과를 본다.

그림 10-1 **양자 간 상계**

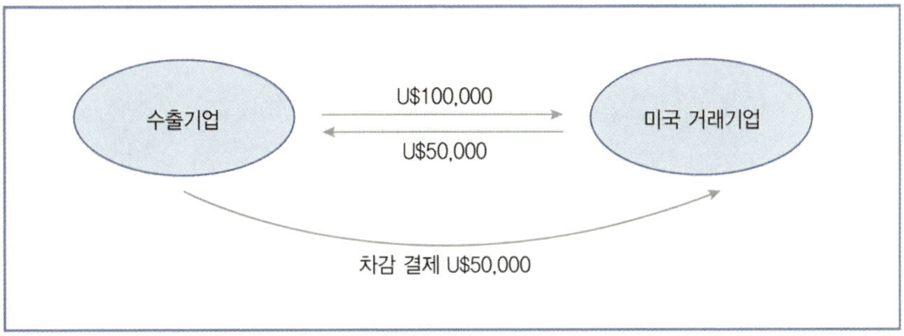

상계 전 결제금액 : U$150,000
상계 후 결제금액 : U$50,000

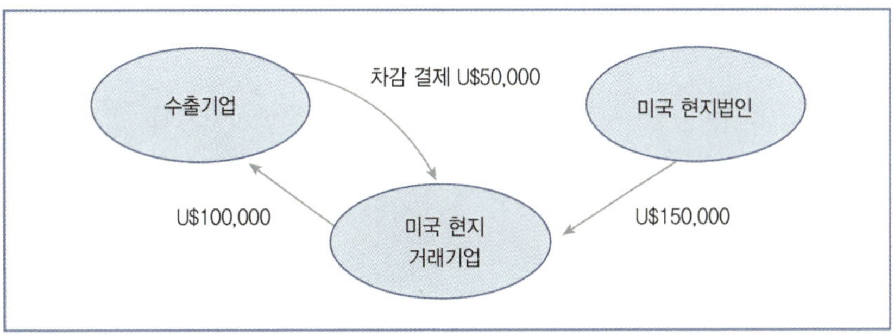

상계 전 결제금액 : U$250,000
상계 후 결제금액 : U$50,000

③ 다자 간 상계

다자 간 상계(multilateral netting)는 두 개 이상의 사업부 간에 이루어지는 상계로서 그룹 내부에 중앙집중적인 자금관리기구(netting center)가 조직되어 사업부 간, 계열사 간 자금포지션을 보고 받아 집중관리하게 된다. 그리고 이 중앙관리기구에서는 각 채권·채무의 상계금액을 총괄관리하고 해당 사업부에 관리내역을 통지한다. 기업 전체 입장에서 자금관리비용을 절감하고 내부결제기능을 강화하므로 지급건수 및 결제금액 감소로 유동자금을 축소시키고 유동성 관리 효율성 제고 및 거래비용 절감 기능을 동시에 달성할 수 있는

그림 10-2 다자 간 상계

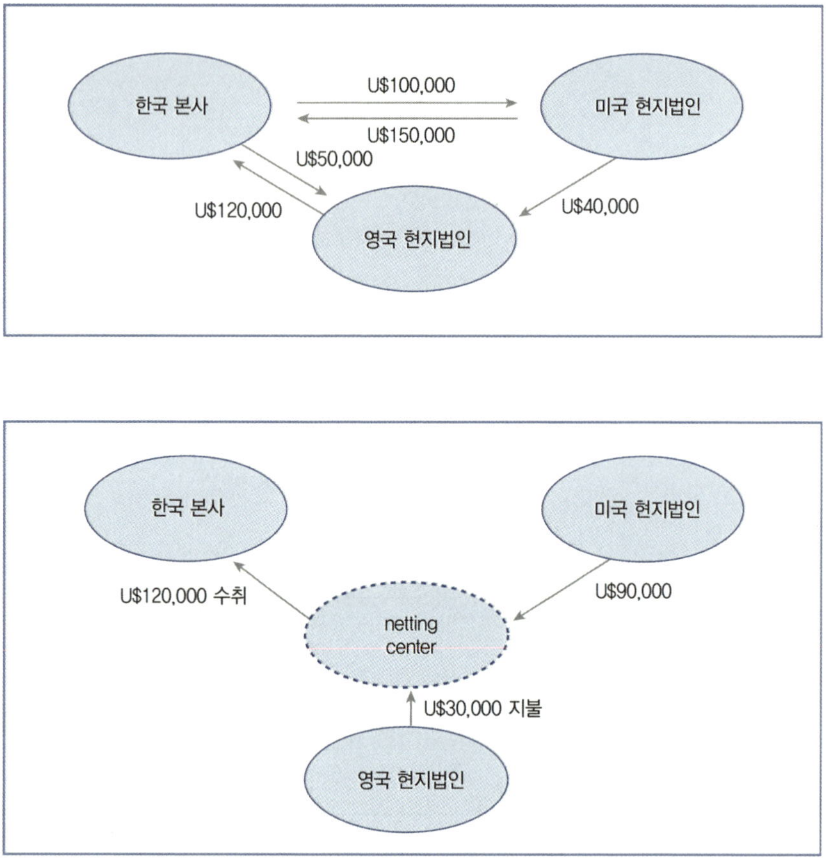

상계 전 결제금액 : U$460,000
상계 후 결제금액 : U$120,000

효과가 있다. 다자 간 상계는 외국과의 거래가 빈번하거나 자회사가 많을 경우 더욱 효과적이다.

④ 상계의 장단점

상계전략은 환위험관리전략으로서 다음과 같은 장점과 단점을 가진다.

장점

- 중앙집중기구를 통해 사업부 간, 계열사 간 거래결제를 관리, 통제
  → 기업 전체의 유동성과 환위험 관리를 통해 정보 집중화
- 결제가 월 단위, 연 단위로 이루어져 예정된 결제주기를 통해 소요자금 예측
- 본사에 비해 소홀할 수 있는 계열사의 부채와 자산관리를 정확하게 점검
- 국제자금거래를 중앙에서 전담함으로써 국가 간 거래에 필요한 계열사의 노력과 관리시간 최소화

단점

- 상계처리 시점까지 수입과 지출이 지체됨.
- 실제 거래시의 통화와 상계처리시의 통화가 다를 때 야기되는 결제처리와 외환통제의 어려움.

2 매칭, 리딩, 래깅 전략

(1) 매칭전략

① 개념

매칭(matching)은 외화자금의 흐름을 일정하게 일치시키는 전략이다. 쉬운 예를 들면, 일본으로부터 수취한 엔화를 보관하고 있다가 엔화를 지급할 곳에 그대로 사용하면 매칭전략이 된다. 매칭은 외화자금의 유입과 지급을 통화별, 만기별로 일치시켜 외화자금흐름의 불일치로 발생할 수 있는 환위험을 원천적으로 제거하려는 목적이 있다. 어떤 면에서 상계(차감)와 유사한 의미이지만, 상계가 부분적인 환위험제거전략이라면 매칭은 완전한 환위험 제거전략

이라는 차이가 있다. 현실적으로 수출에서 수취한 외화로 수입결제에 충당하는 경우가 해당된다. 앞에서처럼 유로화 수입이 많은 기업이 유로화로 대출을 받고, 원리금 상환시 벌어들인 유로화로 결제하는 것도 매칭의 전형적인 사례이다.

매칭은 외화자금의 수입과 지출을 일치시켜 환위험에 노출되는 것을 줄이거나 제거하는 방법이므로 현실적으로 무역의존도가 높은 우리나라의 많은 기업에서 환위험관리전략으로 사용하고 있다. 특히 여러 국가와 거래하고 있는 기업일수록 매칭의존도가 심화되는데, 예를 들어 동남아시아 국가들로부터 원자재나 원재료를 수입하여 가공한 후 이를 세계 여러 국가에 수출하는 기업들은 매칭기법이 유용한 수단으로 이용되고 있다.

그러나 매칭에도 한계가 있는데, 실제로는 통화, 금액, 만기를 일치시키기가 매우 어렵다. 만일 수입결제 시기가 수출에 의한 외화수취 시기보다 빠르면 전략실행이 불가능해지기 때문이다. 또한 외화수급의 시차가 크면 외화보유에 따른 자금이 부동화(不動化)되고, 수출과 수입이 공존하는 기업에서만 실행 가능하다는 제한이 있다.

② 매칭의 종류

■ 자연적 매칭(natural matching)

통화별로 동일통화로서 자금의 수입과 지출을 일치시키는 것으로서, 한 기업이 동일한 외국통화의 유입, 유출 현금흐름을 양쪽 방향 모두 가져야 가능하다. 환위험을 완전히 제거할 수 있다.

■ 평행적 매칭(parallel matching)

동일통화 대신 환율변동 추세가 유사한 다른 통화의 현금수지와 일치시키는 전략이다. 그런데 환율이 예상과 다르게 변동하였을 경우 환위험의 헤지가 불가능하게 되어 유입과 유출 양쪽에서 모두 환손실을 볼 수 있다는 단점이 있다.

③ 매칭전략 사례

IF물산(주)는 다국적기업으로 세계 각국과 거래하고 있는 기업이다.
이 기업은 현재 사우디아라비아로부터 원유수입거래를 할 예정에 있다. 거래가격은 총 1,500만불이며, 6개월 후 750만불, 1년 후 나머지 750만불을 지급하기로 하였다.
한편 이 회사의 건설 사업부에서는 미국의 대규모 플랜트사업에 대한 공사대금으로 2,000만불을 받기로 되어 있다.
계약일 현재 환율은 ₩1,000/U$인데 6개월과 1년 후의 환율이 변화하여 다음과 같은 현금흐름 추세를 보일 것으로 예상하고 있다.

	계약일 환율	6개월 후 환율	1년 후 환율
환 율	₩1,000/$	₩1,050/$	₩1,100/$
(1) 매칭사용 계약금액	1,500만불	750만불 지급	750만불 지급
(2) 매칭미사용 원화금액	150억원	78.75억원	82.5억원

이 사례의 경우 두 가지의 매칭전략을 고려해 볼 수 있다. 첫째는 플랜트사업의 공사대금을 지급시점인 6개월과 1년 후로 맞추어 받기로 하는 계약을 체결하는 것이고 둘째는 미국에 수출한 플랜트사업 대금을 원유수입에 대한 현금유출 시기와 일치시키는 계약을 체결하는 방법이다.

사례에서 대금의 수입과 지출 시기를 일치시키는 매칭전략을 사용하였다고 가정하고 매칭을 사용한 경우와 사용하지 않은 경우를 비교해 보자.

매칭을 사용한 (1)에서는 사우디아라비아 업체에 원유수입 대금을 지급하는 6개월 후, 1년 후 시점에 있어서 미국으로부터 받은 달러로 충당함으로써 환위험을 완전히 제거하고 있다. 매칭을 사용하지 않은 (2)는 환율인상으로 인해 환위험에 노출되어 손실을 보고 있다. 계약일 환율이 1,000원/$이므로 지급해야 할 원화 수입대금은 이 환율을 적용할 때 150억원이고 6개월 후 75억원, 1년 후 75억원이 된다. 그러나 6개월과 1년 후 환율이 각각 1,050원/$와

1,100원/$로 인상되어 6개월 후에 78.75억원, 1년 후 82.5억원을 지급하게 되었다. 그러므로 환율인상으로 인해 총 9.25억원[=(78.75억원−75억원)+(82.5억원−75억원)]의 원화를 초과지급해야 한다.

(2) 리딩, 래깅 전략

① 리딩(leading), 래깅(lagging)의 개념

환율변동에 대비하여 외화의 수급(결제)시기를 앞당기거나(leading), 뒤로 미루는(lagging) 전략이다. 수출기업이 환율의 하락을 예상하여 선적서류 매입을 가능한 앞당기거나, 수입기업이 환율상승에 대비하여 결제시기를 앞당기는 것(리딩), 수출기업이 환율의 상승을 예상하여 선적서류 매입을 늦추거나, 수입기업이 환율하락에 대비하여 결제시기를 뒤로 미루는 것(래깅)을 포함한다. 〈그림 10-3〉처럼 외화 유출입 포지션이 있을 때 리딩과 래깅을 통해

그림 10-3 리딩, 래깅

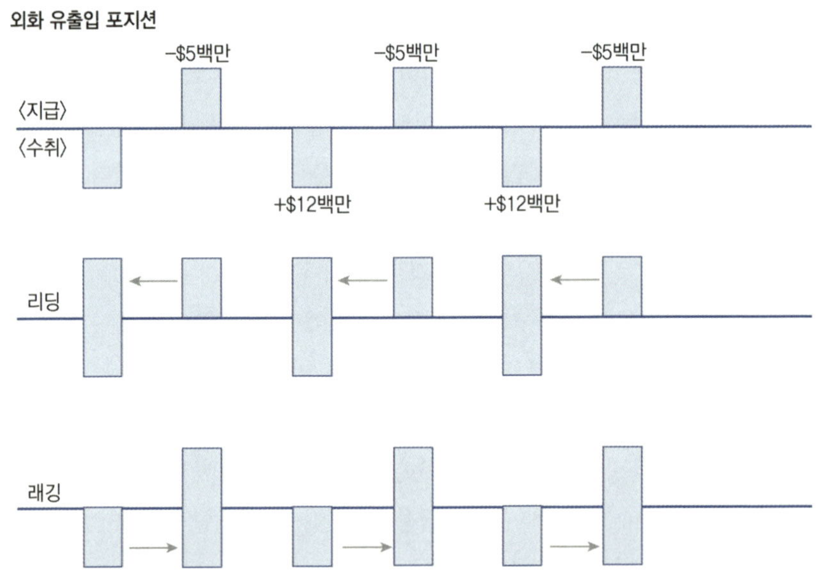

외화 현금흐름을 일치시키거나 환위험을 감소시키는 것이다.

어떤 기업이 〈그림 10-3〉에서처럼 총 15백만달러를 지급해야 하고, 반면에 10백만달러를 수취할 예정이라고 가정하자. 이때 원/달러 환율이 인상될 것으로 예상한다면 어떤 리딩, 래깅 전략이 유효할까? 그림과 같이 외화지급에 대해서는 리딩전략을, 외화수치에 대해서는 래깅전략이 효과적이다. 지급분에 대해 이를 가급적 앞당기는 리딩전략을 사용하면 결제시점에서의 지급부담을 경감할 수 있고 수취분에 대해 이를 가급적 지연시키는 래깅전략을 사용하면 원화수입이 그만큼 늘어나기 때문이다.

하지만 환율이 인상될 것으로 예상하여 이와 같이 외화지급 포지션에 대해서는 리딩전략을 적용하고, 외화수치 포지션에 대해서는 래깅전략을 시행하였는데 환율이 반대로 인하된다면 어떻게 될까? 이 기업의 경우 리딩, 래깅 전략이 오히려 손실을 가져오는 결과를 보일 것이다.

② 리딩, 래깅의 특징

리딩, 래깅은 그룹 조직 내부에서 용이하게 전략을 수행할 있다. 따라서 환위험관리와 효율적 자금관리기법으로 사용 가능하다. 그러나 환율을 예측하여 사용한다는 측면에서 투기적 요소도 가미되어 있다.

리딩, 래깅은 환율이 예상과 다른 방향으로 움직일 경우 역효과가 날 수 있다. 예를 들어 환율 하락을 예상하여 수입대금결제를 미룬 상태(래깅)에서 환율이 상승하면 오히려 손실이 발생한다. 그러므로 과도한 리딩과 래깅은 환투기를 수반하거나 국제거래질서를 교란할 우려가 있어 각국은 리딩, 래깅을 외환관리대상으로 두어 일정한 한계를 두고 있다. 또한 리딩, 래깅은 외환과 국제수지에 영향을 미치므로 그 신용기간에 상한을 정해 일정범위 내에서만 허용하고 있다. 우리나라의 경우 수출입의 연지급 기간 제한조치 등을 시행 중이며, 미국은 래깅 기간 동안 적절한 이자를 지불토록 규정하고 래깅 기간도 평균적으로 6개월로 한정하고 있다.

또한 국제거래에는 쌍방이 존재하므로 어느 일방이 리딩, 래깅 전략을 사용할 경우 상대방에게 손실이 발생할 수 있으므로 계약서 상에 리딩과 래깅에 대한 제한을 두거나 리딩, 래깅 전략을 사용할 때 일정한 수수료를 지급토록 규정하기도 한다.

③ 리딩, 래깅 전략 사례

IF종합상사는 다국적기업으로 2개월 후 미국 현지법인에 100만달러를 지급해야 하고, 영국 현지법인으로부터는 10,000만엔을 받을 예정이다. 계약일 현재 환율은 ₩1,000/U$, ₩1,000/￥100인데 1개월 후, 2개월 후, 3개월 후 환율이 다음과 같이 환율인상 추세를 보일 것으로 예상하고 있다.

	1개월 후	2개월 후(결제시점)	3개월 후
₩/$	₩1,050/$	₩1,100/$	₩1,150/$
₩/￥	₩1,050/￥100	₩1,100/￥100	₩1,200/￥100

이 경우 지급해야 할 달러화에 대해서는 리딩전략으로 1개월 후 선지급하고, 수취할 엔화에 대해서는 래깅전략으로 3개월 후 대금을 수취한다. 그렇게 되면 리딩, 래깅 전략 이후 기업은 리딩에서 0.5억원을 절감하고, 래깅에서 1억원의 수익을 발생시켜서 총 1.5억원의 양(+)의 순현금흐름을 얻을 수 있다.

	원 계약(2개월 결제)	리딩, 래깅 전략 이후
미국법인 선지급(1개월 리딩)	11억원	10.5억원
영국법인 후수취(3개월 래깅)	11억원	12.0억원
순현금흐름	0	1.5억원

3 기타 내부관리전략

(1) 자산부채종합관리전략(ALM)

① 개념

자산부채종합관리전략(asset liability management, ALM)은 보유하고 있는 자산·부채의 포지션을 조정함으로써 환위험을 효과적으로 관리하는 기법이다. 주로 외화자산과 외화부채를 자국통화나 특정 통화로 환산할 때 발생하는 환산환위험을 관리하는 것이 주요 목적이다. 넓은 의미에서 종합적인 자산부채종합관리기법은 상계와 매칭, 리딩과 래깅, 선물환, 통화선물, 스왑, 옵션 등을 모두 망라하는 개념이지만, 여기서는 좁은 의미에서의 자산·부채 항목 조정만을 말한다.

쉬운 예로써, 외화자산보다 외화부채가 많은 기업은 환율이 인상될 때 상환해야 할 자국통화의 부담이 증가하므로 외화부채를 줄이거나 외화자산을 늘림으로써 환위험을 경감할 수 있다. 반대로 환율이 인하될 것으로 예상하는 때에는 외화부채를 늘리거나 외화자산을 줄이는 방법을 사용한다. 외화자산과 외화부채의 규모가 거의 동일하다면 환율변동으로 인한 환차손익이 최소화될 수 있기 때문이다. 외화자산을 줄이는 방안으로 외화표시 매출채권(외상매출금, 받을어음, 재고자산 등)을 회수하거나 처분하는 것 등을 들 수 있고, 외화부채를 줄이기 위한 방안으로서 부채를 중도상환하거나 외화부채를 자국

표 10-1 환율변동과 외화표시 항목의 가치변화

	외화표시 자산의 가치	외화표시 부채의 가치
환율인상	(+) → 상향 조정 필요	(−) → 하향 조정 필요
환율인하	(−) → 하향 조정 필요	(+) → 상향 조정 필요

통화표시 부채로 스왑하는 방법 등을 사용할 수 있다.

② 자산부채 항목 조정

자산과 부채를 조정하여 환위험을 관리하는 기법은 적극적 전략과 소극적 전략으로 나뉘는데, 적극적 전략은 일정 통화가 강세일 것을 예상하는 경우 강세가 예상되는 통화자산이나 현금포지션을 증대시키고 이 강세예상통화로 표시된 채무를 조기상환 또는 조기결제하는 방법이다. 그러나 이 역시 리딩, 래깅처럼 환율변동이 예측과 다를 때 오히려 환차손을 초래할 가능성이 있다. 또한 외환거래비용이나 수수료, 외환관리상의 규제, 현지 통화의 교환성을 고려해야 한다.

다음으로 소극적 전략은 약세통화, 강세통화 구분없이 만기별·통화별로 자산과 부채, 현금흐름의 유입과 유출을 일치시키는 전략이다. 즉, 스퀘어포

표 10-2 자산부채종합관리전략의 예 (단위 : 만달러)

	계정잔액		환노출금액
현금(U$)	900		900
현금(원화)	200		
매출채권(U$)	500		500
재고자산	200		
유동자산 계		1,800	
비유동자산 계		500	
총 자 산		2,300	
환 노 출 자 산			1,400
매입채무(U$)	300		300
차입금(U$)	400		400
차입금(원화)	300		
유 동 부 채 계		1,000	
비유동부채(U$)	300		300
비유동부채 계		300	
자 본 금 (U$)		1,000	
부채와 자본총계		2,300	
환 노 출 부 채			1,000
환노출순자산			400

지션(square position) 구성으로 환위험을 최소화하는 방법으로 환위험에 노출된 자산과 부채를 일치시켜 순환산위험이 없도록 하여 환위험을 관리한다.

③ 자산부채종합관리전략 사례

〈표 10-2〉에서와 같이 이 기업은 환노출 순자산이 400만달러(=환노출자산 1,400만달러-환노출부채 1,000만달러)인 관계로 원/달러 환율이 1원 하락할 때마다 400만원의 환차손이 발생하고 환율이 1원 상승할 때마다 400만원의 환차익이 발생한다. 그러므로 달러화 표시 자산을 감소시키거나 달러화 표시 부채비중을 증가시키는 전략이 필요한데 이는 a) 달러화 현금을 모두 원화로 환전하거나 미리 사용, b) 달러화 표시 부채로 재고자산, 비유동자산에 투자하거나 원화표시 부채를 상환하는 방법을 이용한다.

(2) 결제통화조정전략

① 개념

결제통화조정전략(invoicing currency adjustment)은 결제통화를 신축적으로 선택함으로써 환위험을 관리하는 전략이다. 특히 다국적기업의 본사와 해외자회사 간에 유용하게 사용된다. 적극적인 조정전략으로서는 수출의 경우 결제표시통화를 강세예상통화로, 수입의 경우 약세예상통화로 계약하는 방법인데 여기서도 환율변화가 예측과 다르게 나타나면 손실이 야기될 수 있다. 소극적 조정전략은 수출입거래를 모두 자국통화로 거래함으로써 통화가치의 변화와 무관하게 계약결제가 가능하지만 상대방 거래자의 이해와 대립함으로써 계약체결의 어려움이 존재한다. 따라서 이는 계약에 있어서 협상우위력(bargaining power)이 존재할 때 가능해진다.

② 결제통화조정전략 사례

〈그림 10-4〉에서처럼 미국 현지법인과 일본 현지법인을 둔 본사가 3개월

후 미국 현지법인에게 100만달러를 지급하고, 일본 현지법인으로부터는 1억엔을 받기로 되어 있다. 일본 현지법인은 미국 현지법인에게 50만달러를 지급할 예정이다. 그런데 3개월 후 원/달러, 엔/달러 환율이 모두 인상될 것으로 예상된다면 각각 달러와 엔화를 지급해야 할 본사와 일본 현지법인의 입장에서는 지금보다 많은 원화가 소요되어 자금부담이 가중된다. 이때 다음과 같은 결제통화조정전략이 유용하게 사용될 수 있다.

- 본사와 미국 현지법인 사이에 이루어지는 3개월 후 수출계약을 U$1백만에서 1억엔으로 조정한다(→ 결제통화를 달러화에서 엔화로 변경).
- 일본 현지법인과 미국 현지법인 간의 3개월 계약도 달러에서 엔으로 조정하여 U$5십만에서 5천만엔으로 변경한다.
- 3개월 후 미국 현지법인에 지급해야 할 10억원과 일본 현지법인으로부터 지급받을 1억엔(=10억원)이 동일해짐으로써 환위험을 제거한다(→ 일본 현지법인도 환위험 부담없이 당초 지급액인 5천만엔(=5억원) 지급).

그림 10-4 결제통화조정전략

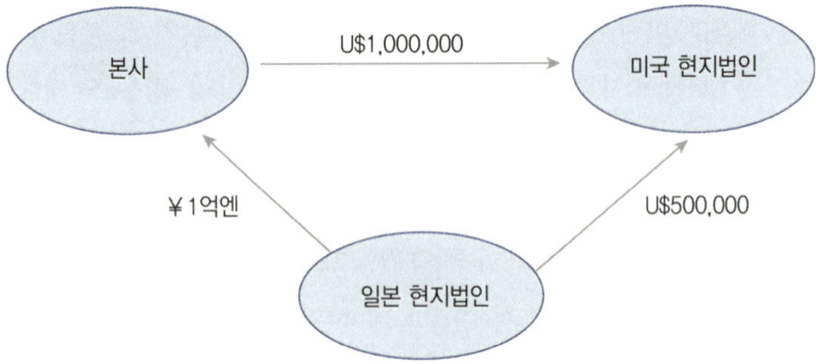

현재 환율	3개월 후 예상환율
₩1,000/U$ ¥100/U$ ₩1,000/¥100	₩1,150/U$ ¥115/U$ ₩1,000/¥100

결과적으로 달러화가 원화와 엔화에 대해 급격히 평가절상되더라도 결제통화 조정으로 환위험을 제거한다.

(3) 가격정책

① 개념

가격정책(price strategy)은 외화표시 판매 및 원자재 구입과 관련한 가격에 대한 전략으로 수출입 상품가격의 조정 시점과 조정 폭을 결정하는 가격조정(price adjustment)과 어떤 통화로 거래할 것인가를 결정하는 통화조정(currency adjustment)이 있다.

가격조정(price adjustment)

수입업자가 환율상승에 따라 원가상승을 상쇄시킬 목적으로 수입단가를 낮게 함
수출업자가 환율하락에 따른 매출감소를 보상할 만큼 외화표시단가를 높임.
수입업자가 환율상승에 따라 원가상승을 제3자에게 전가시킴.
(예 : 환율상승에 따라 정유업자가 기름값을 인상하는 것)

통화조정(currency adjustment)

수입업자가 상대적 약세인 통화표시로 수입거래 통화를 변경함.
수출업자가 상대적 강세인 통화표시로 수출계약을 조정함.

② 가격정책의 특징

■ **필요사항**

가격정책을 구사하기 위해서는 먼저 수출대상국에서의 경쟁상태 분석이 필요하다. 자국통화가 약세일 것으로 예상할 때 매출액을 유지하기 위해서는 가격인상정책이 필요한데, 경쟁이 심한 경우 경쟁사들이 가격경쟁력으로 시장확대를 시도하므로 이 경우 가격인상이 어렵고 인상하더라

도 일부분에 국한되며, 당해 기업이 비용을 부담하게 되기 때문이다. 고객의 자국제품에 대한 소비성향 분석도 요구되는데 과거 가격인상에 대한 고객의 반응 및 직전 가격인상 시기를 파악하여야 한다. 또한 수출대상국의 제품에 대한 가격통제 분석이 있어야 하는데 수출대상국 정부가 가격인상에 대한 통제를 하거나 통제를 예정하고 있는 경우 이에 대해 고려해야 한다.

■ 한계

가격정책 또한 거래상의 우월적 지위를 전제로 한다. 가격을 조정할 만한 협상력이나 힘을 가지고 있지 않은 경우 가격조정이 어려워지기 때문이다. 거래표시 통화의 변경 또한 수출입기업의 경우 대부분 쉽지 않고 더불어 어느 통화가 강세가 될지 알 수 없는 경우가 대부분이기 때문에 선행적으로 사용하기 어렵다는 한계가 있다.

(4) 기타 전략

① 포트폴리오전략

포트폴리오(portfolio)를 구성하여 분산투자를 통해 환위험을 완화하는 전략이다. 여러 외국통화로 표시된 자산이나 부채 보유를 통해 특정 통화에서 발생하는 환율변동이 반대방향의 다른 통화의 움직임에 의해 서로 상쇄되는 효과를 가지게 된다. 여러 통화의 환위험에 노출되어 있을 경우 각 통화의 환율변동이 서로 상쇄되어 환위험이 자연스럽게 감소하기 때문이다. 이때 환위험의 총계는 개별 통화가 가지는 환위험의 절대적인 합보다 작아진다. 따라서 이론적으로는 외국통화의 수가 많을수록, 이들 통화 간에 상관관계가 낮을수록 전체적인 환위험의 회피 가능성이 높아진다.

포트폴리오선택이론(portfolio selection theory)에 의하면 투자자산끼리의 상관관계가 낮은 여러 개의 투자자산에 분산투자하면 투자에 따른 비체계적

위험(unsystematic risk)이 크게 감소하고 체계적 위험(systematic)만이 남게 된다. 증권시장을 대상으로 한 포트폴리오이론에 의하면 분산투자로 제거할 수 있는 비체계적 위험은 기업 고유의 위험인 화재, 노사분규, 경영 악화 등이고, 체계적 위험은 경제 전반에 영향을 미치는 위험인 경기변동, 인플레이션, GDP 변화 등이다.

비체계적 환위험

특정 국가에만 존재하는 환위험(노동쟁의, 신제품 개발, 해외투자 등) → 국제분산투자로 제거 가능

체계적 환위험

금리변동, 경기침체, 인플레이션 등 범세계적으로 발생할 수 있는 환위험

한편 외환시장을 이용한 해외분산투자는 여러 국가의 통화에 투자하는 효과가 있어 상관관계에 의한 분산투자효과와 더불어 체계적 위험도 감소시킬 뿐만 아니라 환위험을 상당 부분 제거할 수 있다. 즉, 한 나라의 통화가치 감소는 다른 나라의 통화가치 증가로 상쇄된다는 것이다. 외환시장을 이용한 국제분산투자는 이렇게 분산투자효과, 환위험감소효과 등으로 투자수익률을 제고하고 위험을 감소시키는 효과가 있다. 그러나 최근의 추세처럼 각국의 금융시장 동조화 현상은 가격균형이라는 효율성을 제고하는 반면 국제분산투자의 효과를 약화시킬 수 있다.

결제통화를 통화바스켓인 유로화나 국제통화기금의 특별인출권(SDR)으로 구성하거나, 결제통화를 다양화시켜 환위험을 축소시킬 수 있다. 유로화나 SDR이 이미 여러 국가의 통화가 결합된 형태의 포트폴리오 구성효과를 가지고 있기 때문이다. 달러화자산의 가격변동에 대해 앞으로 반대방향으로 움직일 것으로 예상되는 엔화 또는 유로화 부채를 보유함으로써 위험을 분산하는

그림 10-5 해외분산투자의 효과

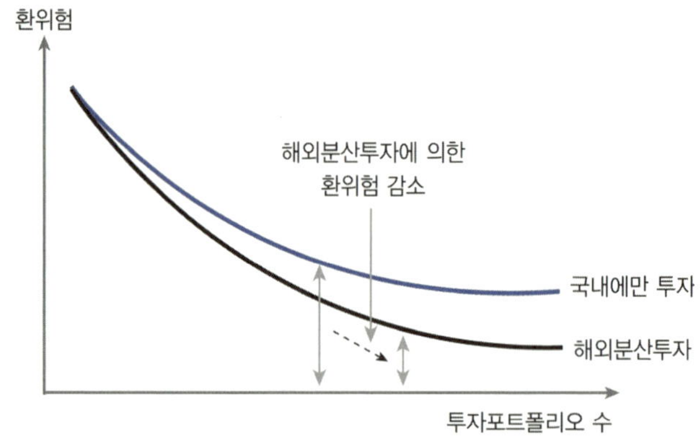

방법도 유용하며, 환율예측이 어려운 경우에는 차입통화를 가능한 다양화함으로써 분산효과를 도모한다. 그러나 이러한 전략은 대규모 외환거래나 무역거래가 이루어져 분산투자 및 보유가 가능한 기업에서 사용할 수 있다는 한계가 있다.

② 비재무적전략

■ 마케팅전략

여러 국가로 수출다변화를 기함으로써 환위험을 축소하는 것이다. 개별 국가 내의 시장에서도 판매상품별 또는 수요계층별로 시장세분화(market segmentation)가 되어 있으므로 환율변동에 따라 시장별, 제품별로 광고나 제품계획을 조정하는 방법이다.

■ 기타전략

기타 본국생산, 해외생산 등 생산 입지의 효율적 선택을 통해 환위험에 대응하는 것으로 투입원자재나 부품구조를 아웃소싱 등으로 조정하는 생산관리전략도 방법이다. 조직전략을 통해 본국의 직원과 현지인 채용을 다변화하고 보수지급에 있어서 본국통화 급여 및 현지통화 급여와 관련한 환위험에 대처하는 것도 필요하다.
마케팅, 생산, 조직과 관련된 이들 비재무적 전략은 기업이 처한 상황에 부합하게 사용할 수 있다.

학습정리

01 | 환위험 내부관리전략은 경제주체가 외부적인 수단을 동원하지 않고 스스로 환위험을 통제할 수 있는 전략이다.

02 | 경제주체가 가장 용이하고 효과적으로 사용하는 방법인 상계(차감)전략은 외화표시 채권 · 채무를 개별적으로 결제하지 않고 일정 기간이 경과한 후 채권 · 채무의 차액만을 정기적으로 결제하는 제도이다.

03 | 상계전략은 환위험에 노출되는 환노출금액을 줄이고, 거래비용이나 관련수수료 등의 비용을 감소시키는 효과가 있다.

04 | 매칭은 외화자금의 유입과 지급을 통화별, 만기별로 일치시켜 외화자금 흐름의 불일치로 발생할 수 있는 환위험을 원천적으로 제거하는 전략이다.

05 | 현실적으로 통화, 금액, 만기를 일치시키기 어렵기 때문에 수출에서 수취한 외화로 수입결제에 충당하는 매칭전략이 수행된다.

06 | 리딩, 래깅은 환율변동에 대비하여 외화의 수급(결제) 시기를 앞당기거나(leading), 뒤로 미루는(lagging) 전략으로서, 환율변동에 따른 투기적 요소가 가미되어 각국에서는 외환관리대상으로 관리하고 있다.

07 | 자산부채종합관리전략은 기업이 보유하고 있는 자산 · 부채의 포지션을 조정함으로써 환위험을 효과적으로 관리하는 기법이다.

08 | 결제통화조정전략은 환율예측을 통해 결제통화를 신축적으로 선택함으로써 환위험을 관리하는 전략이다.

09 | 가격정책은 외화표시 판매 및 원자재 구입과 관련한 가격에 대한 전략으로 가격조정전략과 통화조정전략을 사용한다.

10 | 외환시장을 이용한 국제분산투자는 분산투자효과, 환위험감소효과 등으로 투자수익률을 제고하고 위험을 감소시키는 효과가 있는데, 각국 금융시장의 동조화 현상은 가격균형이라는 효율성을 제고하는 반면 국제분산투자의 효과를 약화시킬 수 있다.

CHAPTER 11

파생금융상품의 이해

환위험내부관리전략에 이어 통화선물, 통화옵션과 같은 환위험외부관리전략을 학습하기 위해서는 파생금융상품에 대한 이해가 선결적으로 필요하다. 이 장에서는 환위험외부관리전략의 이해를 돕기 위해 선물, 옵션, 스왑의 대표 상품을 중심으로 파생금융상품을 개괄적으로 설명한다.

파생금융상품의 시작은 선물시장으로부터 비롯되는데 선물시장은 1800년대 후반 미국 농산물의 가격변화 위험을 줄이기 위해 캔자스 지방에서 태동하였고, 이후 농산물의 집결지인 시카고를 중심으로 성장하였다. 시카고에서 선물, 옵션과 같은 파생상품시장이 발달한 것도 미국 중부 곡창지에서 생산되는 농산물의 가격변화에 따른 피해를 최소화하기 위해 개발되어 발전되었기 때문이다. 이렇게 선물시장은 애초에 농산물의 가격변화를 회피하기 위한(헤지) 기능으로 시작되었으나 이후에는 선물가격 변동에 따른 시세차익을 얻기 위한 투기거래가 큰 비중을 차지하게 되었다.

1 파생금융상품 개요

파생금융상품(financial derivative securities)은 주식, 채권, 통화 등의 기초 증권을 토대로 계약시점은 현재이나 거래의 종결시점은 미래시점인 무형의 상품을 개발하여 만든 무형의 증권이다. 그렇기 때문에 주식, 채권 등의 기초자산의 미래가격이 어떻게 되는가에 따라 증권의 가치가 결정되는 금융상품이다. 선물(futures), 옵션(option), 스왑(swap)이 대표적인 상품이다. 이 가운데 선물, 옵션 등은 미래시점을 대상으로 무형의 증권을 거래하는 것이기 때문에 특정한 형태의 거래대상을 인위적으로 만들어야 한다. 이를 선물지수(futures index)라고 하며, 이 선물지수의 움직임이 선물, 옵션의 가치를 좌우하게 된다.

선물, 옵션과 같은 파생금융상품이 등장하여 발달하게 된 배경은 세계적인 금융시장 환경변화에 기인하는 바가 크다. 선물시장은 1800년대 후반 미국 농산물의 가격변화 위험을 줄이기 위해 캔자스 지방에서 태동하였고, 이후 농산물의 집결지인 시카고를 중심으로 성장하였다. 이렇게 선물시장은 애초에 농산물의 가격변화를 회피하기 위한(헤지) 기능으로 시작되었다.

1944년 제2차 세계대전 종전을 계기로 승전국인 미국을 중심으로 브레튼우즈협약(Brettonwoods agreement)이 체결되는데, 이 협약의 주된 내용은

그림 11-1 선물계약과 위험회피(헤지)

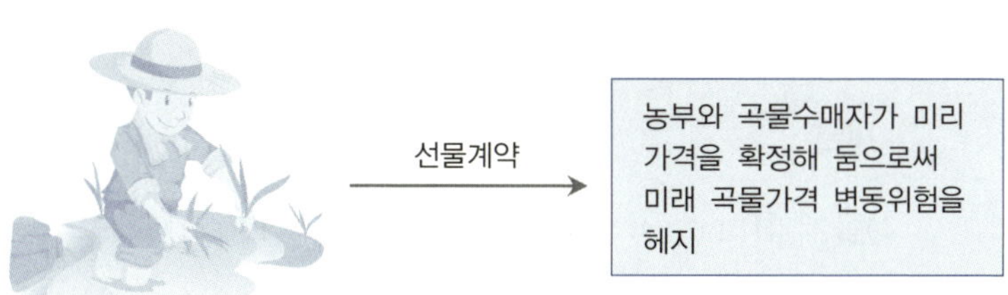

통화제도가 이전의 금본위제도(gold standard)에서 금환본위제도(gold exchange standard)로 바뀌고, 전후 세계경제 복구를 위해 세계은행(World Bank)과 국제통화기금(IMF)을 설립하는 것이었다. 브레튼우즈협약 하에서의 통화제도는 금과 미국 달러를 중심으로 한 이중기축통화체제(dual system)로서 고정환율제도가 표방이 되었다. 그러나 1970년대 킹스턴체제로 변동환율제도가 본격 시행되기 시작하고, 이와 동시에 각국의 금융환경이 자율화(deregulation)되자 다양한 금융상품이 등장하기 시작하였고 금융시장 환경도 빠르게 변화하였다.

금융시장의 환경변화에 따라 금융자산의 가격변동성이 높아지고 투자위험도가 커지게 되었고, 투자위험을 줄일 수 있는 수단으로서 선물, 옵션과 같은 상품이 급속도로 발전하게 되었다. 특히, 아직 도래하지 않은 미래시점의 가격변동위험을 파생금융상품을 통해 효과적으로 줄이면서 투자기회까지 확대시켜 주는 효과가 있어 큰 인기를 끌게 되었다. 또한 미래시점에 대해 투자가 이루어지기 때문에 미래가격을 예측하여 그에 대해 경제활동을 영위하는 데에도 도움이 된다.

2 선물(futures)

(1) 선물의 의의

① 개념

선물계약(futures contract)은 매입자(매도자)가 특정 만기일 또는 만기일 이전에 미리 정한 가격으로 대상이 되는 기초자산(underlying asset)을 매입(매도)하기로 약정하는 계약이다("promise to sell or buy"). 현재 거래를 하고 다음 달에 가서 지급을 완료하는 카드결제거래는 대표적인 선물계약이다. 계약시점과 계약의 종료시점이 다르기 때문에 그 사이에 계약한 대상의 가격이 변동하여 손해를 볼 수도 있고, 반대로 이익을 볼 수도 있다. 하지만 미래 거래가격을 현재시점에서 정해 놓기 때문에 미래가격 변동에 따른 손실위험을 회피(헤지)할 수 있다는 점에서 큰 의의가 있다. 예를 들어, 돈육선물(hog futures)에서 양돈업자가 돈육선물매도(hog futures short)를 하였다고 가정해 보자. 이 경우 양돈업자는 돼지를 생산하면서 미래 출하 시기에 맞추어 판매가격을 특정 가격으로 미리 계약해 놓은 다음 출하 시기의 가격변동과 무관하게 그 가격에 판매하게 된다.

선물을 거래함에 있어 거래대상이 금, 광물, 농산물 등의 유형의 상품이면 상품선물(commodity futures), 주가지수, 금리 등 특정 지수를 거래하면 지수선물(index futures), 주식, 채권, 통화나 외화자산 등의 금융상품을 대상으로 하면 금융선물(financial futures)이라고 한다. 지수선물은 상품선물과 금융선물에 혼합되어 공통적으로 사용되기도 한다.

선물거래는 농산물 거래에서 시작되었다. 미국에서 농작을 하는 농부들이 수매 시기의 가격변동에 대비하여 미리 수매가격을 정함으로써 판매가격 변동 위험을 회피할 필요가 있었는데, 이러한 필요에 의해 선물시장이 형성되기 시작하였다. 선물시장의 기원이 미국 중부 지역의 곡창지대인 캔자스주라는 점도 여기에 기인한다.

② 선물계약과 선도계약

선물계약은 흔히 선도계약(forward contract)과 비교된다. 선도계약은 무역거래, 신용카드 사용과 같이 계약시점과 최종 결제시점이 달라, 계약 이후 미래시점에서 결제가 완료되는 모든 계약을 말한다. 즉, 계약시점에서 결정된 가격(forward price)으로 만기(maturity or delivery date)에 기초자산(underlying asset)을 인도(인수)할 의무(obligation)를 규정하는 계약이다. 계약시점에는 현금흐름에 전혀 변화가 없고, 만기가 되어 자산을 인도(인수)할 때 현금의 유입(지출)이 발생한다.

선물계약도 기본적으로는 선도거래와 같은 형태의 거래이다. 하지만 대부분의 선물계약은 증권거래소를 통한 장내거래라는 특징이 있다. 또한 선물계약이 선도계약과 다른 점은 원활한 결제를 도모하고 계약의 불이행을 방지하기 위하여 거래소와는 별도로 결제소(청산소, clearing house)라는 기구를 두고 있으며, 계좌의 손익현황을 매일 계산하여 계약증거금 수준을 체크하는 일일정산(daily settlement, 혹은 marking to market)과 마진시스템(margin system)을 통해 계약불이행의 가능성을 줄이고 있다. 이를 위해 선물거래는 표준화되고 정형화된 거래체계를 가지고 있다.

일일정산의 예

1/1 현재 금시장에서 금 1온스(ounce)의 가격은 $100이다. 3개월 후 금 1온스가 필요한 김씨가 있다. 김씨는 앞으로 금 가격이 오르게 되면 예기치 않은 손실을 볼 수 있어서 3개월 후 1온스당 $100에 매입하는 선물계약을 $100의 10%인 $10를 지불하고 체결하였다.

만일 3개월 후 금 가격이 올라 1온스 당 $110가 되었다면 김씨는 이미 $100에 매입할수 있는 계약을 해놓았기 때문에 $10의 이익을 본다.

이를 일일정산을 통해 정리하면 다음과 같다.

1/1 계약체결일	금시장에서 1온스당 $101로 상승.	+$1 (이익)
1/2	금시장에서 1온스당 $98로 하락.	−$3 (손실)
1/3	금시장에서 1온스당 $104로 상승.	+$6 (이익)
3/30	금시장에서 1온스당 $110로 상승.	+$6 (이익)
		+1−3+6+6 = $10

마진시스템

선물거래는 계약금만을 지불하고 이루어지는데 이 계약금의 수준을 마진(margin)이라고 부른다.
마진은 최초 계약 당시에 지불하는 최초증거금(개시증거금, initial margin), 계약을 유지하기 위해 필요한 유지증거금(maintenance margin), 유지증거금이 일정 수준을 밑돌았을 때 최초증거금 수준으로 증거금을 보충하는 추가증거금(margin call)의 세가지가 있다.
위의 예에서 10%인 $10를 지불하고 계약을 하였으면 최초증거금은 $10이다. 유지증거금 수준이 5%라면 $100의 5%인 $5가 계약을 유지하기 위한 유지증거금 수준이 된다. 그렇다면 일일정산을 통해 발생한 손실이 $5를 넘게 되면 유지증거금 수준을 하회하게 되는데, 이렇게 되면 추가증거금으로서 개시증거금 수준으로 되돌려 놓아야 한다. 만일 손실금액이 $6이어서 계좌잔고가 $4가 되면, $6의 추가증거금을 입금하여야 하며, 그렇지 못할 경우 거래소는 반대매매(counter trade)를 통해 강제로 계좌를 청산시키게 된다. 즉, 선물계약은 더 이상 존속하지 못하고 계좌에는 $4만 남아 있게 된다. 계좌를 보유한 투자자에게 추가증거금 납부를 알리는 것을 마진콜(margin call)이라고 한다.(제12장 참고)

(2) 선물계약의 구조와 종류

① 선물계약의 구조

선물계약의 결제는 현금결제, 실물인수도로 이루어지는데, 대부분의 선물계약 결제는 실물인수도보다는 선물거래의 손익을 현금으로 결제한다. 예를 들어, 금선물계약을 하였는데 금 가격이 상승한 경우, 매입자(long position)가 이득을 보고 매도자(short position)는 손해를 보게 된다. 이때 직접 금을 인수도하는 것이 아니라, 이득을 보거나 손해를 본 금액에 해당하는 현금을 결제함으로써 거래를 마무리한다는 것이다.

따라서, 거래소와 청산소가 존재하여 체계화되고 표준화된 거래구조를 가진다는 점, 일일정산을 통해 매일매일 거래 손익을 정산한다는 점은 선물계약이 선도계약과 다른 가장 큰 차이점이다.

대개 선물계약은 1년 이내로 거래된다. 선물거래의 대상이 되는 자산의 가격변동성이 클수록 선물계약의 만기는 줄어들고, 가격변동성이 작을수록 만기가 긴 경향이 있다. 그래서 금선물계약이나 통화선물계약은 만기가 6개월에서 1년 사이로 설정된 것이 대부분인데 반해, 주식선물이나 주가지수선물 등 위험자산을 대상으로 하는 선물계약은 3개월 만기로 거래된다.

그림 11-2 제로섬 게임

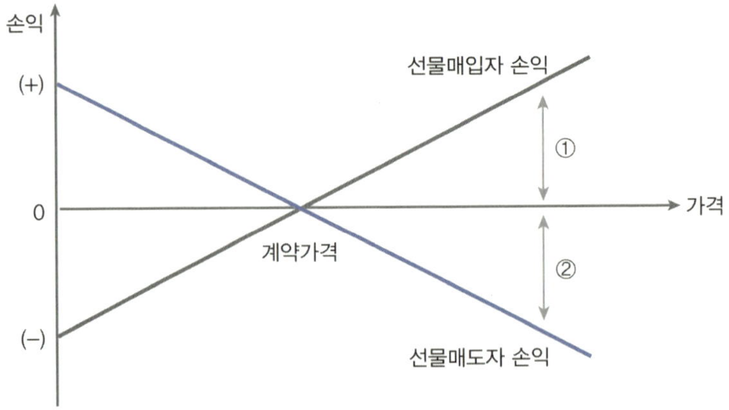

선물계약은 옵션이나 스왑 등의 다른 파생상품 거래와 동일하게 거래당사자의 손익을 모두 합한 금액이 "0"이 되는 제로섬(zero−sum) 게임이다. 따라서, 이득을 본 거래자의 이익금액과 손해를 본 거래자의 손실금액은 같아지는 거래이다.

위에서 계약가격보다 가격이 상승하면 미래시점에서 미리 매입해 둔 선물매입자에게 유리하고(+), 선물매도자에게는 불리해진다(−). 그리고 이 두 거래자의 손익인 ①과 ②를 합하면 "0"이 된다.

② 선물계약의 종류

선물계약은 크게 거래대상에 따라 상품선물(commodity futures)과 금융선물(financial futures)로 나뉜다. 상품선물은 농산물, 금속광물, 원유, 귀금속, 돈육과 같은 상품을 대상으로 하는 것이며, 금융선물은 주식, 채권, 통화 등과 같은 금융상품을 대상으로 한다.

상품선물, 금융선물과는 별도로 상품의 가격이나 금융자산의 가격을 지수화한 지수선물(index futures)이 있는데, 농산물이나 주식 등의 거래대상의 가격을 지수화하여 이를 거래하는 것이다. 주가지수선물(stock index futures)

이 대표적이다. 우리나라는 1997년에 처음으로 주가지수선물거래를 시작으로 선물거래를 개시하였으며, 1999년 4월에는 한국선물거래소를 설립하였다(이후 한국거래소로 통합됨). 주가지수선물거래를 위해 현물시장의 종합주가지수(코스피, KOSPI)를 대신하여 코스피200(KOSPI200)지수가 개발되어 선물시장의 현물지수로 이용되고 있다.

선물 거래절차(KOSPI200 주가지수선물)

- 위탁계좌 개설
  - 선물거래는 현재에는 증권거래소를 통해서만 이루어져 투자자들은 증권회사에 선물매매거래계좌를 만들어 놓아야 한다.
- 기본예탁금 입금
  - 일정금액 이상의 현금이나 대용증권이 있어야 최초의 거래가 가능하다.
  - 주문시 매도나 매수 모두 매매대금의 일정액에 상응하는 계약증거금(margin)을 계좌에 납부해 놓아야 한다. 이를 개시증거금(initial margin)이라고 한다.
- 주문체결/일일정산/결제
  - 거래자에 불리한 가격변화로 인해 계좌잔고에 증거금이 부족하게 되면 증권회사는 추가증거금이나 담보를 요구한다. 다음 날 정오까지 입금되지 않으면 오후 동시호가(오후 1시 정각의 첫 시세)에 시장가로 반대주문(counter trade)으로 거래를 청산시킨다

■ 주식선물

우리나라에서 2007년부터 도입한 선물계약이다. 특정 주식을 기초자산으로 하는 선물로서 코스피200 주가지수선물은 기초자산이 실제로는 매매가 불가능한 '주가지수'인 반면, 주식선물의 기초자산은 실제로 매매가 가능한 '개별주식' 그 자체이다. 즉, 거래시점에 예측한 주식의 미래가격과 미래에 실제로 형성된 주식가격과의 차이를 현금으로 주고받는 거래이다. 주식선물은 삼성전자, 현대자동차, SKT, 한국전력, 국민은행, KT&G, KT, LG전자 등 우량주식을 대상으로 선물거래를 하는 것이다.

결제월은 3,6,9,12월로서 만기는 3개월이다.

③ 선물과 헤지(위험회피)

선물, 옵션과 같은 파생금융상품이 등장하여 발달하게 된 주요 배경에는 “헤지(Hedge)”로 불리는 위험회피요소가 크다. 최근에는 헤지가 아닌 선물가격의 변화에 대해서만 투자하는 경우가 더 많아졌지만, 기본적으로 선물은 위험회피를 위한 금융수단이었다.

한 가지 예를 들어 선물이 헤지수단으로 어떻게 이용되는가를 살펴본다.

무역업을 하는 김갑동 씨는 3개월 후 U$100만을 받기로 하고, 반도체검사장비를 미국에 수출하는 계약을 체결하였다. 계약 체결일 현재 환율은 1,500원/U$이다. 만일 3개월 후 환율이 크게 떨어진다면 김갑동 씨는 무역거래와 무관하게 손실을 입을 수 있다. 그리하여 통화선물시장에서 3개월 후 1,500원/U$에 U$100만을 매도하기로 하는 통화선물매도계약을 체결하였다. 이 경우 김갑동 씨는 미래 환율변화와 무관하게 1,500원/U$의 환율을 고정시켜 15억원의 수입을 만들 수 있게 된다.

- 3개월 후 환율이 1,200원/U$으로 하락한 경우
  입금은행으로부터 1,200원/U$으로 환전하여 12억원을 받음
  통화선물시장에서 (1,500원−1,200원) ×100만으로서 3억원의 차익을 받음

김갑동 씨의 소득 12억원 + 3억원 = 15억원

- 3개월 후 환율이 1,700원/U$으로 상승한 경우
  입금은행으로부터 1,700원/U$으로 환전하여 17억원을 받음
  통화선물시장에서 (1,500원 − 1,700원) × 100만으로서 2억원의 손실을 지급

김갑동 씨의 소득 17억원 − 2억원 = 15억원

여기서, 환율이 상승한 경우 김갑동 씨는 선물시장에서 오히려 2억원의 손실을 지급한 후 15억원이 된다. 하지만 어떤 경우에든 환율변화와 무관하게 김갑동 씨가 애초에 원하던 수입 15억원이 고정되어 가격변동위험을 회피할 수 있다.

3 옵션(option)

(1) 옵션의 의의

① 개념

옵션계약(option contract)은 매입자(매도자)가 특정 만기일 또는 만기일 이전에 미리 정한 행사가격(exercise price)으로 대상이 되는 기초자산(underlying asset)을 매입(매도)할 수 있는 권리를 거래하는 계약이다("Rights to sell or buy"). 매입할 수 있는 권리를 콜옵션(call option), 매도할 수 있는 권리는 풋옵션(put option)이라고 한다. 옵션은 일종의 보험료(insurance premium)를 지불하고, 보유자산의 손실을 커버하기 위한 보험에 가입하는 것과 같은 성격의 금융상품이다. 보험에 가입하여 보험료를 지급한 후 사고가 발생하면 그에 대해 보상을 받고, 사고가 발생하지 않으면 보험료를 돌려받지 못하는 원리가 그대로 적용된다.

아파트 거래를 예로 들어보자. 처음 계약시 대개 10% 내외의 계약금을 주고 계약서를 작성하는데 이때 거래하는 것은 아파트의 소유권이 아닌 아파트 입주권이다. 비슷한 예로 특정 주식을 매입할 권리를 계약금을 주고 거래하게 되면 주식의 소유권이 아닌 매입권이다. 이때 입주권과 매입권 등과 같은 옵션(권리)을 매입하기 위해 지불하는 것이 옵션프리미엄(option premium)이다. 이 경우 아파트 값이 폭락하면 아파트에 입주하는 것보다 그 계약을 포기하는 것이 유리할 것이다.

다른 예로써, 생돈옵션(hog option)에서 양돈업자가 생돈 풋옵션매입(put option long)을 하였다고 가정해 보자. 이 경우 양돈업자는 돼지를 생산하면서 미래 출하 시기에 맞추어 판매가격을 특정 가격으로 팔 수 있는 권리(풋옵션)를 미리 사놓게 되면 출하 시기에 돼지가격이 폭락하더라도 미리 정한 가격에 판매할 수 있다. 반대로 돼지가격이 오르면 옵션은 포기하고 올라 있는

돼지가격에 판매하면 된다. 이렇게 옵션에는 옵션매입자에게 권리행사가 부여된 점이 선물과 다르다.[1)]

② 옵션과 선물

선물과 함께 대표적인 파생상품으로서 옵션계약은 선물계약과 차이점을 보이게 되는데, 선물계약은 미리 지정한 가격에 반드시 매입(매도)해야 하지만, 옵션계약의 경우 콜옵션, 풋옵션의 매입자가 자신에게 불리한 가격이 형성된 경우 그 계약을 포기할 수 있는 권리가 부여되어 있으므로 반드시 체결한 계약을 이행하지 않아도 된다. 위 생돈옵션의 예에서, 양돈업자는 출하 시기의 돼지가격이 하락한 경우 사놓은 풋옵션계약을 이행하지 않을 수 있는 권리가 있으므로 시중의 돼지가격 하락시 권리를 취소할 수 있다.

가장 비근한 옵션계약은 부동산거래이다. 부동산계약의 경우 거래 초기 계약금을 가지고 매입계약을 하게 되는데, 보통 계약금은 원금의 10% 정도이다. 이때의 계약금은 선물거래의 증거금(margin)과 동일한 것이다. 계약 후 부동산가격이 상승하더라도 애초에 계약한 가격으로 매입할 수 있게 된다. 만일에 부동산가격이 폭락하여 입주시 손해를 보게 된다면 부동산 매입자는 입주를 포기하고, 계약금도 되돌려 받지 못하게 된다. 매입자는 계약금을 통하여 부동산 입주권을 사는 것이기 때문이다. 예를 들어, 1억원짜리 주택을 1천만원 계약금으로 매입계약을 하였는데, 주택가격이 1억5천만원으로 상승시, 매입자는 예정대로 주택을 인수하면 된다(권리 행사). 반대로 주택가격이 5천만원으로 하락시, 매입자는 5천만원짜리 주택을 인수하여 손해를 보는 것보다 1천만원의 계약금을 포기하는 것이 유리할 것이다(건설업자=콜옵션 매도자).

비슷한 예로써 자동차보험을 들어보자. 100만원의 보험료를 지불하고 자동

---

1) 여기서와 같이, 옵션을 포기하고 현물시장의 시세대로 판매한다면 판매가격에서 포기한 옵션프리미엄만큼 차감한 것이 판매자의 수익이 된다. 옵션을 보유하기 위해 보험료와 유사한 성격의 옵션 프리미엄이라는 비용을 지불하였기 때문이다.

차보험을 가입한 경우(콜옵션 매입) 100만원 이상의 사고가 난 경우에는 자동차보험회사가 이를 대신 지급해 준다. 물론 100만원 이하의 사고에도 자동차보험회사가 대신 지급하여 주지만 보험료 등에의 영향을 따져봐야 하므로 지불한 보험료 100만원이 대개의 경우 보험처리 기준이 된다. 옵션에서는 이를 '행사가격'이라고 한다. 만일 사고가 나지 않더라도 보험회사는 100만원을 돌려주지 않는다. 위험보상에 대한 수수료로 간주되기 때문이다.

(2) 옵션계약의 손익구조와 유형

① 옵션계약의 손익구조

옵션은 선물과 달리 손익관계에 있어서 지급한 옵션프리미엄만큼 달라진다. 이처럼 옵션은 선물과 달리 손실을 한정시킬 수 있는 장점이 있는 반면,

그림 11-3 선물매입자와 콜옵션매입자의 손익

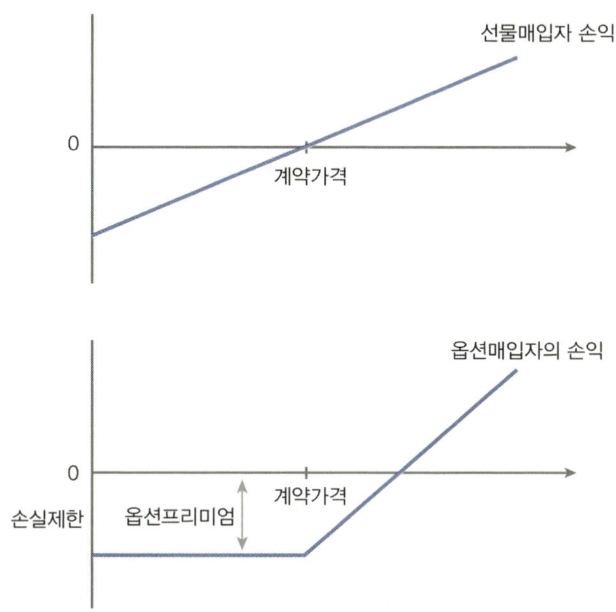

그림 11-4 옵션형태에 따른 손익

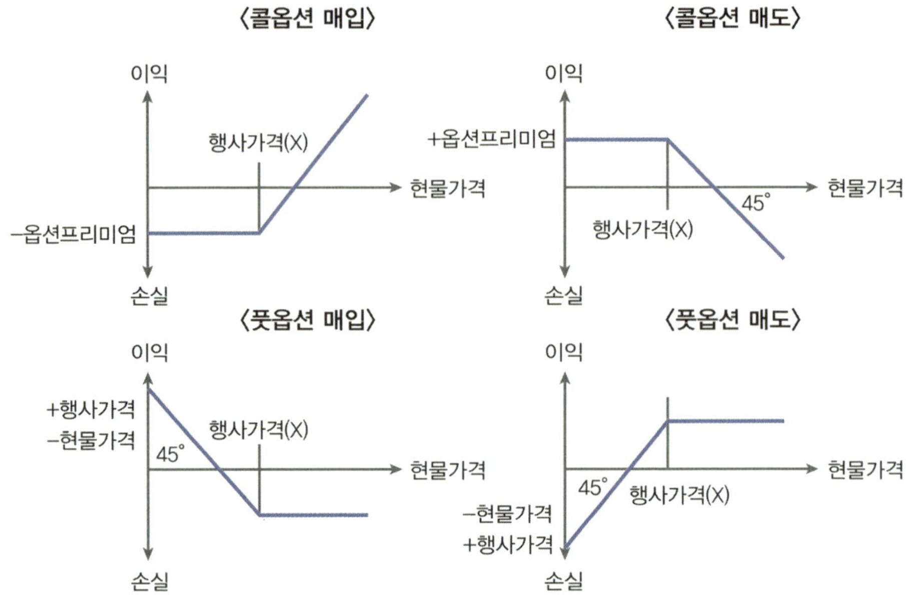

손실을 한정시키기 위해 옵션프리미엄이라는 비용을 들인다는 차이점이 있다. 이를 그림으로 나타내면 〈그림 11-3〉과 같다. 현재시점의 가격과 미래시점의 계약가격이 같은 경우 선물에서는 손익이 발생하지 않지만, 옵션은 옵션프리미엄만큼의 손실이 생긴다.

② 옵션의 유형

미리 약정한 특정 가격(이를 '행사가격'이라고 함)에 거래대상인 자산(이를 '기초자산'이라고 함)을 살 수 있는 권리가 부여된 것은 콜옵션(call option), 특정 가격에 대상자산을 팔 수 있는 권리가 부여된 것을 풋옵션(put option)이다. 평상시를 가정할 경우 대개 가격상승을 기대하는 세력이 더 크게 마련이므로, 다른 조건이 모두 동일하다면 실제 시장에서는 콜옵션의 가격이 풋옵션의 가격보다 높게 형성되는 것이 일반적이다.

계약의 만기 이전에 언제라도 옵션의 보유자가 옵션을 행사할 수 있는 것은 아메리칸옵션(American option), 만기에만 보유옵션을 행사할 수 있는 것은 유로피안옵션(European option)이다. 그러므로 다른 조건이 모두 동일하다면 아메리칸옵션의 가격이 유로피안옵션의 가격보다 비싸다. 아메리칸옵션은 옵션의 보유자 입장에서 권리행사에 유리한 가격이 형성되었을 때 만기 이전에 언제든지 권리행사를 통해 이익을 취할 수 있으므로 그만큼 프리미엄이 가산되기 때문이다.

거래대상에 따라 주식옵션, 주가지수옵션, 통화옵션, 금리옵션 등으로 구분된다. 옵션은 다양한 형태로 이용된다. 신주를 살 수 있는 권리가 별도로 거래되는 상품인 신주인수권(워런트, Warrant)을 비롯하여 신주인수권부사채(bond with warrants, BW), 전환사채(convertible bond, CB) 등의 채권에도 옵션이 부여되어 거래된다.

옵션은 콜옵션, 풋옵션이 각각의 형태로 단독으로 거래되기도 하지만, 헤지전략(hedge strategy), 합성전략(combination strategy), 차익거래(arbitragy) 전략 등 여러 가지 형태로 몇 개의 옵션이 결합되어 포지션이 형성된다.

헤지전략은 현물상품 또는 선물계약을 보유한 상태에서 ① 풋옵션을 매입하거나(이를 'Protective Put'이라고 함), ② 콜옵션을 매도하는 방법(이를 'Covered Call'이라고 함)이 대표적이다. 이 두 가지 전략을 각각 풋옵션을 매입함으로써 가격 하락시의 손실을 커버하고, 콜옵션 매도로 발생하는 프리미엄 수입으로 손실을 보전하려는 방법이다.

합성전략은 만기일이나 행사가격이 서로 다른 콜옵션+콜옵션, 풋옵션+풋옵션을 동시에 매입, 매도하는 것이 대표적이다(이를 '스프레드전략'이라고 함). 만기는 같고 행사가격이 다른 콜옵션+콜옵션, 풋옵션+풋옵션을 동시에 매입, 매도하는 것은 수직스프레드(vertical spread), 만기가 다르고 행사가격이 같은 콜옵션+콜옵션, 풋옵션+풋옵션을 동시에 매입, 매도하는 것은 수평스프레드(horizontal spread)이다. 이외에도 콜옵션+풋옵션을 동시에 매입, 매도하는 방법도 있고(이를 '스트레들(straddle), 스트립(strip), 스트랩(strap)'이라고 함), 여러 개의 옵션을 합성하면서 저평가된 옵션은 매입하고 고평가된 옵션은 매도하는 전략도 있다(이를 '컨버전(conversion)' 또는 '리버설(reversal)'이라고 함). 컨버전과 리버설을 차익거래전략으로 분류한다.

옵션거래의 손익

금 1온스를 $100에 살 수 있는 콜옵션 1계약(1계약 단위는 100온스)을 $3을 주고 매입하였다고 가정하자. 금 1온스의 가격이 $110으로 상승한 경우와 $95로 하락한 경우의 옵션거래 손익을 계산하면 다음과 같다.

– $110으로 상승한 경우
  행사가격 단위차익 = $110 – $100 = $10
  옵션거래 단위손익 = $10 – $3(매입가격) = $7
  옵션거래 총 손익 = $7×100온스 = $700 (이익)

– $95로 하락한 경우
  옵션행사를 포기하므로 옵션프리미엄은 $3 손해
  옵션거래 총 손익 = $3×100온스 = $300(손실)

한편 동일한 자금으로 옵션과 선물을 매입하였을 경우 손익구조를 비교해 보자. 대상자산은 주가지수(KOSPI200)이다. 주가지수선물은 1계약에 500,000원이고, 주가지수옵션은 1계약에 100,000원이다.

(유럽형)옵션과 선물의 손익구조 비교

■ 투자금액 6,000만원으로 선물 · 옵션에 투자한 경우

KOSPI200 지수선물 5계약 178.25pt에 매입
투자금액 = 178.25×5×500,000원×15%(증거금률) = 6,684만원
KOSPI200지수콜옵션 120계약 프리미엄 2.48pt을 주고 매입(행사가격 177.50pt)
투자금액 = 120×100,000원×2.48pt = 2,976만원

■ KOSPI200지수가 10% 상승하여 185.23pt가 된 경우

KOSPI200지수선물 손익
(185.23−178.25)×5×500,000원 = 1,745만원(투자액 2,934만원 대비 59%)
KOSPI200지수콜옵션 손익
(185.23−177.5−2.48)×120×100,000원 = 6,300만원(투자액 2,976만원 대비 215%)

■ KOSPI200지수가 178.25pt로 변하지 않은 경우

KOSPI200지수선물 손익
(178.25−178.25)×5×500,000원 = 0원(투자액 2,934만원 대비 0%)
KOSPI200지수콜옵션 손익
(178.25−177.5−2.48)×120×100,000원 = △2,076만원(투자액 2,976만원 대비 △70%)

4 스왑(swap) 및 워런트(warrant)

(1) 스왑의 의의

스왑계약(swap contract)은 특정 만기일 또는 만기일 이전에 미리 정한 가격으로 대상이 되는 기초자산(underlying asset)을 거래당사자 상호 간에 교환하기로 약정하는 계약이다("promise to exchange"). 선물, 옵션, 스왑으로 대별되는 파생상품시장에서 스왑은 파생상품 거래량의 50% 이상으로서 가장 큰 비중을 차지한다. 그리고 스왑은 아직까지 거래소시장에서 거래되지 않는 상품으로서 대표적인 장외상품이기도 하다.

예를 들어, 고정금리부로 자금을 대출받은 기업이 변동금리부로 대출을 바꾸고자 하는 경우 변동금리부로 자금을 대출받은 기업과 대출계약을 상호 교환하는 스왑을 체결함으로써 대출교환의 효과를 볼 수 있다.

이때, 한 가지 의문이 생길 수 있는데, 변동금리부가 유리한 기업은 애초에 고정금리부가 아닌 변동금리부로 대출받으면 될 것이 아닌가 하는 것이다. 자금시장에서는 고정금리부로 대출받은 것이 유리한 기업이 있고, 변동금리부로 대출받는 것이 유리한 기업이 있게 마련이다. 그러므로 고정금리부로 일단 대출받은 기업이 스왑계약을 통해 변동금리부로 교환함으로써 대출효과를 극대화시킬 수 있다. 스왑을 필요로 하는 당사자 간에 스왑계약을 체결해 주는 중개인을 스왑딜러(swap dealer)라고 하며, 주로 은행, 증권회사 등의 금융기관이 스왑딜러의 역할을 수행한다.

(2) 스왑의 손익

스왑은 기본적으로 거래당사자가 모두 이득을 받는 구조이지만 대상자산의 가격이 변화함에 따라 일정한 손익이 발생할 수도 있다.

스왑의 손익

A기업과 B기업은 각각 한국과 미국에 소재한 기업으로서 원화 차입과 달러화 차입에 우위를 보인다. 그러나 A기업은 달러화 사용을, B기업은 원화 사용을 원하고 있는 상태이어서 아래와 같이 스왑딜러를 이용하여 차입한 자금을 스왑하고자 한다.

• 스왑 이전

• 스왑 이후

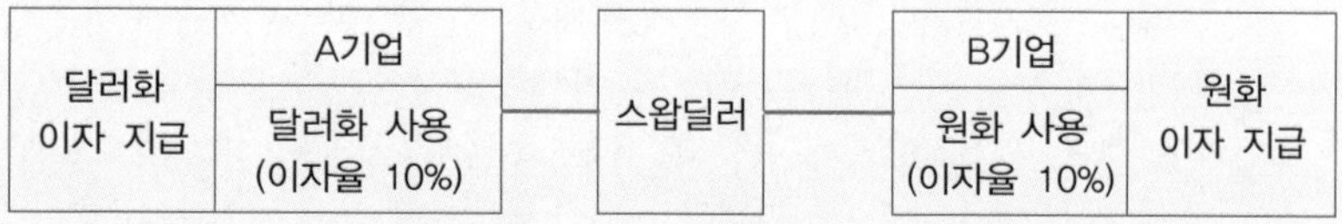

이 경우, 스왑 이후에 달러화 이자가 상승하면 A기업이 불리해지므로 A기업의 가치가 상대적으로 하락하고, 반대로 원화 이자가 상승하면 B기업이 불리해진다. 비슷한 예로, 스왑 이후에 달러화 가치가 상승하면 달러화 이자를 지급해야 하는 A기업이 불리해지고, 원화가치 상승하면 B기업이 불리해진다.

스왑계약도 거래당사자 간의 손익을 모두 더하면 제로가 되는 제로섬게임이다. 하지만 이미 언급한 바와 같이 제로섬게임이면서도 당사자에게 모두 이익이 될 수 있는 양(+)의 제로섬(positive zero-sum)게임이 될 수 있다는 특징이 있다. 스왑이 금융상품으로서 각광을 받는 배경이 되기도 한다.

Positive Zero-sum Swap

A은행의 예대스프레드는 대출금리 9%, 예금금리 7%(리보금리+3%)이고, B은행의 예대스프레드는 대출금리 9%(리보금리+5%), 예금금리 7%이다. 두 은행 모두 2%의 예금, 대출 스프레드 구조를 가지고 있다. 그러나 리보금리는 변동금리로서 만일 리보금리가 6% 이상이 되면 두 은행 모두 수익구조가 흔들리게 되어 스왑을 통해 이를 해소하게 된다.

• 스왑 이전

A예금		B은행	
대출	예금	대출	예금
9%	7% (리보+3%)	9% (리보+5%)	7%

• 스왑 이후

A예금		B은행	
대출	예금	대출	예금
9%	7%	9%	7%

* 리보금리는 4%로 가정함.
* 리보(london inter-bank offered rate, LIBOR)는 영국은행 간 초단기대출금리로서, 우리나라의 콜금리와 동일한 성격의 기준금리임.

스왑 이전 A은행의 대출/예금 구조는 고정금리 9%, 변동금리 7%(리보+3%)로서 예대스프레드가 2%이고, B은행의 대출/예금 구조는 변동금리 9%(리보+5%), 고정금리 9%로서 예대스프레드가 역시 2%이지만 수익구조가 리보금리의 변동에 연계되어 불안한 상태이다. 하지만 스왑 이후 A은행과 B은행은 모두 고정적으로 2%의 예대스프레드를 확보하게 되어 이전보다 나은 수익구조를 보인다. 즉, 스왑이 거래당사자 모두에게 혜택을 주는 양(+)의 제로섬 구조를 나타낸다.

스왑은 스왑의 대상이 되는 상품에 따라 상품스왑, 금융스왑(통화스왑, 주식스왑, 금리스왑 외)으로 구분할 수 있다. 위의 예는 대표적인 기본형 금리스왑(plain vanilla)이다. 상호 간에 서로 다른 통화를 교환할 수 있는 거래는 통화스왑으로서 외환시장에서 많이 사용한다. 주로 우리나라를 포함한 선진국에서 미국 달러 등 주요 통화가 일시적으로 부족할 때 통화스왑거래를 통해 보전하기도 한다.

(3) 주식워런트와 주식옵션

파생상품의 옵션의 형태 중 최근에 개발되고, 각광을 받는 상품이다. 신주인수권을 의미하는 주식워런트(equity linked warrants, ELW)는 특정한 가격에 주식이나 미리 정한 대상을 인수할 권리를 매매하는 증권이다. 다시 말하면, 개별 주식 또는 주가지수와 연계하여(linked), 사전에 만기와 같은 매매시점 및 가격을 정한 뒤 약정한 바에 따라 해당 주식 또는 현금을 사고 팔 수 있는 권리가 주어진 증권이다. 특정 종목의 주가 상승이 예상될 경우, 해당 종목의 주식을 모두 사지 않더라도 일부 자금만 투자해 주식으로 바꿀 수 있는 권리만 산 뒤, 차익을 올릴 수 있는 증권이다.

주식워런트는 다양한 투자 수요를 충족하고, 증권 산업의 경쟁력을 높일 수 있는 제도로 도입되어 많은 국가의 증권거래소에 상장되어 거래되고 있다. 유럽에서 활발한 거래를 보이고 있는 증권이며, 우리나라도 2005년에 도입하여 세계적인 거래량을 나타내고 있다. 참고로, 우리나라 거래소는 2011년 현재까지 ELW를 포함한 옵션의 거래량이 전 세계적으로 타의 추종을 불허하는 1위의 지위를 누리고 있다.

주식워런트의 거래 방식을 약술하면 다음과 같다. 예를 들어, 쫓쫓쫓사의 현재 주가가 30,000원인데, 투자자가 이 주식을 1년 뒤에 35,000원에 살 수 있는 ELW를 1,500원에 샀다고 하자. 3개월이 지났을 때 주가가 40,000원까지 오른 경우, 주식을 산 사람은 ELW의 권리를 행사해 35,000원에 주식을 사서, 현재의 시세인 40,000원에 팔 수 있다. 이때, 이 거래를 한 사람은 매입가격 1,500원을 빼더라도 3,500원의 투자 수익을 올릴 수 있다. 반대로 주가가 35,000원 이하라면, 행사할 수 있는 권리를 포기해 자신이 투자한 1,500원만큼만 손해를 보면 된다. 만기 전이라도 자신이 투자한 1,500원보다 올랐을 경우, 즉 주가가 36,500원 이상 오른다면 언제든지 팔아서 시세 차익을 올릴 수 있다. 주식워런트를 발행할 수 있는 기관은 증권거래법상 파생금융상품 영업을 인가받은 증권회사이다. 특히, 자본금이 대형인 증권회사가 발행기관이 된다. 투자자의 권리행사로 발생할 수 있는 손실가능금액을 충분히 감당할 수 있어야 하는 증권회사이어야 하기 때문이다. 대상종목은 거래가 잘 될 수 있는 유동성이 풍부한 KOSPI100 구성 종목과 KOSPI200지수 등이다. 만기는 최소 3개월 이상 3년 이내이다.

주식워런트가 거래에 따른 손익을 현금정산하여 지급한다면 주식옵션은 실제 해당 주식이 이전되는 것을 말한다. 주식워런트와 주식옵션은 특정한 가격에 주식이나 미리 정한 대상을 인수할 권리를 매매하는 증권인데, 주식워런트는 손익을 현금정산하여 결제하는 반면 주식옵션은 해당 주식을 인도하여 결제하는 차이점이 있다. 주식옵션의 거래대상이 되기 위해서는 발행주식수가 많고 유동성이 큰 대형주여야 하는데, 우리나라에서는 현재 삼성전자, 포스코, KT&G, LG전자 등 대형 우량종목이 주식옵션의 대상으로 거래된다.

(4) 기타 상품

금융투자상품의 개발은 주식워런트와 주식옵션과 같은 신종 파생상품 이외에도 다양한 형태의 상품을 출범시켰다. 대표적인 것인 주가지수 또는 주가연동형증권(equity linked securities, ELS)과 주가지수 또는 주가연동형예금(equity linked deposits, ELD)이다. 이들은 특정 주가지수나 종목의 주가의 가격 변동에 연계되어 수익률이 결정되는 것으로 금융기관이 유동성공급자(liquidity provider, LP) 및 딜러로서 상품을 판매하고 고객에게 수익금을 지급하는 것이다. ELD의 경우 은행이 판매하는 예금의 형태이므로 1인당 5,000만원까지 원금보장이 된다는 점에서 ELS와 차이가 있다. 물론 ELS도 상품설계에 따라 원금보장형이 있으나 근본적으로 ELD의 원금보장과는 약간의 차별점이 있다.

학습정리

01 | 파생금융상품은 주식, 채권 등의 기초 증권을 토대로 계약시점은 현재이나 거래의 종결시점은 미래시점인 무형의 상품을 개발하여 만든 무형의 증권이다. 주식, 채권, 통화 등의 기초자산의 미래가격이 어떻게 되는가에 따라 증권의 가치가 결정되는 금융상품이다. 선물, 옵션, 스왑 등이 대표적인 상품이다.

02 | 선도계약과 선물계약의 가장 큰 차이점은 선물계약의 경우 거래소와 청산소가 존재하여 정형화되고 표준화된 거래구조를 가지고 있으며, 일일정산과 마진시스템을 통해 거래유지가 보증된다는 것이다.

03 | 선물, 옵션, 스왑 등의 파생상품은 주식이나 채권과 달리 거래당사자의 손익을 모두 합한 금액이 "0"이 되는 제로섬게임이다. 따라서, 이득을 본 거래자의 이익금액과 손해를 본 거래자의 손실금액은 같아지는 거래이다.

04 | 옵션은 선물과 달리 손실을 한정시킬 수 있는 장점이 있는 반면, 손실을 한정시키기 위해 옵션프리미엄이라는 비용을 들인 다는 차이점이 있다

05 | 옵션은 콜옵션, 풋옵션이 각각의 형태로 단독으로 거래되기도 하지만, 헤지전략(hedge strategy), 합성전략(combination strategy), 차익거래(arbitragy)전략 등 여러 가지 형태로 몇 개의 옵션이 결합되어 포지션이 형성된다.

06 | 스왑계약은 특정 만기일 또는 만기일 이전에 미리 정한 가격으로 대상이 되는 기초자산을 거래당사자 상호 간에 교환하기로 약정하는 계약이다.

07 | 스왑은 대상자산에 따라 상품스왑, 금융스왑(통화스왑, 주식스왑, 금리스왑 외)으로 구분할 수 있다. 통화스왑은 서로 다른 통화를 교환할 수 있는 거래로서 주로 우리나라를 포함한 선진국에서 미국 달러 등 주요 통화가 일시적으로 부족할 때 이를 통해 보전한다.

08 | 주식워런트와 주식옵션은 특정한 가격에 주식이나 미리 정한 대상을 인수할 권리를 매매하는 증권인데, 주식워런트는 손익을 현금정산하여 결제하는 반면 주식옵션은 해당 주식을 인도하여 결제하는 차이점이 있다.

CHAPTER

12

환위험 외부관리전략 I

2020년 5월 국내의 ABC선박제조업체는 중동의 원유생산회사와 500만달러 규모의 유조선을 건조하는 계약을 맺었다. 이 계약은 선박제조업체에게 5억원의 순이익을 가져다 줄 수 있는 대형계약이다. 계약 이후 선박제조업체는 원/달러 환율이 하락할 것에 대비하여 선물환시장에서 1년 후 1달러당 1,000원에 매도할 수 있는 선물환매도계약을 체결하였다.

1년 후인 2021년 5월 유조선을 인도함과 동시에 5백만달러를 입금 받았다. 입금 받을 당시의 환율은 2020년 5월의 환율에 비해 크게 하락한 ₩900/$이었다. 하지만 이 업체는 1달러당 1,000원에 매도할 수 있는 선물환계약에 따라 ₩900/$가 아닌 ₩1,000/$에 대금을 환전함으로써 환율인하에 따라 발생할 수 있었던 대규모 손실을 회피하게 되었다. 만일 이 선박제조업체가 선물환계약을 맺지 않고 그대로 환율변동위험(환위험)에 노출되어 있었다면 유조선 판매에 따른 이익 5억원은 고스란히 환율하락에 따른 손실로 전가되어 버렸을 것이다.

1 선물환의 개념

(1) 선물환거래의 의의

해외투자나 외환거래에서 발생하는 환위험을 효과적으로 관리하기 위한 수단으로 광범위하게 활용되는 선물환거래는 다음과 같은 경제적 의미를 가진다.

① 선물환거래의 경제적 의미

■ 미래 불확실성 제거

선물환거래는 거래일부터 결제일까지의 일정기간 수취 또는 지급할 미래 환율의 불확실성을 제거하는 효과가 있다. 미래 결제할 환율을 미리 확정함으로써 환율변동에 따른 현금흐름의 가변성을 제거하고 미래 계획의 일관성을 제공하기 때문이다.

■ 통제 불가능한 환율에 대한 선택 가능성

선물환거래는 현물환거래보다 환율의 폭 및 환율선택기간의 폭을 확대하여 보다 유리한 환율을 선택하여 외화를 처분 또는 수취할 기회를 제공한다.

■ 자본의 효율적 운용

현물환거래를 위한 자금 보유(자금의 부동화)에 따른 자본 효율성이 저하되는 것을 회피할 수 있다.

② 선물환과 현물환

현물환(spot exchange)은 현물거래에 적용하는 환율로서 외화와 원화를 즉시 매입 또는 매도하는 거래이다. 일상적인 무역거래는 현물거래로 간주한다. 결제일에 따라 당일물(value today), 익일물(value tomorrow), 스팟물(value spot)로 구분한다.

반면에 선물환(forward exchange)에는 가격(환율)결정과 교환에 시간적 괴리가 존재하는데 가격결정이 선행하고 교환이 후행하는 특징이 있다. 따라서 만기일 환율, 포지션에 따라 일정 규모의 손익이 발생한다.

③ 선물환 헤지, 투기, 차익거래

선물환거래를 포함한 선물거래를 하는 가장 대표적인 이유는 미래(만기일) 가격을 현재시점에서 확정함으로써 현재-미래 사이의 시차에 발생할 수 있는 가격위험을 회피하거나 가격의 차이를 통해 수익을 거두려는 데 있다. 동일한 자산에 대해 두 나라 간의 선물가격이 다르다면 일방에서는 매도, 일방에서는 매입하는 거래로 차익을 챙길 수도 있다. 그러나 세 가지 거래형태 모두 미래 가격인 선물가격(여기서는 '선물환율')이 예상과 반대로 움직였을 때는 그에 따른 손실이 발생할 수 있다. 그러므로 선물거래를 수행하는 데에는 필연적으로 비용이 수반되는 것이다.

미래가격을 미리 확정함으로써 손실을 피하려는 경제적 행위는 쉽게 찾을 수 있다. 쌀을 경작하는 농부와 이를 사려는 수매자 간에 이루어지는 밭떼기 계약, 2개월 후 외국으로 떠나는 항공권을 오늘 미리 신용카드로 결제하여 이후 항공권 가격변동을 피하는 행위 등은 모두 이에 해당한다.

선물환을 이용한 헤지의 예를 들어보자. 미국에 1백만달러 어치의 의류를 수출하고 그 대금을 3개월 후에 결제받는 기업이 있는데 현재 외환시장에 형성되어 있는 환율(현물환율)이 1,100원/달러이고 3개월물 선물환율은 1,120원/달러이다. 이 기업은 외화로 대금을 결제받기로 되어 있으므로 환위험에 노출되어 있고 이를 관리할 필요성을 느끼게 된다. 만일 환율이 어떤 이유에서 1,000원/달러로 하락하면 1억원(=100원×1백만달러)의 원화손실을 입기 때문이다. 그러나 기업 입장에서 환율이 상승할 수도 있다고 생각하여 아무런 조치를 취하지 않고 3개월이 지난 후 1백만달러를 그 날의 현물환율로 교환할 수 있다. 그렇지 않고 환율이 하락한다면 하락분만큼의 손해를 보게 된다. 따라서 선물환거래를 통해 선물환율로서 결제환율을 확정하였는데 환율이 상승해버리면 환율인상에 따른 원화금액 상승혜택을 누릴 수 없고 이 선물환거래를 수행한 기업의 담당자나 대표자는 곤혹스러울 수도 있지만 미래가격을 고정함으로써 발생 가능한 위험을 회피하였다는 중요한 사실을 간과해서는 안 된다.

(2) 선물환의 가격고시

① 아웃라이트 환율

선물환율은 양국 간의 이자율 차이와 현물환율의 수준에 따라 결정되므로 현물환율에 일정한 프리미엄이 가산되거나 할인되어 표시된다. 아웃라이트 표시법(outright quotation)은 현물환율처럼 아래와 같이 숫자로 표시한다.

Sfr/$ 현물환율 : Sfr1 = $0.5012
3개월 선물환율 : Sfr1 = $0.5085

위에서처럼 스위스 프랑/달러 3개월 선물환율이 현물환율보다 높게 형성되었을 때 선물환할증이 되고, 반대로 낮게 형성되어 있으면 선물환할인 상태이다. 즉, 선물환율은 73포인트 프리미엄(= 0.5082 − 0.5012)으로 고시되거나 달러화가 5.84% 선물환 프리미엄이 있다고 한다[= (0.5085 − 0.5012)/0.5012 × 4 × 100%]. 반대로 현물환율이 0.5085이고 3개월 선물환율이 0.5012이면 73포인트 디스카운트로 고시되거나 달러화가 2.92% 선물환 디스카운트되었다고 한다[= (0.50125 − 0.5085)/0.5085 × 4 × 100%].

선물환율과 현물환율의 차이를 선물환마진(forward margin)이라고 하는데 이렇게 선물환할증일 때는 선물환마진이 양(+)의 값을 가지고, 반대로 선물환할인일 때는 선물환마진이 음(−)의 값을 가진다. 또한 선물환할증에서는 매입률이 매도율보다 크게 고시된다.

② 스왑률(swap rate) 또는 스왑포인트(swap point)

선물환율과 현물환율의 격차를 표시하는 방법으로 현물환율에 스왑률을 가감하면 아웃라이트 표시법이 된다. 스왑률에서 매입률이 매도율보다 크면 선물환율이 현물환율에 대해 할인되어 있고 매도율이 크면 할증되어 있다고 한다. 즉, 매입률이 매도율보다 크면 현물환율에서 스왑률을 차감하여 선물환율을 구하고 매도율이 매입률보다 크면 현물환율에 스왑률을 가산하여 선물환율을 구한다.

$와 Sfr의 선물환율이 다음과 같은 스왑률로 표기시 이를 아웃라이트 표시법으로 바꾸면

Sfr/$ = 0.3562 − 0.3568

스왑률 = 1개월 : 3 − 5　3개월 : 8 − 11　6개월 : 20 − 26

스왑률의 매입률이 매도율보다 작으므로 현물환율에 스왑률을 더하여 선물환율을 산출

1개월 선물환율 = 0.3562 + 0.0003 − 0.3568 + 0.0005 → 0.3565 − 0. 3573
3개월 선물환율 = 0.3562 + 0.0008 − 0.3568 + 0.0011 → 0.3570 − 0. 3579
6개월 선물환율 = 0.3562 + 0.0020 − 0.3568 + 0.0026 → 0.3582 − 0. 3594

③ 선물교차환율

선물교차환율(forward cross rate)은 달러가 포함되지 않은 두 통화 사이의 선물환율이다. 그러나 현물환거래와 같이 은행 간 선물환거래도 달러의 매입, 매도가 대부분이고 교차거래는 흔치 않다는 특징이 있다.

IF은행이 고객의 요청에 따라 일본 엔화의 3개월물 선물환을 매입하기 위해 보유하고 있는 유로화의 선물환율을 매도한다고 가정해 보자. 이때 엔화와 유로화끼리는 달러화가 연결되지 않은 선물교차환율이 형성되므로 다음과 같이 두 통화 간에 달러가 개입되어 유로화－달러, 달러－엔화로 교환하는 두 단계의 거래가 필요하다.

첫 번째 거래, 유로화 선물환 매도－미국 달러 선물환 매입
두 번째 거래, 미국 달러 선물환 매도－일본 엔 선물환 매입

즉, 유로/엔 선물교차환율은 유로/달러 선물환율과 유로/달러 선물환율로부터 구한다.

	현물환율	3개월 선물환 스왑률
유로/달러	0.5057－0.5067	72－66
엔/달러	113.64－113.72	50－45

유로화 매도/달러 매입 (매도율 사용) 유로/달러 선물환율＝0.5067－0.0066＝0.5001
달러매도/ 엔화 매입 (매입률 사용) 엔/달러 선물환율＝113.64－0.50＝113.14
그러므로, €1＝￥226.23(＝113.14/0.5001)

2 선물환거래와 환위험 헤지

(1) 선물환거래와 헤지

선물환거래는 환위험 헤지의 전통적이고 기본적 수단이다. 선물환거래를 통해 미래 환율을 미리 정하여 위험을 없애려고 하는 거래자로부터 미래 환율

을 미리 정하여 투기적 이익을 얻으려는 거래자 사이에 위험의 이전이 발생하게 된다. 하지만 선물환계약 자체를 투기나 차익거래에 활용하기도 한다.

선물환거래의 손익

현재 현물환율이 ₩1,240/U$이고, 3개월 선물환율은 ₩1,250/U$로 고시되었다.

- 어떤 투자자가 3개월 후 선물환율이 ₩1,270/U$가 될 것으로 예측하여 1백만 달러의 달러선물환을 ₩1,250/U$에 매입했고 3개월 후 선물환율이 실제로 ₩1,270/U$이 되었다면 (₩1,270－₩1,250)×1백만＝₩20,000,000의 수익이 발생한다.
- 반대로 3개월 후 선물환율이 ₩1,240/U$로 형성되었다면 (₩1,240－₩1,250)×1백만＝△₩10,000,000의 손실이 발생한다.

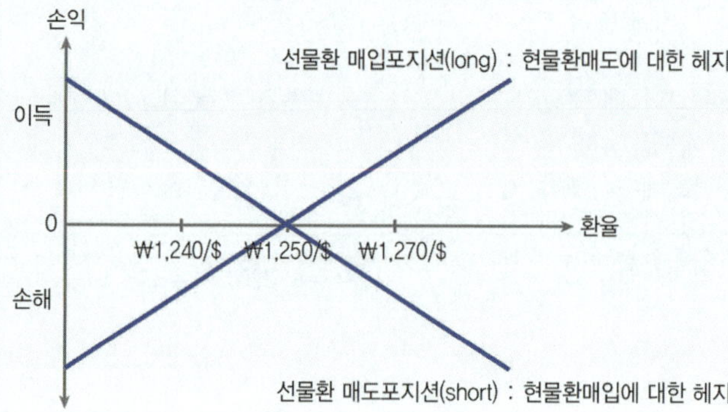

선물환거래를 환위험 헤지 수단으로 사용하는 경우에는 위에서와 다른 결과를 가져온다. 미국에 1백만달러 어치의 의류를 수출하고 그 대금을 3개월 후에 받기로 한 기업을 다시 예로 들어보자. 현재 외환시장에 형성되어 있는 환율(현물환율)이 1,100원/달러이고 3개월물 선물환율은 1,120원/달러이다. 이 기업은 환율하락에 따른 원화표시 대금의 감소에 대비하여 1백만달러 규모의 선물환매도계약을 은행과 체결하였다.

3개월 후 외환시장에서 실제로 현물환율 1,000원/달러, 선물환율 1,020원/

달러로 하락하면 어떻게 될까? 우선 수취한 1백만달러를 현물환율인 1,000원/달러로 교환하여 10억원을 확보한다. 그리고 선물환거래에서 거둔 1억원[=(1,120원−1,020원)×1백만달러]을 합산하면 총 11억원이 된다. 이는 애초에 기업이 3개월 전 희망하였던 현물환율에 의한 원화금액 11억원(=1,100원×1백만달러)과 같은 금액으로 선물환거래를 통해 환위험을 헤지하였다.

그런데 만일 현물환율이 예상과 달리 1,200원/달러, 선물환율 1,220원/달러로 상승하면 어떻게 될까? 이때에도 기업은 애초에 희망하였던 원화금액 11억원을 확보할 수 있다. 우선 수취한 1백만달러를 현물환율인 1,200원/달러로 교환하여 12억원을 확보한다. 그리고 선물환거래에서 발생한 손실 1억원[=(1,220원−1,120원)×1백만달러]을 합산하면 총 11억원이 되고 이는 환율이 하락한 경우와 동일한 결과이다.

시점	현 재 (선물환매도 헤징)	3개월 후 (환율인하 시)	3개월 후 (환율인상 시)
현물환율	1,100원/달러	1,000원/달러	1,200원/달러
선물환율	1,120원/달러	1,020원/달러	1,220원/달러
현물환		1,000×1백만 =10억원	1,200×1백만 =12억원
선물환 손익		(1,120−1,020)×1백만 =1억원	(1,220−1,120)×1백만 =△1억원
합계		11억원	11억원

(2) 선물환보호약정

① 선물환보호약정(forward protection agreement)의 개념

선물환거래는 환율의 불리한 변동을 완전히 회피할 수 있는 반면, 유리하게 변동할 경우의 이익은 포기해야 하는 단점을 보완한 것이 선물환보호약정이다. 환율이 예상치 못하게 유리한 방향으로 움직이는 경우 잠재적 이익의 실현 가능성을 보장하는 계약이다.

② FRA(forward range agreement)

선물환거래의 매입, 매도자가 장래 일정 시점에서 일정 범위 내에서만 선물환율로 거래하는 약정이다. 외환거래에 적용할 환율의 상한(cap)과 하한(floor)을 정해 선물환율이 이 범위 내에 있을 경우에만 선물환율로 거래하고 범위를 벗어난 경우는 현물환율로 거래한다.

③ FPA(forward participation agreement)

만기일 현물환율과 선물환율 간 일정한 격차를 정해 놓고 그 격차폭에 해당하는 경우에만 선물환율로 거래하는 계약이다. 이에 따라 미리 정해 놓은 현물환율과 선물환율의 격차보다 큰 경우는 현물환거래를 하게 된다.

④ 선도금리계약(forward rate agreement)

선도금리계약(forward rate agreement, FRA)은 환위험과 함께 외환시장에서 중요한 위험으로 간주되는 금리위험을 회피코자 하는 계약으로서 은행이 제공하는 장외상품(OTC product)으로서 표준화된 장내시장상품인 금리선물과 대조적인 상품이다. 실제 차입을 발생시키지 않은 채 금리를 고정시킬 수 있는 계약이어서 1980년대 초 도입된 이후 금리변동위험을 관리하는 데 매우 유용하고 빈번한 수단이 되고 있다. 원금과 관련된 현금흐름이 없기 때문에 재무상태표에 기재되지 않는 부외거래(off-the-balance transaction)라는 특징과 이점이 있다. 이 선도금리계약은 외환시장의 금리위험을 회피하는 주요 수단으로서 환위험을 다루는 데 있어서 알아두어야 하는 내용이다.

선도금리계약(FRA)을 정의하면 특정 통화(contract currency)로 표시한 일정량의 원금(contract amount)을 거래일(dealing date)에 약속한 금리(contract rate)로 정해진 기간 동안 만기일(maturity date)에 매입자는 빌리고, 매도자는 빌려주는 것을 합의한 계약이다. 외환시장의 차액결제선물환거래(NDF)처럼 만기결제시 원금 전부가 아닌 금리변동분에 의해 발생한 손익의 차액만 매입자와 매도자 간에 결제한다.

향후 3개월 후부터 3개월(94일) 동안 U$1,000,000의 자금 수요가 예상되는 기업이 있다. 이 경우 3개월이 지나서 발생하는 금리변동위험에 대응하기 위해 3개월 후부터 3개월 동안 위험을 커버하는 선도금리계약을 오늘 매입(현물금리는 6.25%)하였다. 이 계약을 '3 against 6 month FRA' 또는 '3×6선물금리계약' 또는 '3×6FRA'라고 부른다.

- 만일 '1 against 4 month FRA(=1×4FRA)'이라면 1개월 후 3개월간의 자금수요에 대한 FRA계약을 의미하고 현물일과 대출만기일 간에 4개월의 기간이 존재한다는 것을 뜻한다.
- 차입자 우려대로 3개월 후 금리가 6.25%에서 7%로 상승시 차입자는 7% 금리를 해야 하므로 $1,958 만큼의 비용 부담이 발생하는데 FRA를 통해 이를 보상받게 되므로 차입자는 원래의 6.25%에 조달하는 결과가 된다. 즉, FRA를 이용하여 금리인상에서 발생하는 위험을 커버받는다.
- 구체적으로 아래와 같이 금리인상에 따른 추가이자부담비용($1,958)은 FRA에서 보상받으므로 결과적으로 금리인상 이전 수준인 6.25%에 차입하는 효과를 본다.

$$\text{추가이자부담비용(extra interest)} = \frac{(7.00-6.25)}{100} \times \$1{,}000{,}000 \times \frac{94}{360} = \$1{,}958$$

* 통상 계산 편의상 365일이 아닌 360일을 적용함.

3 선물환전략의 이해

(1) 이론선물환율

① 이론선물환율(F)의 산출

이론선물환율은 아래와 같이 금리평가설을 이용하여 현물환율에 자국과 타국의 금리차가 적용되어 산출된다.

$$F_t^{t+1} = e\frac{1+i_h}{1+i_f}$$

여기서, i_h, i_f는 각각 자국과 타국의 금리, e=현물환율

현재 현물환율이 ₩1,030/U$, 달러화금리는 4%, 원화금리는 6%일 때, 1년물의 이론적 선물환율을 산출해 보자.

- $1를 1년 예금시 원리금=$1(1+0.04)=$1.04
- ₩1,030을 1년 예금시 원리금=₩1,030(1+0.06)=₩1,091.8
- 그러므로 1년만기 이론선물환율=1,091.8/1.04=₩1,049.8
- 이때 선물환율과 현물환율의 차이 즉, ₩1,049.8−₩1,030=₩19.8을 1년물 베이시스(basis)라고 함.

현물환율이 ₩1,030/U$, 달러화금리는 6%, 원화금리는 4%일 때, 즉 원화금리가 더 낮은 경우의 이론적 선물환율은 다음과 같이 산출된다.

- $1를 1년 예금시 원리금=$1(1+0.06)=$1.06
- ₩1,030을 1년 예금시 원리금=₩1,030(1+0.04)=₩1,071.2
- 그러므로 1년만기 이론선물환율=1,071.2/1.06=₩1,010.6
- 이때 선물환율과 현물환율의 차이 즉, 베이시스=₩1,010.6−₩1,030=△₩19.4

② 이론선물환율 결정요소

■ 현물환율

현물환율이 높을수록 선물환율(위의 예에서는 원/달러 환율)이 상승한다.

■ 통화 간 금리 차이

국내통화 금리가 높을수록 선물환율은 상승한다. 한편 일본처럼 엔화이자율이 달러이자율보다 낮은 경우 만기까지의 기간이자효과가 고려되어 선물환율이 현물환율보다 낮아진다.

■ 선물만기일까지의 잔존기간

잔존기간이 길수록 선물환율은 상승한다.

■ 차익거래

이론선물환율보다 시장환율이 높게 형성되어 있는 경우 선물환매도를 통해 차익을 실현할 수 있는데 위 첫 번째 예에서 1년물 선물환율이 이론선물환율인 ₩1,049.8보다 높은 ₩1,060일 때 아래와 같이 선물환매도를 통해 차익이 생길 수 있다.

Ⓐ 선물환매도계약(₩1,060으로 $1 매도)

Ⓑ ₩1,030을 차입(이자율 6%)하여 현물시장에서 $1을 매입하여 1년 예금(이자율 4%)

Ⓒ 1년 후, $1.04를 인출하여 ₩1,060에 매도하고 ₩1,102.4 수취
여기서, ₩1,102.4 = $1.04 × ₩1,060

Ⓓ 원화차입원리금 ₩1,091.8 상환
여기서, ₩1,091.8 = ₩1,030 × (1 + 0.06)

Ⓔ ₩1,102.4 − ₩1,091.8 = ₩10.6 차익 실현

이와는 반대로 이론선물환율보다 시장환율이 낮은 경우 선물환 매입을 통해 차익실현이 가능해진다. 이처럼 간단하게 환율변화를 이용한 투기적 전략을 아웃라이트 포지션(outright position) 거래라고 한다. 따라서 시장환율은 이러한 차익거래가 이루어지지 않을 거래가격으로 형성된다. 일시적으로 차익이 발생할 만큼의 가격이 형성되더라도 발빠른 차익거래자가 이익을 취하면 곧 바로 균형가격으로 수렴한다.

(2) 선물환전략 사례

① 현물환과 선물환

HUF기업은 11월 1일에 U$1,000,000을 받는 수출계약을 8월 1일에 체결함.

■ 현물환거래(환위험 노출)

8월 1일 – 아무런 조치를 취하지 않음(오픈포지션, open position, 환위험 노출)

11월 1일 – 1백만달러를 받고, 그날 현물환거래를 통해 원화로 환전. 이때 환위험에 노출되는 반면에 유리한 환율변동시 환위험 노출에 대한 대가로서 이득을 취할 수 있음. 투기적 거래라고 볼 수 있음.

■ 선물환거래(환위험관리)

8월 1일 – 선물환거래를 통해 11월 1일 만기 선물환매도계약(예 : 달러당 1,050원)을 체결함.

11월 1일 – U$1백만을 받아 선물환계약에 따라 이를 인도하고 10억5천만원을 받음. 환위험을 헤지하였으나, 만일 11월 1일 현물환율이 1,100원이 된다면 달러당 50원을 덜 받게 됨.

② 선물환 헤지

HUF은행은 11월 1일에 1년 후 원리금 U$1,000,000을 받는 달러화 표시 대출계약을 체결함.

■ 선물환거래(환위험관리)

11월 1일 – U$1백만 상당의 선물환 매도계약을 달러당 1,000원에 체결함.

1년 후 환율	대출원리금 가치변화	선물환매도거래 손익	순손익
₩1,100/$	+1억원	−1억원	0
₩1,000/$	0	0	0
₩900/$	−1억원	+1억원	0

- 이 경우 만일 환율상승을 예측하여 HUF은행의 상대방으로 U$1백만을 매입했다면 투기적 선물환거래 사례가 됨.

4 통화선물

(1) 통화선물의 개념

① 선물환(장외, OTC)과 통화선물(장내, floor)

선물환시장이 활성화되면서 성격은 동일하나 거래 방식을 다소 변형시킨 장내 통화선물(currency futures)시장이 형성되었는데, 이는 거래소 형태를 가진 외환시장으로서 거래금액이 크지 않아 선물환시장거래가 어렵거나 부적합한 거래자나 고객이 저렴한 비용으로 헤지를 수행함으로써 선물환시장을 보완하는 또 하나의 중요한 외환시장으로서의 기능을 수행하고 있다.

선물환과 통화선물은 일정 통화를 미래 일정시점에서 미리 약정한 가격으로 매입 또는 매도하기로 한 금융선물거래라는 공통점이 있으나 통화선물거래는 거래형태나 방법에 있어 선물환거래와는 다른 성격으로서 특히 거래동기가 주로 환위험 제거라는 점에서 차이가 있다. 통화선물은 통화선물시장에 상장된 일정 통화를 장래 실제 인수·인도하기보다 현물환 포지션과 대칭되는 통화선물 포지션을 보유하는 경우가 대부분으로 거래비용(낮은 증거금)도 저렴하다. 하지만 상장된 몇 개의 통화에 대해서만 거래가 가능하고 거래형태(증거금제도, 일일정산제도)도 표준화되어 있어 개별적인 거래자의 요구를 만족시키기에는 한계가 있다는 어려움이 존재하기도 한다.

② 통화선물 개요

1972년 시카고선물거래소(CME)가 국제통화시장(International Monetary Market, IMM)을 설치하며 주요 국제통화들에 대한 거래를 개시하였다. 이후 1973년 주요 통화제도가 킹스턴체제를 계기로 자유변동환율제도를 채택한 것이 발전의 계기가 되었다. 국내에서는 1999년 4월부터 한국거래소에서 미국달러선물, 미국달러옵션 거래를 시작하며 통화선물거래가 개시되었다(표 12-1).

통화선물거래는 낮은 증거금률을 적용하고 있어 높은 레버리지를 이용한 투기거래 기회를 제공하기도 한다.

표 12-1 한국거래소의 통화선물시세

종목	현재가	전일비	시가	고가	저가	거래량	미결제
KOSPI 200 선물 0512	151.90	▼ 4.15	155.75	155.80	151.90	206,864	90,906
KOSPI 200 선물 0603	150.15	▼ 3.75	153.60	153.70	150.10	126	1,061
KOSPI 200 선물 0606	150.70	▼ 2.70	153.75	153.75	150.70	40	261
KOSPI 200 선물 0609	–	–	–	–	–	0	11
KOSPI 200 선물 스프레드 5CA3S	−1.95		−1.95	−1.95	−1.95	202	–
KOSPI 200 선물 스프레드 5CA6S	−1.20		−1.20	−1.15	−1.20	60	–
KOSPI 200 선물 스프레드 5CA9S	–	–	–	–	–	0	–
KTB512	100.51	▼ 0.21	108.66	108.66	108.48	45,232	100,663
KTB603	–	–	–	–	–	0	0
USD510	1,030.30	▲2.70	1,028.20	1,034.30	1,027.50	7,920	68,997
USD511	1,030.00	▲2.90	1,028.70	1,030.00	1,028.70	169	7,872
USD512	1,027.80		1,028.10	1,028.10	1,027.80	3,950	14,159

표 12-2 국내 주요 선물거래 계약의 증거금률(2020.8월 기준)

	KOSPI200 지수선물	KOSDAQ50 지수선물	미국달러 통화선물	CD선물	국채선물	금선물
개시증거금	12%	15%	3.0%	0.75%	1.5%	7.5%
유지증거금	8%	10%	2.0%	0.50%	1.0%	5.0%

표 12-3 한국거래소(KRX) USD통화선물 계약 명세

1계약의 단위	U$10,000
결제월 주기	당월물 포함 연속 3개월 및 3, 6, 9, 12월
가격표시방법	원/달러 (소숫점 두 자리)
최소가격변동폭	0.1원
최소가격변동금액	1,000원 ($10,000×0.01원)
최종결제일	결제월 세 번째 월요일
일일정산가격	장종료 직전까지의 거래량 가중평균 정산가격

③ 선물환과 통화선물의 주요 차이

통화선물은 매일 시세에 따른 현금흐름 일일정산이 발생하는 반면 선물환은 만기까지 이러한 현금흐름이 발생하지 않는다. 따라서 일일정산에 따른 이득이 생기면 재투자가 이루어져 또 다른 이자 획득이 가능해진다. 또한 통화선물은 일일정산으로 채무불이행위험(default risk)이 최대한 하루의 최대 가격변동폭으로 제한되지만, 선물환은 만기일에만 현금흐름이 발생하므로 이 시점에 전체 금액에 대해 계약불이행위험을 안게 된다. 이 때문에 금융기관에서는 일정한 담보나 양건성예금으로 신용위험을 커버하기도 한다. 이러한 담보나 양건성예금은 선물환거래비용이 통화선물에 비해 비싼 원인이 된다.

통화선물가격은 위와 같은 재투자이득 등으로 인해 일반적으로 선물환가격과 다르게 형성된다. 이와 더불어 선물환시장에서는 한 개의 계약으로 전액헤지가 가능하지만, 통화선물시장에서는 표준화된 계약을 이용해야 하므로 10계약, 11계약 등으로 정확한 금액을 헤지할 수 없다는 단점이 있다. 거래구조

표 12-4 선물환시장과 통화선물

	선물환시장	통화선물시장
거래소 유무	거래소 없이 당사자 간 계약에 의해 거래 (장외거래)	거래소 장내거래
거래 방법	은행, 중개인과 전화 등의 통신수단 이용	거래소를 이용한 경쟁매매
증거금 (마진)	원칙적으로 없음	소정의 증거금 납부
계약단위	개별 거래마다 다름	거래규정으로 표준화
결 제 일	개별 거래마다 다름	거래규정으로 표준화(주로 3,6,9,12월)
결제 방법	계약조건대로 만기에 이행	만기 이전 반대매매로 청산
거래비용	매도-매입가격 스프레드	거래수수료
정산기구	은행, 선물회사 등 금융기관	거래소, 청산소 등 중앙집중기구
규제 유무	원칙적으로 없음	거래, 결제 등에 관한 금융 당국의 규제 있음

측면에서 선물환은 만기인도가 이루어지는 경우가 많지만, 통화선물은 헤지, 투기가 목적이므로 실제 인도가 이루어지는 경우가 거의 없다. 선물환은 거래소 외에서 거래되므로 은행과 중개인이 언제 어디서든 전화거래 가능한 반면, 통화선물은 거래소 내에서만 거래한다.

선물환은 양 당사 간 거래이므로 유통시장이 없다. 따라서 선물환계약의 반대포지션을 취하기 위해서는 별도로 또 다른 추가계약을 체결해야 하나, 통화선물계약은 거래소(청산소)를 통해 상계(netting)처리 가능하므로 반대포지션을 갖기가 용이한 장점이 있다. 선물환 가격은 유럽식($1＝₩1,000)인 반면에 통화선물가격은 미국식(₩1＝$0.008)으로 고시된다는 차이점도 있다.

④ 통화선물계약과 일일정산

통화선물계약은 선물환계약과 달리 일일정산(daily marking to market 혹은 daily settlement)을 한다는 특징이 있다. 아래의 일일정산의 예를 살펴보자.

표 12-5 일일정산

10월 1일	₩1,000/$에 1단위($50,000) 매입(long)	선물가격 ₩1,005/$ 마감
	(₩1,005 − ₩1,000) × 50,000 = ₩250,000 차익 입금	
10월 2일	포지션 유지	선물가격 ₩1,010/$ 마감
	(₩1,010 − ₩1,005) × 50,000 = ₩250,000 차익 입금	
10월 3일	결제일 도래	선물가격 ₩1,015/$ 마감 현물가격 ₩1,015
정산손익	(₩1,015 − ₩1,010) × 50,000 = ₩250,000 차익 입금 선물거래 총 이득 = ₩750,000	
	* 이 금액은 현물가격 변화로 인한 손실과 일치 즉, (₩1,015 − ₩1,000) × 50,000 = ₩750,000	

결국 통화선물의 효과는 선물환과 동일하다. 하지만 일일정산과 증감을 통해 거래 안정성을 도모한다는 차이가 있다.

통화선물거래에서 선물환거래와 달리 일일정산시스템을 이용하기 때문에 거래의 안정성이 확보된다는 의미는 〈표 12-5〉와 같이 통화선물거래에서는 매일의 손익을 거래당사자의 계좌에 입금시켜 주기 때문에 만기일에 일시에 총손익금액(₩750,000)을 결제하는 선물환거래에 비해 당사자들 간의 이해관계를 정리하는 것이 용이하다. 더욱이 거래소가 개입하여 일일정산을 운영하기 때문에 거래에 대한 이행이 보증된다.

⑤ 증거금제도

통화선물을 거래하기 위해서는 소정의 증거금(margin)을 납부해야 하는데 이 증거금은 계약금으로 이해하면 된다. 증거금은 거래소에 따라, 시기에 따라 각기 다른 수준을 보이는데 통상 3%~10% 내외이다. 통화선물을 거래하기 위한 증거금에는 크게 개시증거금(initial margin)과 유지증거금(maintemance margin)이 있다. 계좌잔액이 유지증거금에 못미치는 수준으로 떨어지면 개시증거금 수준으로 채울 것(추가증거금)을 요구받는 마진콜(margin)을 받게 된다.

표 12-6 증거금과 마진콜

10월 1일	통화선물 거래를 위해 증거금 ₩3,000,000원을 입금하고 ₩1,000/$에 통화선물 매입(long)	선물환율 ₩1,005/$ 마감
	(₩1,005－₩1,000)×50,000＝₩250,000 차익 입금 (계좌잔액 : 3,250,000)	
10월 2일	포지션 유지	선물환율 ₩995/$ 마감
	(₩995－₩1,005)×50,000＝△₩500,000 손실 출금 (계좌잔액 : 2,750,000)	
10월 3일	포지션 유지	선물환율 ₩975/$ 마감
	(₩995－₩975)×50,000＝₩1,000,000 손실 출금 (계좌잔액 : 1,750,000) 계좌잔액을 개시증거금인 3,000,000만원으로 되돌리는 마진콜 (마진콜 금액 ＝ ₩1,250,000)	
10월 4일	* 마진콜에 응하지 않을 경우 강제 반대매매를 통해 포지션을 청산하고 계좌에는 ₩1,750,000만 남아 있음.	

예를 들어 만약 개시증거금율이 3%라면 1억원 규모의 통화선물을 거래하는데 1억원×3%＝3백만원의 증거금만 있으면 가능하다. 유지증거금은 계약이 유지되기 위한 증거금율이다. 만약 유지증거금율이 2%라면 통화선물을 거래하는 계좌의 잔액이 2백만원을 하회하게 되는 경우 거래의 이행을 보증하기 위해 거래소에서 마진콜을 하여 계좌의 증거금 수준을 개시증거금 수준인

그림 12-1 증거금제도

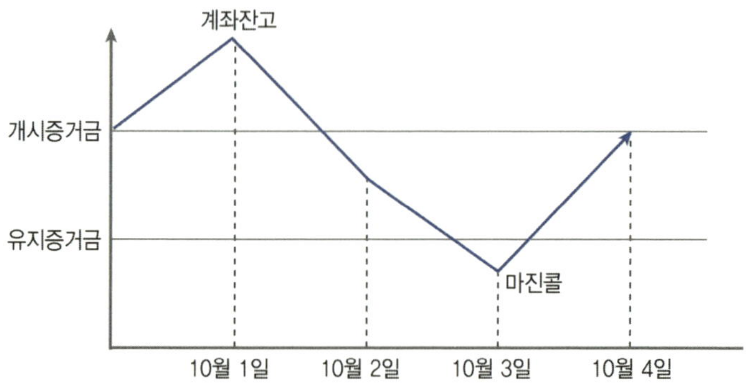

3%(3백만원)으로 채울 것을 요구받는다. 〈표 12-6〉으로 설명해 보자.

이를 그림으로 나타내면 〈그림 12-1〉과 같다.

(2) 베이시스

① 개념

베이시스(basis)는 선물환율(선물가격)과 현물환율(현물가격)의 차이이다. 즉, 베이시스=선물가격−현물가격으로서 베이시스가 존재하면 선물거래의 완전헤지가 이루어지지 못하고, 부분헤지로서 일정한 손익이 발생하는 원인이 된다. 이렇게 선물거래를 통해 완전헤지가 이루어지지 못하는 위험을 베이시스위험(basis risk)이라고 한다.

■ 거래손익=선물시장 손익−현물시장 손익

$=(F_0-F_1)-(S_0-S_1)$

$=(F_0-S_0)-(F_1-S_1)$

=initial basis−cover basis

= 계약 시점 베이시스−만기 시점 베이시스

단, F_0=현재 선물환가격, F_1=미래 선물환가격

단, S_0=현재 선물환가격, S_1=미래 선물환가격

② 사례 : 생돈선물(hog futures)

9월 1일 현재 생돈 100kg 한 마리가 현물시장에서 10만원에 거래되고 있고, 선물계약은 마리당 102,000원임. 현재 사육중인 돼지가 출하되는 3개월 후 12월 1일을 대비해 12월 만기 생돈선물 2계약 (1계약=100마리, 즉 200마리 계약)을 102,000원에 매도계약함.
12월 1일에 가서 생돈현물가격은 마리당 73,000원, 선물가격은 74,000원으로 하락함.

• 현물시장 : 100,000원 → 73,000원으로 하락
현물시장에서 마리당 27,000원 손해보면서 출하
=(100,000−73,000)×200마리=5,400,000원 손해
하지만 선물시장에서는 이득
=(102,000−74,000)×200마리=5,600,000원 이득
현물시장과 선물시장을 종합할 경우 200,000원 이득

■ 결과적으로 현물가격 하락에도 불구하고 선물매도계약을 통해 가격위험을 회피하였을 뿐만 아니라 베이시스가 유리하게 변화하여 2,000,000원의 이득을 가졌다. 단 이때 베이시스가 확대되었을 경우는 손실을 보게 된다.

■ 계약 시점 베이시스−만기 시점 베이시스(initial basis−cover basis)는 2,000원−1,000원=1,000원이 된다.
즉, 베이시스의 변화분 1,000원×200마리=200,000원(이득)의 결과로서 만일 베이시스가 변하지 않았다면, 즉 12월 1일 선물가격이 75,000원이었다면 완전헤지가 가능해진다.

	선물시장(F)	현물시장(S)	Basis(F−S)
9월 1일	마리당 102,000(매도)	마리당 100,000원	2,000
12월 1일	마리당 74,000(청산)	마리당 73,000원	1,000 베이시스변화=△ 1,000 (축소)

③ 베이시스 거래

베이시스는 선물환율과 현물환율의 차이이므로 만기일에 가까워질수록 현물환율이 선물환율에 수렴함에 따라 베이시스가 '0'에 근접하게 된다. 통화선물 거래에서는 이 베이시스의 변화를 가지고 이익을 낼 수 있는 거래형태가 존재하는데 이를 베이시스거래(basis trading)라고 한다.

베이시스 거래는 베이시스가 축소되고 있을 때 즉, 이전에 비해 베이시스의

표 12-7 베이시스와 통화선물매입헤지 손익

베이시스	매입헤지 (현물매도/통화선물매입)	매도헤지 (현물매입/통화선물매도)
확 대	베이시스×계약단위만큼 이익	베이시스×계약단위만큼 손실
축 소	베이시스×계약단위만큼 손실	베이시스×계약단위만큼 이익

절대적 크기가 작아지고 있다면 통화선물매입헤지포지션(현물환 매도+통화선물 매입)을 취하여 이익을 추구하고 베이시스가 확대되고 있다면 통화선물매도헤지포지션(현물환 매입+통화선물 매도)을 취하여 이익을 추구하는 방법이다. 위 생돈선물의 예는 베이시스가 축소되었기 때문에 선물매입을 통해 헤지포지션을 구성한 양돈업자가 베이시스변화분만큼의 이익을 본 경우이다. 만일 동일한 상황에서 만기시점 베이시스가 1,000원이 아니고 3,000원이었다면 베이시스가 확대된 경우로서 양돈업자는 1,000원×200마리=△200,000원으로 손실을 보았을 것이다.

(3) 통화선물거래전략 사례

① 통화선물매도전략(수출업자의 경우)

HK종합상사는 5월 20일 현재 미국 수입업자와 거래하고 3개월 후인 8월 23일에 U$100만 입금 예정임. 현재 환율은 1,120원/U$이고 8월물 선물환율은 1,123원/U$로서 원화약세가 예상되고 있다.
이 경우 미래환율 하락시 손실, 상승시 이익을 보게 된다.
이때 8월 23일 입금될 원화가치를 현재 수준인 1,120원으로 확정하고 싶다.
IF종합상사는 선물환 매도헤지를 하기로 하고 선물 20계약(1계약당=$50,000)을 매도하였다.

■ 5월 20일 통화선물매도

환율 − 현물 : 1,120원/U$

선물 : 1,123원/U$

통화선물 20계약(U$100만 ÷ U$50,000) 매도(선물환율 : 1,123원/U$)

■ 8월 23일 만기에 현물매도, 선물매수로 거래 종결

환율 − 현물 : 1,110원/U$

선물 : 1,111원/U$ 로 형성됨

입금 − U$100만

현물매도손실 : U$1,000,000×1,110원/U$=1,110,000,000원(현물시장 10,000,000원 손해)

선물거래이익 : (1,123−1,111)×20계약×$50,000 = 12,000,000원 (선물시장 12,000,000원 이득)

순유입금액=1,110,000,000원+12,000,000원
=1,122,000,000원(1,120원 기준 2,000,000 이득)

■ 만일 반대로 현물환율 1,130원/U$, 선물환율 1,135원/U$로 환율이 상승하면,

현물매도이익 : U$1,000,000×1,130원/U$= 1,130,000,000원(현물시장 10,000,000원 이득)

선물시장손해 : (1,135−1,123)×20계약×50,000원
=△12,000,000원(선물시장 12,000,000 손해)

순유입금액=1,130,000,000+△12,000,000
=1,118,000,000원 (1,120원 기준 2,000,000 손해)

선물환계약을 하지 않았다면(즉, 환위험에 노출되었다면) 10,000,000원 이득이었지만, 선물환계약을 통한 위험회피에 대한 대가로 2,000,000원을 부담한 셈이 된다.

② 통화선물거래와 베이시스

- 베이시스(=선물가격－현물가격)

5월 20일 현물가격 : 1,120원/달러
5월 20일 선물가격 : 1,123원/달러
베이시스(initial basis) : 3원/달러(=1,123－1,120)

8월 23일 현물가격 : 1,110원/달러
8월 23일 선물가격 : 1,111원/달러
베이시스(cover basis) : 1원/달러(=1,111－1,110)

베이시스가 3원에서 1원으로 축소된 경우로서 매도자(=매도헤저)에게 유리한 경우이다. 반대로 이러한 베이시스 축소는 매입자(=매입헤저)에게는 불리하다. 위에서 매도자(=매도헤저)인 수출업자는 5월 23일 입금액이 1,122,000,000원으로서 3월 20일 현물환율인 1,120원/달러를 적용하였을 때보다 2백만원의 추가이득이 발생하였고, 결과적으로 이 추가이득 2백만원은 Basis가 3원에서 1원으로 2원 축소됨으로써 생긴 이득(=2원/달러×U$1,000,000=2,000,000원)이다.

만일 8월 23일 선물가격이 1,116원/달러로 형성되었다면 만기시점 베이시스가 5원/달러로서 베이시스가 확대되어 반대로 2,000,000원의 손실을 입게 된다.

학습정리

01 | 실제적으로 선물환, 통화선물과 같은 통화의 선물거래는 미래 불확실성 제거, 통제 불가능한 환율에 대한 선택 가능성 확대, 자본의 효율적 운용 등의 경제적 효과가 있다.

02 | 선물환은 가격결정이 선행하고 교환이 후행하며, 만기에 포지션에 따라 손익이 발생하는 특징이 있다.

03 | 선물환율은 스왑률과 아웃라이트의 두 가지로 표시하며, 스왑률은 선물환율과 현물환율의 격차를 표시하는 방법으로 현물환율에 스왑률을 가감하면 아웃라이트 표시법이 된다.

04 | 선물환보호약정(forward protection agreement)은 예상치 못하게 환율이 유리한 방향으로 움직이는 경우 잠재적 이익의 실현 가능성을 보장하는 계약이라는 점에서 선물환계약과 차이가 있다.

05 | 이론적으로 선물환율은 현물환율, 통화 간 금리차이, 선물만기일까지의 잔존기간에 따라 결정된다.

06 | 현물환율이 높을수록, 자국통화 금리가 높을수록, 선물만기일까지의 잔존기간이 길수록 선물환율은 상승하게 된다.

07 | 이론선물 가격보다 시장의 환율이 높게 형성된 경우 선물매도, 현물매입의 거래를 통해 차익을 실현할 수 있게 되어 시장환율은 이러한 차익이 형성되지 않는 수준으로 형성된다.

08 | 통화선물은 선물환시장이 활성화되면서 선물을 이용한다는 성격은 동일하나 거래 방식을 변형시킨 장내시장상품으로 선물환과는 경제적 의미와 효과가 상당히 다르다.

09 | 선물거래의 베이시스는 선물환율(선물가격)과 현물환율(현물가격)의 차이이며, 선물거래의 완전헤지가 이루어지지 못하고, 부분헤지로서 일정한 손익이 발생하는 원인이 된다. 이러한 손익발생위험을 베이시스위험이라고 한다.

10 | 베이시스의 확대는 매입헤저에게, 베이시스의 축소는 매도헤저에게 각각 손익관계에서 유리하게 작용한다.

CHAPTER

13

환위험 외부관리전략 Ⅱ

2020년 5월 국내의 ABC선박제조업체는 중동의 원유생산회사와 사우디아라비아 리알(SAR)500만 규모의 유조선을 건조하는 계약을 맺었다. 이 계약은 SAR 표시 통화로 계약된 터라 ABC사는 결제금액을 미국 달러로 바꾸는 통화스왑(외환스왑)계약을 외국금융기관(스왑딜러)을 통해 체결하였다. 이 외환스왑계약을 통해 3년 후 유조선을 인도한 후 받은 SAR500만을 그날 미국 달러로 바꾼 후 이를 다시 미국 기업으로부터 수입한 원자재대금으로 결제하였다.

이로써 이 기업은 외환스왑 및 매칭전략을 통해 사우디아라비아 리알로 받는 수출대금과 미국 달러로 지급하는 수입대금 사이에 발생할 수 있는 환위험을 줄일 수 있게 되었다. 이처럼 환위험을 관리하는 외부전략에는 통화옵션, 통화스왑 등이 활용된다.

① 통화옵션

(1) 옵션의 이해

① 옵션의 개념

옵션은 미래 일정 기간 동안 외환, 주식 등의 대상자산을 사거나 팔 수 있는 권리를 거래하는 것이다. 살 수 있는 권리는 콜옵션(call option), 팔 수 있는 권리는 풋옵션(put option)이다. 선물거래가 사거나 팔 약속(promise to sell or buy)을 거래하는 반면 옵션은 사거나 팔 권리(right to buy or sell)를 거래한다는 차이가 있다.

옵션을 이해하기 위해 다시 아파트 분양권 거래를 예로 들어보자. 아파트 분양권은 신규로 건설하고 있는 아파트가 2~3년 후 완공되면 입주할 권리를 말하고 아파트 분양권을 매입한 계약자는 아파트에 입주할 권리(입주권)를 가진다. 아파트를 대상자산으로 한 일종의 '콜옵션 매입'인 것이다. 입주권은 다른 사람에게 매도할 수 있고 매도한 다음 다른 곳의 분양권을 살 수도 있어 매매가 가능하다. 또한 입지가 좋거나 품질이 우수한 아파트일 경우 입주권은 일단의 프리미엄이 붙어서 거래되기도 한다.

아파트가 완공되어 잔금을 모두 치르고 입주한 다음 소유권 등기를 하는데 이때 비로소 아파트에 대한 소유권이 완성된다. 분양받은 아파트의 가격은 계약시점부터 완공시점까지 계속 변화하므로 어떤 때는 분양가보다 매우 높은 가격이 형성되기도 하고 어떤 때는 가격이 폭락하기도 한다. 높은 가격이 형성되거나 가격이 크게 떨어지지 않는다면 분양권을 가진 사람(콜옵션 매입자)은 옵션의 권리를 행사하여 아파트를 매입하여 입주하면 된다. 하지만 아파트 가격이 폭락한 경우에는 아파트에 입주하는 것보다 분양권을 포기하는 것이 유리할 수도 있다(콜옵션 포기). 분양가격이 1억원인 아파트를 1천만원(콜옵션 가격)에 분양권을 매입하였는데 아파트 가격이 5천만원으로 50% 하락한 경우 분양권 가격인 1천만원을 포기하는 것이 낫다는 의미이다.

옵션을 이용한 헤지는 선물환과 달리 환율 등의 가격변동에 따른 손실기회는 일정하게 막는 반면, 이익기회는 유지한다는 차이점이 있다. 즉, 옵션은 일정한 프리미엄을 지불하고 손실을 일정수준으로 한정시키는 한편, 이익의 기회가 생길 때는 옵션에 부착된 살 수 있는 권리(call), 팔 수 있는 권리(put)를 행사하여 이익을 수취한다. 이 옵션의 행사권리는 대상자산의 가격 변동성이 클수록 옵션가치가 상승하게 되는 배경이 된다.

또한 다른 조건이 동일하다면, 만기 이전에 권리행사가 가능한 아메리칸 옵션(American option)의 가격이 만기일에만 권리행사가 가능한 유러피안 옵션(European option)의 가격보다 높다. 일반적으로 시장에서는 가격하락보다는 가격상승 심리가 높기 때문에 가격상승시 차익을 얻게 되는 콜옵션의 가격이 풋옵션의 가격보다 높게 형성된다.

옵션은 손실을 보전해 주는 보험(insurance)의 기능과 유사하다는 측면에서 옵션가격을 옵션프리미엄이라고 부른다.

call option	매입자(option buyer) : 만기일(또는 만기일 이전) 특정 통화를 행사가격에 매입할 수 있는 권리 매도자(option seller) : 매입자의 권리행사에 대해 특정 통화를 행사가격에 매도해야 할 의무
put option	매입자(option buyer) : 만기일(또는 만기일 이전) 특정 통화를 행사가격에 매도할 수 있는 권리 매도자(option seller) : 매입자의 권리행사에 대해 특정 통화를 행사가격에 매입해야 할 의무

② 옵션의 내재가치와 시간가치

옵션프리미엄(option premium)으로 가격화되는 옵션의 가치는 내재가치(intrinsic value)와 시간가치(time value)로 구성된다. 내재가치는 옵션 대상자산의 현물가격과 행사가격의 격차이며, 시간가치는 옵션만기일까지 옵션을 행사할 가능성에 대한 가치이다. 그러므로 옵션의 가격인 옵션프리미엄도 내재가치+시간가치로 이루어진다. 아래의 예를 들어보자.

현물환율(₩/$) : ₩1,050/$
행사가격(exercise price) : ₩900/$
만기일(expiration date) : 6월
콜옵션프리미엄(call option premium) : ₩130

여기서는 현물환율이 행사가격인 ₩900/$보다 높으므로, 콜옵션(call option)의 경우 권리행사 즉시 일정 이득을 취할 수 있다. 이 경우 콜옵션 입장에서는 내가격옵션(in-the-money option, ITM)이라고 하며, 내재가치가 0보다 크다. 옵션을 매입하기 위해 지불한 옵션프리미엄 130원을 감안하면 (1,050-900-130)=₩20이 되는데 이는 콜옵션의 시간가치가 된다.

반대로 풋옵션을 가정하면, 현물환율이 행사가격보다 높으므로, 이 풋옵션을 행사하게 되면 ₩900/$에 매도하므로 손실을 본다. 따라서 풋옵션 입장에서는 외가격옵션(out-of-the-money option, OTM)이며, 콜옵션과 달리 내재가치가 0보다 작다.

만일 "현물환율 = 행사가격"인 경우 등가격옵션(at-the-money option, ATM)이 되며, 등가격옵션에서는 내재가치가 0이므로 옵션의 가치가 시간가치로만 구성된다. 이 때문에 등가격옵션에서 옵션의 시간가치가 극대화된다.

	콜옵션	풋옵션	내재가치
내가격옵션 (in the money, ITM)	기초자산의 시장가격>행사가격	기초자산의 시장가격<행사가격	+
외가격옵션 (out the money, OTM)	기초자산의 시장가격<행사가격	기초자산의 시장가격=행사가격	−
등가격옵션 (at the money, ATM)	기초자산의 시장가격=행사가격	기초자산의 시장가격=행사가격	0

③ 옵션프리미엄과 증거금

통화선물에서는 거래를 하기 위해서 매입자와 매도자가 모두 증거금(margin)을 지불해야 한다. 그러나 통화옵션의 경우 옵션매입자는 옵션프리미엄을 지불하고 옵션매도자는 증거금을 입금시키게 된다. 옵션매도자는 옵션증서를 발행한다는 의미에서 '옵션발행자(writer)'라고도 부른다. 옵션에서 매도자만 증거금 의무를 가지는 이유는 옵션 매입자의 상대방으로서 매입자가 권리를 행사할 경우 이에 응하여야 하기 때문에 권리행사에 응할 수 있다는 여력을 보여주는 것이다. 이에 대한 급부로서 옵션의 매도자는 매입자가 지불하는 프리미엄을 받는 것이고 권리행사가 이루어지지 않는 경우 자금의 유출이 이루어지지 않기 때문에 프리미엄이 고스란히 수익으로 남게 된다.

(2) 통화옵션의 개념과 구조

① 통화옵션의 개념

통화옵션은 미래 일정 기간 동안 통화옵션시장에 상장된 외환을 사거나 팔 수 있는 권리를 거래하는 상품이다. 매입자 입장에서는 통화선물과 달리 계약기간 동안의 환율변동에서 오는 환위험은 헤지하면서 이익을 볼 가능성은 그래도 보유할 수 있는 방법이다. 반면에 매도자 입장에서는, 매입자의 상대방으로 매입자의 권리행사에 응해야 할 의무를 가지며, 이에 대한 대가로 계약당시 매입자가 지급하는 옵션프리미엄을 수취한다. 1982년 12월 필라델피아거래소(Philadelphia Stock Exchange, PHLX)에서 본격적으로 거래를 시작한 상품이다.

② 우리나라 통화옵션 명세(미국달러옵션)

우리나라에서는 1999년 4월부터 한국거래소에 미달러 통화옵션이 상장되어 거래되기 시작하였다. 한국거래소에서는 행사 거부 요청이 접수되지 않은

표 13-1 통화옵션 거래구조

1계약의 단위	U$ 10,000
결제월 주기	당월물 포함 연속 3개월 및 3, 6, 9, 12월
가격표시방법	원/달러(소숫점 두 자리)
최소가격변동폭	0.1원(프리미엄이 25원 미만일 때) 0.2원(프리미엄이 25원 이상일 때)
행사유형	유럽식
최종거래일	결제월 세 번째 수요일 직전 2영업일
최종결제일	결제월 세 번째 수요일

포지션에 대해서 거래소가 정한 기준에 따라 내가격(ITM) 옵션을 자동으로 행사하고, 외가격(OTM) 옵션도 권리행사는 가능토록 하고 있다. 권리행사에 따른 결제 방식은 실물인수도(physical delivery)로 이루어지는데, 옵션행사 및 배정결과에 따라 옵션매수자와 매도자가 미국 달러화 및 원화대금을 수수한다.

이때 콜옵션 매입자는 (계약수×계약단위×행사가격)을 원화로 지불하고 (계약수×계약단위)만큼 달러화로 수취하며, 풋옵션 매입자는 (계약수×계약단위)를 달러화로 지불하고 (계약수×계약단위×행사가격)만큼 원화를 수취한다.

한국거래소에 상장되어 있는 달러콜옵션은 만기일(만기일이 속한 월의 셋

예를 들어 만기일이 6월이고 행사가격이 1,150원인 달러콜옵션을 50원의 프리미엄을 지급하고 매입하였다면 이 옵션의 매입자는 만기일인 6월 셋째주 수요일에 1만달러를 달러당 1,150원에 매입할 권리를 확보한 것이다. 따라서 만기일의 환율이 1,200원(행사가격 1,150원 + 프리미엄 50원)을 상회하여 1,300원에 형성된 경우 환율이 올랐음에도 불구하고 1만달러를 즉시 현물가격에 매입하여 달러당 100원, 총 100만원(=100원×1만달러)의 이익을 본다.

째 수요일)에 1만달러를 미리 정한 환율로 매입할 수 있는 권리를 거래하는 것이다. 그러므로 만기일에 미리 정한 환율보다 환율이 올랐다면 그 차이에서 달러콜옵션을 사기 위해 지급한 옵션프리미엄을 차감한 만큼 이익을 본다.

우리나라에서 거래하는 옵션은 유럽식옵션이므로 권리를 행사하는 것은 만기일에만 가능하다. 하지만 만기일까지 보유하지 않고 중간에 반대매매를 통해 청산할 수 있다. 예를 들어 만기일 이전에 환율이 크게 상승하여 1,350원/달러로 형성되어 있다면 반대매매인 매도를 통해 달러당 150원, 총 150만원(=150원×1만달러)의 이득을 챙길 수 있다. 반대매매의 원리는 주식을 주당 10,000원에 샀는데 11,000원으로 올랐을 경우 매도하여 1,000원의 수익을 내는 것과 같은 내용이다.

(3) 통화옵션의 손익구조

① 통화콜옵션의 손익구조

통화콜옵션, 예를 들어 달러콜옵션은 미리 정한 만기일(expiration date)에 정해진 행사가격(exercise price 또는 strike price)으로 달러를 살 수 있는 권리이다.

그러므로 콜옵션 매입자는 만기일의 환율이 계약환율보다 오르면 권리행사를 통해 이익을 얻을 수 있고 만기일의 환율이 계약환율보다 낮으면 권리행사를 포기하고 지급한 옵션가격(=옵션프리미엄)만큼 손해를 본다. 따라서 손실을 옵션프리미엄으로 한정한다는 측면에서 보험과 같은 성격을 지니지만 환율이 오른 만큼 이익을 본다는 측면에서는 보험과 다른 손익구조를 가진다. 즉, 보험의 위험보상 기능과 가격 상승시의 혜택이 결합된 것으로 보면 적절할 것이다.

〈그림 13-1〉에서와 같이 콜옵션 매입자와 콜옵션 매도자의 손익은 정확하게 상쇄되어 제로섬(zero-sum)게임이 된다. 만기일 환율이 변함에 따라 콜옵션 매입자는 [환율-(행사가격+옵션프리미엄)]만큼의 손익을 나타내고 이

그림 13-1 통화콜옵션의 손익구조

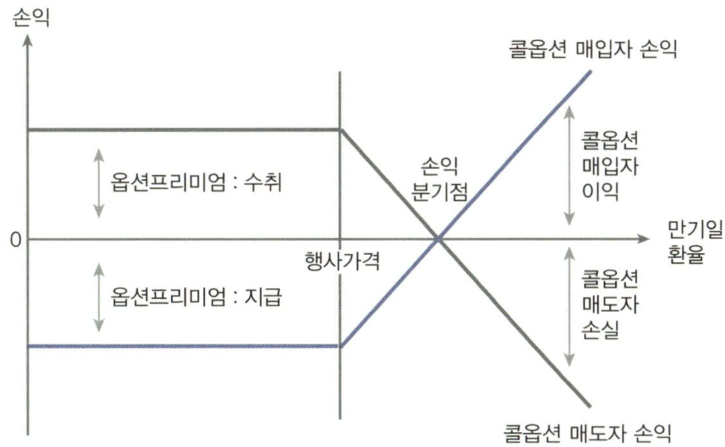

금액이 0이 되는 시점이 손익분기점 환율이 된다.

위의 예에서처럼 만기일이 6월이고 행사가격이 1,150원인 달러콜옵션을 50원의 프리미엄을 지급하고 매입하였다면 이 옵션의 손익분기점은 1,200원이 되고, 1,200원이 넘어서는 환율에서는 (환율－1,200원)만큼의 수익이 발생한다. 그리고 이 수익은 콜옵션 매도자의 손실과 같은 금액이 된다. 그러므로 콜옵션 매도자의 손익을 산출하는 데 있어서 콜옵션 매입자의 손익을 구한 다음 여기에 정반대의 금액으로 산출하면 보다 쉬워진다.

② 통화풋옵션의 손익구조

통화풋옵션, 예를 들어 달러풋옵션은 미리 정한 만기일(expiration date)에 정해진 행사가격(exercise price 또는 strike price)으로 달러를 팔 수 있는 권리이다.

그러므로 풋옵션 매입자는 만기일의 환율이 계약환율보다 떨어지면 권리행사를 통해 이익을 얻을 수 있고 만기일의 환율이 계약환율보다 높아지면 권리행사를 포기하고 지급한 옵션가격(＝옵션프리미엄)만큼 손해를 본다. 따라서

그림 13-2 **통화풋옵션의 손익구조**

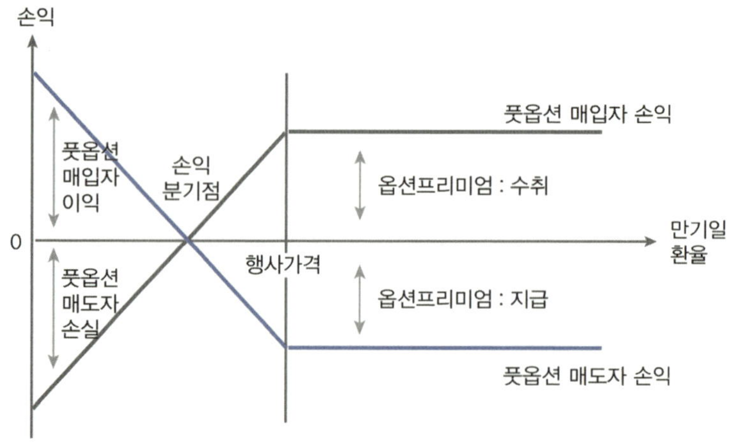

콜옵션과 마찬가지로 손실을 옵션프리미엄으로 한정한다는 측면에서 보험과 같은 성격을 지니지만 환율이 오른 만큼 이익을 본다는 측면에서는 보험과 다른 손익구조를 가진다.

〈그림 13-2〉에서와 같이 풋옵션 매입자와 풋옵션 매도자의 손익은 정확하

표 13-2 **옵션 매입자의 손익구조**

	행사가격과 환율	권리행사 여부	손 익	
콜옵션 매입	행사가격＞환율	권리 포기	손실	−옵션프리미엄
	행사가격＝환율	권리 행사	손실	−옵션프리미엄＋(환율−행사가격)
	행사가격＜환율	권리 행사	이익	환율−(행사가격＋옵션프리미엄)
풋옵션 매입	행사가격＞환율	권리 행사	이익	(환율−행사가격)−옵션프리미엄
	행사가격＝환율	권리 행사	손실	−옵션프리미엄＋(행사가격＋환율)
	행사가격＜환율	권리 포기	손실	−옵션프리미엄

* 콜(풋)옵션 매도의 경우 정반대의 손익구조를 가짐.
* 행사가격=환율일 때 권리를 행사하는 것이 유리한 이유는 권리 행사시의 손실이 권리포기시의 손실보다 작기 때문이다. 즉, 권리를 포기하면 옵션프리미엄 전액을 손해보지만 권리를 행사하면 옵션프리미엄보다 조금이나마 손실이 줄어든다.

게 상쇄되어 제로섬(zero-sum)게임이 된다. 만기일 환율이 변함에 따라 풋옵션 매입자는 [행사가격-(환율+옵션프리미엄)]만큼의 손익을 나타내고 이 금액이 0이 되는 시점이 손익분기점 환율이 된다.

동일한 예에서 만기일이 6월이고 행사가격이 1,150원인 달러풋옵션을 50원의 프리미엄을 지급하고 매입하였다면 이 옵션의 손익분기점은 1,100원이 되고, 1,100원 밑으로 환율이 하락할수록 [1,100원-환율]만큼의 수익이 발생한다. 그리고 이 수익은 풋옵션 매도자의 손실과 같은 금액이 된다. 그러므로 콜옵션에서와 마찬가지로 풋옵션 매도자의 손익을 산출하는 데 있어서 풋옵션 매입자의 손익을 구한 다음 여기에 정반대의 금액으로 산출하면 보다 쉬워진다.

(4) 통화옵션을 이용한 환위험관리전략

① 통화옵션에 의한 환위험 헤지전략

일정하게 해외기업으로부터 달러화 수입이 발생하는 기업의 경우 외화수입의 가치변동 가능성에 대해 다음의 전략을 수행할 수 있다.

가) 달러화표시 풋옵션 매입
나) 달러화표시 콜옵션 발행

위 나)의 경우 달러화의 가치가 행사가격 이상으로 상승할 때 발생할 수 있는 잠재적인 수익증가분을 포기하는 대신, 옵션프리미엄 수입으로 이를 보상받게 된다. 달러화 가치가 하락하는 경우에도 기업은 옵션프리미엄만큼은 보전 받을 수 있다.

한편 풋옵션 매입과 콜옵션 발행을 동시에 수행할 수도 있다. 콜옵션 발행에 따른 수입은 풋옵션 매입을 상쇄하고 콜옵션 발행만 하는 전략에 비해 달러화 가치 하락에 대한 헤지효과도 커진다. 즉, "제로코스트옵션(zero-cost option)"이 가능해진다. 이를 이용한 전략이 2000년대 후반 국내 수출기업에

서 각광을 받았던 키코(KIKO) 상품이다.[1)]

② 통화콜옵션 매입에 의한 헤지전략

다음의 예를 가지고 통화콜옵션 매입전략에 의한 환위험관리를 살펴본다.

IF상사(주)는 20××년 10월 1일 U$1백만달러 어치의 상품을 수입하고 1개월 후 결제하는 계약을 체결하였다.

- 이 회사는 원/달러 환율인상시 지급해야 하는 원화금액이 증가하는 환위험에 노출
- 1개월 만기 달러 선물환 매입계약 또는 콜옵션 매입계약으로 환위험 헤지 가능

선물환	통화옵션 (콜옵션)
만기일: 20××년 11월 1일 선물환율: ₩1,050/$	만기일: 20××년 11월 1일 행사가격: ₩1,050/$ 옵션프리미엄: ₩20/$

가) 달러선물환 매입헤지

달러선물환 매입을 통한 헤지의 경우 수입결제 대금을 10억5천만원으로 고정시켜 만기일 환율변동에서 발생하는 손실이나 이익과 무관하게 결제대금을 확정하는 효과가 있다.

나) 달러콜옵션 매입헤지

달러콜옵션 매입헤지의 경우 만기일 즉, 지불시점의 환율변화에 따라 옵션의 행사 여부를 결정하므로, 만기일 현물환율이 상승하여 행사가격인 1,050원보다 높으면 콜옵션을 행사하고 옵션계약에서 이익이 발생한다. 하지만 환율상승시 원화표시 결제대금이 증가하여 옵션계약에서의 이익을 상쇄하는 특징이 있다.

1) 키코 통화옵션 상품에 대해서는 제15장 외환시장 사례분석에서 다루고 있다.

- 행사시점에서의 현물환율이 1,050원보다 높을 때는 행사가격에 옵션가격을 더하여 결제대금은 10억7천만원으로 고정
- 환율이 1,050원 이하일 때는 콜옵션이 행사되지 않고 옵션프리미엄을 포기하게 되며, 환율이 하락하는 만큼 지불해야 하는 원화금액이 감소하여 현물에서의 이익이 증가하므로 이 역시 콜옵션 손실과 현물 이익이 상쇄됨.

그러므로 선물환 헤지에서는 환율변동에 따른 이익기회와 손실기회를 모두 차단하여 원/달러 환율변동과 관계없이 수입대금의 원화결제금액은 일정한데

그림 13-3 달러선물환 매입헤지와 통화옵션 매입헤지

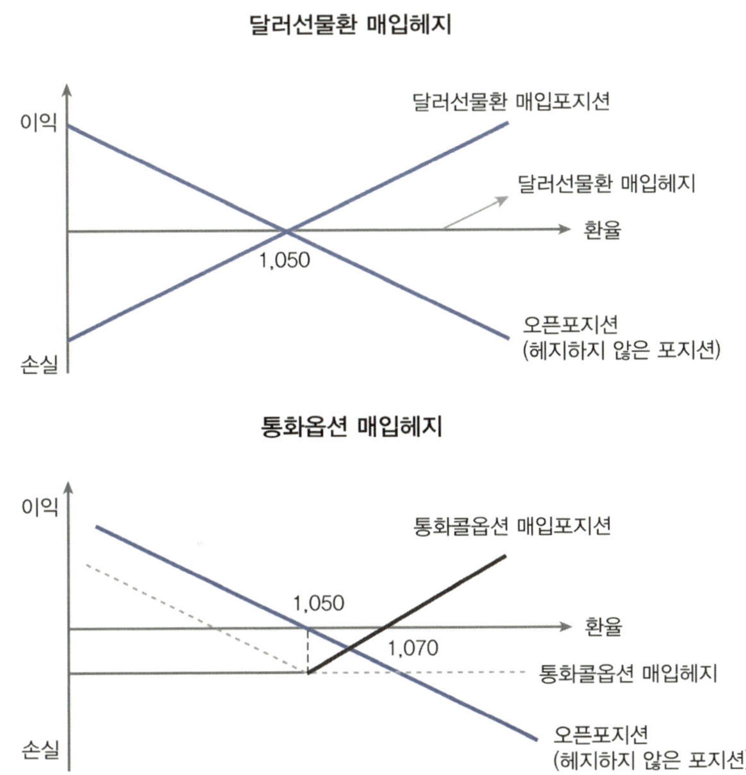

반해 통화옵션 헤지는 환율인상에 의한 손실기회는 일정하게 막는 반면, 환율 하락시의 이익기회는 유지한다는 차이점이 있다.

③ 통화풋옵션 매입에 의한 헤지전략

일본 소재 IF은행은 20××년 미국 기업에게 U$1,000,000을 대출하였는데 대출금은 3개월 후에 상환 받기로 하였다. IF은행은 이 대출금에 대한 환위험을 헤지코자 통화 풋옵션 매입을 검토중이다.

3개월 만기 & 풋옵션	행사가격	옵션가격
$1,000,000	$0.50/¥	$0.014/¥

$1,000,000을 헤지하기 위해서는 1계약 단위가 $10,000이므로 옵션 100단위를 구입해야 한다(즉, $1,000,000 ÷ $10,000(1계약단위) = 통화풋옵션 100계약 매입). 이에 따라 IF은행이 받을 U$ 최저가격은 $486,000으로 고정되고, 달러화환율이 상승할 경우에도 풋옵션을 포기하면 되므로 상승이익을 향유할 수 있다(단, $0.014만큼은 상승이익이 적어짐).

$1,000,000 × ($0.50/¥ − $0.014/¥) = $486,000

2 통화스왑

(1) 통화스왑의 의의

① 개념

스왑은 미리 약정된 현금흐름 또는 자산을 미래에 교환하기로 하는(promise to exchange) 두 거래자 사이의 계약이다. 장내상품이 아닌 장외상품으로서 금융시장에서의 거래 규모가 최대인 상품이다. 일종의 선도계약이라고도 볼 수 있는데, 대체로 은행 등 금융기관의 중개로 스왑거래가 이루어진다. 이때 은행 등의 금융기관은 스왑딜러(swap dealer)로 칭한다.

스왑은 외환시장에서 최대 규모의 거래금액을 보이는 상품으로서 스왑을 하는 대상자산에 따라 통화스왑(외환스왑), 금리스왑, 주식스왑 등으로 나뉜다. 스왑은 1980년대 이후 등장한 금융상품 가운데 가장 성공적으로 평가받기도 하는데 JP모간, 모건스탠리 등 세계적인 금융기관들이 스왑거래 또는 스왑딜러의 역할을 통해 성장에 큰 도움을 받기도 하였다.

② 통화스왑

통화스왑(currency swap)은 아래 기본형(plain vanilla) 통화스왑과 같이 특정 통화로 표시된 채무의 원리금을 다른 통화로 표시된 채무의 원리금과 교환하는 계약이다. 거래자 A와 B가 원화와 달러화를 스왑하는 거래로서, A는 원화를 달러화로, B는 달러화를 원화로 스왑한 후 각각 원리금을 지급하는 방식이다. 이런 종류의 스왑이 이루어지는 이유는 A는 달러화가 주된 수입원이지만 원화표시 원리금을 지불해야 하고 B는 원화가 주된 수입원이지만 달러화표시 원리금을 지불해야 하는 것이어서 스왑계약을 통해 지불하는 통화를 원하는 대로 고정하는 데 있다.

이러한 형태의 스왑은 거래당사자에게 모두 이득이 되는 윈-윈(win-win)

계약이다. 하지만 달러화의 가치가 상승하는 경우 B에게 달러화를 주기로 한 A는 상대적으로 불리해지고, 원화의 가치가 상승하는 경우에는 A에게 원화를 주기로 한 B가 불리해져 손익이 발생하는 제로섬게임이기도 하다. 그럼에도 불구하고 스왑계약은 거래 상대방 모두에게 도움이 되는 양(+)의 제로섬게임으로 분류되기도 한다.

〈그림 13-4〉는 기본형 통화스왑의 예를 든 것이다. 통화스왑의 거래당사자인 A, B는 각각 달러화 현금유입과 원화 현금유입이 활발한 기업이다. 그런데 거래자 A는 원화 차입에, 거래자 B는 달러화 차입에 상대적 우위를 가지고 있다. 차입금리가 유리하고 차입가능금액도 A는 원화, B는 달러화가 유리하다는 것이다. 현재 거래자 A는 고정금리의 달러화, 거래자 B는 고정금리의 원화를 필요로 하고 있다.

이때 원/달러 현물환율이 1,300원/달러로 형성되어 있는 상황에서 거래자 A와 B는 각각 조달금리 측면에서 상대적 우위에 있는 원화 13억원과 달러화 1백만달러를 차입한 후 이를 상대방과 통화스왑을 통해 교환하고 원금과 이자를 지급하면 원하는 형태의 자본을 조달하고 차입금리도 유리하게 적용받는 등 경영활동을 보다 원활하게 수행할 수 있다.

스왑 계약시 원금을 교환한 후 이자를 지급할 때 거래자 A는 유입되는 달

그림 13-4 기본형 통화스왑

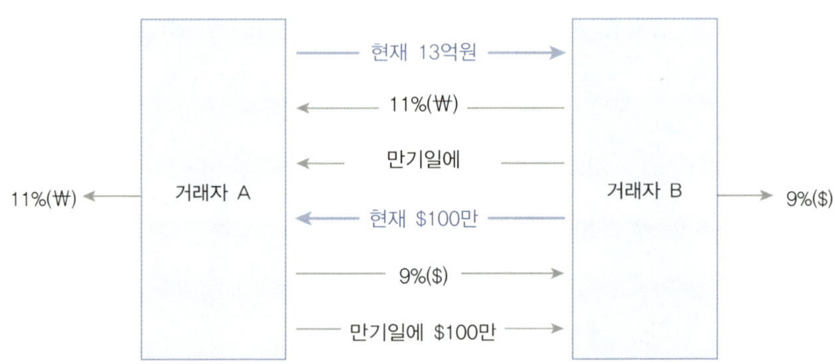

러화를 B에게 지급하면 거래자 B는 이를 이자지급에 충당하고 거래자 B는 원화를 A의 이자지급에 충당토록 원화를 지급하게 된다. 그리고 만기에 다시 1백만달러와 13억원을 교환함으로써 통화스왑이 두 기업 모두에게 이득이 되는 상품으로 활용된다. 이처럼 통화스왑은 통상 ① 원금 교환, ② 계약 기간 중 이자 지급, ③ 만기시 원금의 재교환의 흐름으로 이루어진다.

(2) 통화스왑의 구조

① 상호대출과 통화스왑

통화스왑은 과거 상호대출(parallel loan 또는 back-to-back loan)에서 발달한 거래형태이다. 상호대출은 〈그림 13-5〉에서처럼 미국에 있는 한국 기업의 현지법인에 달러화로, 한국에 있는 미국 현지법인에 대해서는 원화로 대출함으로써 통화의 환전이나 송금 없이 국내대출을 일으켜서 해외 현지 자회사에 자금을 공급한 효과가 있다. 그러나 서로 상반되는 거래의 필요성을 가진 기업을 찾아야 하고 상대방 기업의 원금과 이자의 부도위험을 감수해야 한다는 단점은 존재한다.

그림 13-5 상호대출

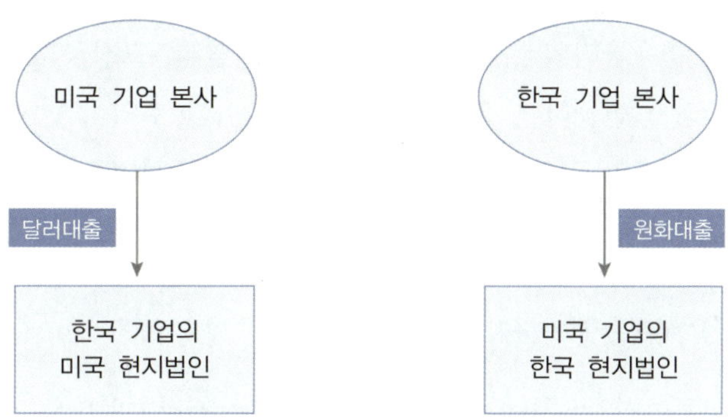

스왑이전

미국 기업		영국기업	
달러화 9% 고정금리 운용	파운드화 LIBOR + 1% 변동금리조달	파운드화 LIBOR + 4% 변동금리 운용	달러화 6% 고정금리조달

LIBOR=5%

스왑이후

미국 기업	영국 기업
달러화 6% 고정금리 조달	파운드화 LIBOR + 1% 변동금리 조달

통화스왑 이후 두 거래자 모두 3% 금리절감 (positive zero-sum)

통화스왑에서는 은행과 같은 금융기관이 스왑딜러(swap dealer)로서 시장 조성의 역할을 수행함으로써 거래를 필요로 하는 상대방의 존재 여부와 관계 없이 전체적인 포지션을 조정한다는 점에서 상호대출과 다르다.

아래에서처럼 미국 기업은 파운드화로 LIBOR+1%의 금리에 자금을 조달하여 이를 달러화로 9% 고정금리에 운용하고 있다고 가정하자. 영국 기업은 반대로 달러화 6% 고정금리에 자금을 조달하여 LIBOR+4%에 운용하고 있다. 현재 LIBOR가 5%라고 한다면 미국 기업과 영국 기업은 모두 (9% - 6% = 3%)의 스프레드 수익을 올리게 된다. 그런데 여기서 두 기업 모두 조달 및 운용금리의 형태가 변동금리-고정금리, 고정금리-변동금리로 되어 있어 금리가 변동하면 스프레드의 변화에 따라 수익이 변하는 불안정한 수익체계를 갖추고 있다. 이에 두 기업은 파운드화 LIBOR+1%와 달러화 6%를 스왑함으로써 스왑 이후 안정적으로 3%의 스프레드 구조를 갖게 된다.

② 세계은행과 IBM의 통화스왑거래

통화스왑은 1982년 세계은행(World Bank)과 IBM(주)의 통화스왑 이후 거래 규모가 급증하였다. 1982년 세계은행과 IBM은 각각 달러표시 채권과 스위

표 13-3 세계은행과 IBM의 통화스왑거래

	세계은행	IBM	차이
U$ 조달	미국 재정증권 + 40bp	미국 재정증권 + 45bp	5bp (0.05%)
SFr 조달	미국 재정증권 + 20bp	스위스 재정증권 + 0bp	20bp (0.20%)
세계은행은 달러 대출에서 우위를 가지는 반면, IBM은 스위스 프랑 대출에서 우위를 보임			

(주) bp = basis point로서 0.0001 또는 0.01%를 의미함. 40bp=0.004 또는 0.4%이다.

스 프랑표시 채권을 발행한 후 달러 원금과 스위스 프랑 원금을 교환하는 스왑계약을 체결하였다. 아래 표에서처럼 세계은행은 달러화를 조달하는 것이 상대적으로 우위에 있었고, IBM은 스위스 프랑으로 조달하는 것이 유리하였기 때문에 우위에 있는 통화표시채권을 발행한 후 이를 상호교환하는 스왑을 수행한 것이다.

여기서 세계은행은 IBM(스위스 재정증권 + 10bp)에 고정금리를 지불하고, IBM은 세계은행(미국 재정증권 + 40bp)에 고정금리를 지불한다면, 아래와 같이 이러한 스왑거래로 총 25bp를 절감할 수 있으며, 개별적으로는 세계은행 10bp, IBM 15bp의 이자율을 절감하게 된다.

세계은행	IBM
(+) 미국 재정증권 + 40bp (+) 스위스 재정증권 + 10bp (−) 미국 재정증권 + 40bp - - - - - - - - - - - - - - - - - = 스위스 재정증권 + 10bp (스왑 이전 스위스 재정증권 + 20bp에서 자본조달비용 10bp 절감)	(+) 스위스 재정증권 + 0bp (+) 미국 재정증권 + 40bp (−) 스위스 재정증권 + 10bp - - - - - - - - - - - - - - - - - = 미국 재정증권 + 30bp (스왑 이전 미국 재정증권 + 45bp에서 자본조달비용 15bp 절감)

(3) 통화스왑을 이용한 환위험 헤지

영국 소재 IF기업이 영국 내에서의 차입이 많은 경우 차입의 한계비용이 높다. 이 기업이 추가로 파운드화 차입을 할 경우 고정금리 5.50%, 혹은 변동금리 LIBOR+70bp로 차입 가능하다.
그러나 유로화 대출시장에서 유로화 차입시에는 이보다 낮은 고정금리 3.50%로 차입할 수 있다.
한편 파운드화와 유로화의 스왑조건은 다음과 같다.

- 파운드화 변동금리 지급 LIBOR+40bp
- 유로화 고정금리 지급 3.50%

(주) bp = basis point (0,01%=0.0001)

이같은 상황에서 IF기업은 유로화 고정금리 3.50%로 차입한 다음, 위의 스왑계약을 체결함으로써 파운드화(LIBOR+40bp)로 차입한 것과 동일한 효과를 거둘 수 있다. 그리고 이를 통해 (LIBOR+70bp)-(LIBOR+40bp)=30bp 절감효과가 생긴다.

이와 같이 통화스왑에서는 상환만기일에 다시 최초에 교환한 원금을 교환하여 상환하고 이때 정반대의 자금교환이 발생하므로 차입 당사자들은 환위험을 제거할 수 있다. 이러한 과정을 통해 한 통화로 조달된 부채가 다른 통화표시의 고정금리부채로 완전 헤지되고 상호이득이 발생하게 된다.

다른 예를 들어보자. 유럽에 소재한 A은행은 1억엔이 필요하고 미국에 소재한 B은행은 1백만달러가 필요하며, 이를 고정금리로 차입할 것을 고려 중이다. 엔/달러 현물환율은 ¥100/$이며, 각 은행이 7년 만기 엔화와 달러화를 차입하는 데 드는 금리는 다음과 같다. 유럽소재 은행이 달러화를 차입하므로 이때 운용되는 달러화를 '유로달러(Eurodollar)'라고 하고 적용하는 금리는 'LIBOR+가산금리'가 된다.

아래에서처럼 A은행은 엔화차입금리, B은행은 달러화차입금리가 상대적으로 우위에 있다. 그리하여 두 은행은 3.00% 금리로 조달한 1억엔과 LIBOR

	A은행	B은행
차입금액	1억엔	1백만달러
엔화 차입금리	3.00%	3.25%
달러화 차입금리	LIBOR + 1.25%	LIBOR + 1.00%

+1.00%로 조달한 1백만달러의 원리금에 대해 스왑계약을 통해 교환하기로 하였다.

스왑계약의 흐름은 다음과 같다. 먼저 차입원금인 1억엔과 1백만달러를 현물환율로 교환하고, 이후 이자지급시점에서 A은행은 B은행에게 1백만달러의 LIBOR+1.00%에 해당하는 이자를 지급하고, B은행은 A은행에 대해 1억엔의 3.00%에 해당하는 이자를 지급한다. 이 과정에서 B은행은 3.00%의 고정금리를 지급함으로써 애초에 원했던 고정금리 이자지급을 실현할 수 있게 된다. 그리고 만기시점에서 다시 1억엔과 1백만달러의 원금을 교환하면서 통화스왑계약이 종료되고 각 은행은 이 자금으로 자금을 공여한 채권자에게 상환함으로써 대차관계를 청산한다. 또한 이 스왑계약을 통해 두 은행 모두 0.25%씩 차입비용을 경감할 수 있게 되었다.

3 기타 외부관리전략

(1) 단기금융시장 활용전략

① 단기금융시장을 이용한 환위험관리전략

예금, 대출 등의 단기금융시장(money market)을 이용한 환위험관리전략도 유용한 수단이 된다. 단기간 차입하고 예치하는 단기금융거래와 현물환거래를 동시에 이용하여 선물환거래와 동일한 환위험관리효과를 얻을 수 있기 때문이다.

예를 들어 수출기업의 경우, 금융시장에서 수출대금에 해당하는 외화금액을 미리 차입 → 이를 현물환시장에 매각하여 원화로 전환한 다음 이를 금융기관에 예치 → 결제된 수출대금으로 차입금을 상환하고 원화 인출 → 수출계약에서 결제까지의 환위험 회피 효과 발생의 과정이 이용된다. 이는 수출입 대상 국가 간의 예금·대출 금리 차이를 이용한 간단하면서도 확실한 환위험관리전략이 된다.

② 단기금융시장 활용전략의 예

아래의 예를 통해 단기금융시장의 예금과 대출활동을 통해 환위험을 제거하는 방법을 들어본다.

〈상황〉

3개월 후 현금유입 : U$100만

3개월 만기 원화이자율 : 10% 3개월 만기 달러 이자율 : 6%

원/달러 현물환율 : ₩1,200/USD1 3개월 선도환율 : ₩1,212/USD

- U$100만의 미래 현금흐름을 담보로 대금입금시점을 만기로 하여 달러화를 차입하고, 이를 원화로 전환하여 동일한 만기로 투자함으로써 원화금액을 확정할 수 있게 됨.
  즉, 3개월 이후에 수출대금을 달러로 받기로 하였기 때문에 달러를 3개월 만기로 차입하고, 이를 원화로 전환하여 3개월 만기로 투자함으로써 현재시점에서 3개월 이후 받게 될 원화금액 확정.

보다 구체적으로 환위험관리 방법을 열거하면 다음과 같다.

① 3개월 후 \$1,000,000을 상환하도록 하는 달러 차입

$$\text{차입금액} = \frac{\$1,000,000}{\left(1+0.06\times\frac{1}{4}\right)} = \$985,222$$

② 차입한 달러를 원화로 전환

원화금액 = $985,222×₩1,200/$ = ₩1,182,266,400

③ 원화자금을 3개월 만기 예금

3개월 후 받게 되는 원화금액

$$= ₩1,182,266,400 \times \left(1 + \frac{0.1}{4}\right) = ₩1,211,823,060$$

④ 3개월 후 받은 달러로 차입한 $1,000,000 상환

원화자금 1,211,823,060원 인출

결과적으로, 환율변화와 무관하게 환위험을 부담하지 않고 결제대금 12억여 원을 확보하였다.

(2) 환변동보험

① 개념

환변동보험 또는 환보험은 수출대금지급기간이 1년 이상인 자본재를 수출할 때 계약시점과 대금결제시점 사이의 통화가치 변동에 따른 손실을 보전해 주는 상품이다. 환변동위험 계약일 당시 환율에 비하여 환율이 하락하여 발생하는 환차손을 보상해 주는 형식이다. 결제기간이 1년 미만인 단기수출입거래는 선물환거래 등을 이용하여 헤지할 수 있으나 1년 이상의 중장기거래(일반수출, 위탁가공무역, 중계무역)에서는 환율예측의 어려움으로 환위험 헤지가 어려워 이에 대한 필요성을 배경으로 생겨난 환보험상품이다.

- 일반수출 : 국내에서 생산·가공·집하된 물품을 수출하는 거래
- 위탁가공무역 : 국내기업의 해외 현지법인이 생산·가공한 물품 또는 국내기업이 위탁하여 외국에서 가공한 물품을 수출하는 거래
- 중계무역 : 수출자가 수출을 목적으로 물품을 수입한 후 제3국에 수출하는 거래

기업 내부의 환차손준비금(exchange loss reserve)과 달리 외부관리전략으로서 환차손에 대비하여 보험료를 지급하다가 일정 금액 이상의 환차손이 발생한 경우 이를 보전하는 차원에서 보험금을 청구하는 금융상품이다. 환변동보험은 수출보험제도의 일환으로서 기업 외부 환위험관리전략. 1970년대 초 변동환율제도로 이행된 이후 각국에서 도입하여 이용되고 있다.

환변동보험의 기본구조는 무역보험공사가 보험계약을 통해 보장해 주는 환율(보장환율)과 결제시점의 환율(결제환율)의 차이에 따라 발생한 손익을 정산하는 것이다. 이는 차액결제선물환(NDF) 거래와 비슷한 형태로서 결제환율이 보장환율보다 낮으면 무역보험공사가 환차손을 보험금으로 지급하고, 결제환율이 보장환율보다 높으면 무역보험공사가 환차익을 환수하게 된다.

이처럼 환변동보험을 가입한 기업의 입장에서는 환율인상분에 따른 환차익을 환수당한다는 특징이 있지만, 보장환율을 미리 정하고 환율인하분의 보전을 받을 수 있는 환위험 헤지효과가 분명하게 존재한다. 수출기업은 달러, 유로 등 어느 통화로 대금을 지급받는지에 상관없이 수출로부터 발생 가능한 현금흐름을 원화로 확정함으로써 미래 불확실성을 제거할 수 있고, 보험계약을 5년까지 연장할 수 있어 장기적 헤지도 가능하다. 보험료는 통상 수출금액의 0.05% 내외이지만 한시적 조치를 통해 수출 활성화를 위해 보험료를 대폭 할인해 주기도 한다.

일본의 경우 수출기업에 대해 특정 환율이 3%를 초과하여 하락할 때 20%를 한도로 엔화평가절상(환율인하)으로 인한 환차손 보상 즉, 최대보상범위는 17%이다. 역으로 엔화평가절하(환율인상)로 인한 환차익 또한 20%를 상한으로 정부가 환수하고 있다.

② 우리나라의 환변동보험

우리나라에서도 2000년 2월부터 무역보험공사에서 환변동보험을 취급하고 있다(무역보험공사 웹사이트: www.keic.or.kr). 수출기업, 특히 환위험 관리 여건이 취약한 중소 수출기업이 환위험을 손쉽게 헤지할 수 있도록 도입하였는데 수출기업은 환변동보험을 통하여 수출계약금액을 원화로 고정시킴으로써 영업이익을 확보하고, 환율 등락에 따른 환차손익을 제거할 수 있다.

수출대금지급기간이 1년 이상인 자본재를 수출할 때 계약시점과 결제시점 사이의 원화가치 변동에 따른 손실을 보전해 준다. 그리고 달러화에 대한 원화가치가 25% 이상 상승하는 경우(환율인하) 24% 변동분에 대해 손실을 보상하는 대신 반대로 원화가치 하락에 대한 환차익은 무역보험공사가 환수한다.

보험대상통화는 U$, ¥, Euro이며, 신용상 문제가 없는 수출기업을 대상으로 하는데 기본계약구조는 공사가 보장하는 환율(보장환율)과 결제시점의 환율(결제환율)과의 차이에 따른 손익을 정산하는 것으로 금융기관의 선물환거래와 유사하다. 보장환율은 청약시점에 공사가 미리 고정(보장)시켜 주는 환율로서, 국내 주요 금융기관들로부터 제공받은 선물환율을 기초로 산출한다.

③ 환변동보험 사례

A사는 중동에서 발주하는 발전설비 입찰에 참가할 예정임. 최근 환율변동성이 커짐에 따라 입찰서류 제출 후 낙찰여부가 결정되는 약 3개월 동안의 환리스크 헤지를 위해 입찰 방식 환변동보험을 가입함.
2019년 11월 현재 환율인 1U$=1,200원을 기준으로 적정 입찰가격을 결정한 후 입찰서류 제출 일에 맞추어 입찰금액의 40%인 U$50백만을 부보함. 무역보험공사는 향후 5년간의 월별 보장환율을 기재한 증권을 발급하고 A사는 청약시 보험료로 600만원을 납부함.
2020년 2월 A사는 본건 수주에 성공하여 수출계약 체결 후 그 사실을 통보함. 계약체결시 환율이 1,240원이었는바, 공사는 기존 보장환율을 상향조정하여 새로 증권을 발급하였으며, A사는 3월 20일에 확정보험료로 336백만원(0.56%)을 납부함.

① 2020년 3월 수출대금 U$10,000,000이 입금. 입금시 환율은 보장환율(@1228.9)보다 높은 @1250 이었는바, A사는 이익금 ₩84,400,000을 무역보험공사에 납부함.

② 2020년 10월 2회차 수출대금 U$10,000,000이 입금. 입금시 환율은 보장환율(@1245.2)보다 낮은 @1210.2 이었는바, 무역보험공사는 ₩90,192,000을 보험금으로 지불함.

출처 : www.keic.or.kr

학습정리

01 | 옵션거래는 미래 일정 기간 동안 외환, 주식 등의 대상자산을 사거나 팔 수 있는 권리를 거래하는 것이다.

02 | 옵션을 이용한 헤지는 선물환과 달리 환율 등의 가격변동에 따른 손실기회는 일정하게 막는 반면, 이익기회는 유지한다는 차이점이 있다.

03 | 옵션의 가치는 내재가치와 시간가치로 구성된다. 옵션의 내재가치는 대상 자산의 현물가격과 행사가격의 격차로서 내재가치가 양(+)인 경우 내가격 옵션(ITM), 음(−)인 경우 외가격옵션(OTM)이 된다. 시간가치는 ATM에서 최대가 된다.

04 | 통화옵션거래는 미래 일정 기간 동안 통화옵션시장에 상장된 외환을 사거나 팔 수 있는 권리를 거래하는 것으로서, 현물과의 합성전략을 통해 환위험을 관리할 수 있다.

05 | 국내 달러화 통화옵션의 권리행사에 따른 결제 방식은 실물인수도로 이루어지는데, 옵션행사 및 배정 결과에 따라 옵션매수자와 매도자가 미국 달러화 및 원화대금을 수수한다.

06 | 통화스왑(currency swap)은 특정 통화로 표시된 채무의 원리금을 다른 통화로 표시된 채무의 원리금과 교환하는 전략이다.

07 | 통화스왑은 상호대출(parallel loan)로부터 발전하여 1982년 세계은행과 IBM의 통화스왑 이후 거래 규모가 급증하였으며, 은행이 스왑딜러(swap dealer)로서 시장조성의 역할을 수행함으로써 거래를 필요로 하는 상대방의 존재 여부와 관계없이 전체적인 포지션을 조정한다는 점에서 상호대출과 다르다.

08 | 단기금융시장 활용전략은 단기간 차입하고 예치하는 단기금융거래와 현물환거래를 동시에 이용하여 선물환거래와 동일한 환위험관리효과를 간단하고 유용하게 획득하는 효과가 있다.

09 | 환변동보험은 수출대금지급기간이 1년 이상인 자본재를 수출할 때 계약시점과 대금결제시점 사이의 통화가치 변동에 따른 손실을 보전해 주는 상품이다.

10 | 환변동보험은 보험료를 통해 예상치 못한 환율의 변화로 손실이 발생하였을 때 보험자가 이를 보전해 주지만, 환율의 변화에 따라 이익이 발생할 경우 보험자가 이익금을 환수할 수도 있다.

11 | 콜(풋)옵션 매입자와 콜(풋)옵션 매도자의 손익은 정확하게 상쇄되어 제로섬(zero-sum) 게임이 된다. 그러므로 콜(풋)옵션 매도자의 손익을 산출하는 데 있어서 콜(풋)옵션 매입자의 손익을 구한 다음 여기에 정반대의 금액으로 산출하면 보다 쉬워진다.

CHAPTER

14

국제금융시장

전업투자자인 김○○씨는 삼성전자 주식이 뉴욕증권거래소에 주식예탁증서(DR) 형태로 상장되어 있어서 뉴욕과 서울의 가격 차이를 비교 분석하여 수익를 내고 있다. 뉴욕에 비해 서울의 가격이 저평가되어 있을 때 매수하여 차익을 내고 있는 것이다.

이○○씨는 뉴욕증권거래소(NYSE)에 상장된 기업의 주식을 국내에서 사고 파는 직접투자로 수익을 내고 있다. 한편 박○○씨는 2018년 초 오랫동안 가입여부를 놓고 고민하였던 국내 주식형펀드에 가입하였다. 초기 수익률은 양호하였으나 2018년 말 세계적인 경기 침체 사태로부터 촉발된 주식시장 주가 하락으로 투자수익률이 -20%에 육박하는 지경에 이르렀다. 박○○씨는 미국에서 발생한 경기 침체 우려가 왜 한국에 있는 자신의 펀드 수익률에 그토록 영향을 미치게 되는 지에 대해 의구심을 품지 않을 수 없었다.

증권시장 투자는 수익을 안겨다 주기도 하지만 세계 금융시장의 동조화로 인해 국제 환경변화에 대한 위험관리가 매우 중요하다는 사실을 일깨워 주었다. 특히 금융의 글로벌화에 따라 국제금융시장에 대한 이해가 절실하게 되었다. 글로벌화에 힘입어 이제 각 나라의 금융시장도 변화하는 세계 경제환경에 대응하는 모습을 갖추고 있다.

자산의 운용 관점에서 봐도 중국, 미국, 브라질, 유럽 등에 대한 외화투자와 같은 금융자산 투자는 필수 불가결한 자산증식 수단으로 자리잡고 있다. 변화하는 세계의 경제환경에서 자신의 자산을 효율적으로 운용해 나가기 위해서는 국제금융시장에 대한 이해가 필요하다.

1 국제금융시장의 의의

(1) 개념과 범위

① 개념

국제금융시장은 외환시장, 국제주식시장, 국제채권시장과 같이 국가 간의 금융거래가 이루어지는 물리적, 시간적 개념을 포함하여 자본조달, 투자, 파생상품까지 국제간 거래의 모든 행위를 총칭하는 것이다. 즉, 국제적 자금 대차거래의 집합이다. 여기에는 외화의 교환, 외화자금의 차입과 공여, 국제증권투자, 역외금융시장, 무역금융, 국제은행활동 등이 망라된다.

② 발전배경

19세기 영국의 국제무역 확대와 산업혁명에 힘입어 대외거래가 활발해지면서 무역신용을 중심으로 국제금융이 활발해지다가 제2차 세계대전 종전 이후 미국을 중심으로 개발자금과 원조금이 제공되면서 달러자본이 세계적으로 형성되었다.

이는 유로달러 시장(달러가 미국 이외 국가에서 거래되는 시장)과 뉴욕 금융시장의 성장을 이끌고 본격적으로 국제금융시장이 발전하는 계기가 되었다. 달러가 외국으로 유출되어 다양한 역할을 수행한데 힘입어 여러 국가에서 달러라는 명칭을 자국의 통화 명칭으로 사용하는 경우가 많게 되었다. 달러화가 자국의 통화처럼 재화나 서비스의 구입에 통용되는 달러라이제이션(dollarization) 현상도 여전히 다수 국가에서 볼 수 있다. 또한 국제통화기금(IMF), 국제결제은행(BIS), 세계은행(World Bank), 아시아 · 유럽 · 미주 · 아프리카 개발은행(ADB, ERBD, IDB, AfDB), 아시아인프라투자은행(AIIB) 등 국제금융기구가 생성, 발전하고 이슬람금융이 국제금융에서 주목을 받는 것도 국제금융시장의 확대에 일조하고 있다.

이후 세계화 추세에 힘입어 국제금융시장은 비약적으로 발전하고 있으며, 국가 간 장벽이 허물어져가고 있다. 각 경제주체에 있어서 돈이라는 자원을 시간적으로 재분배함으로써 생산과 효율을 증가시키려는 금융의 본연활동을 국제적 관점에서 다룸으로써 효용 증가를 도모하는 것이다. 따라서 금융거래를 통하여 경제주체의 보유자금과 필요자금의 차이를 해소함으로써 자본이 효율적으로 생산에 사용되어 사회 전체의 효율성을 증가시키는데 국제금융시장이 역할을 수행한다.

③ 범위

국제금융시장과 국내금융시장의 구분은 거래에 참여하는 사람의 거래 당사자의 ① 거주성(residency), ② 표시통화(currency of denomination), ③ 적용되는 규제(regulation)의 세 가지 요소를 기준으로 한다.

거주성은 거래 당사자가 내국인이냐 외국인이냐의 기준을 말하고, 표시통화는 발행금액의 표시통화가 자국통화인가 타국통화인가의 기준을 의미한다. 자국법규의 규제를 받느냐 그렇지 않느냐는 규제의 차이로서 유로시장과 같은 시장은 자국의 법규를 적용받지 않는 시장이다. 이 가운데 하나만 제외되어도 국제금융시장으로 분류한다.

국제금융시장은 크게 유로시장(Euromarket)과 역외시장(offshore market)으로 나눈다. 이 가운데 좁은 의미의 국제금융시장은 주로 유로시장을 뜻한다.

- **유로시장** : 본국 이외의 국가에서 본국 통화가 거래되는 국제금융시장
  예) 미국 이외 국가에서의 달러화 대출, 예금 활동 → 유로달러
  일본 이외 국가에서의 엔화 대출, 예금 활동 → 유로엔
  일본 이외 국가에서의 엔화 CD 발행 → 유로CD, ENCD

  * 유로화를 취급하는 본국 이외 국가의 은행을 유로은행이라고 함
  우리나라의 경우 과거에는 외환은행만이 가능하였으나 지금은 시중은행 대부분이 유로화를 취급하는 유로은행이다.

■ **역외시장** : 본국의 규제가 적용되지 않는 외화가 본국에서 거래되는 국제금융시장. 많은 경우 유로거래는 동시에 역외 거래이다.
예) 뉴욕, 런던, 홍콩, 싱가포르 등의 주요 국제금융센터의 성장은 자국 내에서 외화거래에 대해 규제를 하지 않은 것이 무엇보다도 중요한 요인이다.

(2) 국제금융시장의 주요 기능

① 근본적 기능과 성격

국제금융시장에서의 자금조달은 국내보다 저렴하고 통화를 원하는 외화로 조달할 수 있으며, 투자대상을 늘림으로써 포트폴리오 위험분산효과가 커지고 동시에 높은 수익을 추구할 수 있다. 특히, 유로거래는 본국 외 지역에서 이루어지는 금융거래이므로 본국의 규제가 연장되지 않는 시장이 형성된다.

그리하여 유로시장의 범위 안에서는 이익추구와 시장원리에 따라 다른 어느 시장보다 통합된 시장으로서 높은 정보력을 가지고 최적의 거래조건을 얻기 위해 치열하고 효율적인 국제금융시장을 이루게 된다.

한편 유로시장에 존재하는 모든 금융상품의 거래조건들이 외환, 파생 등과 결합되어 세밀하게 검토되어 만일 가격이 균형상태에서 벗어나면 이를 이용한 차익거래가 규제적용을 받지 않고 자유롭게 일어남으로써 국가간 국내금융시장과 연결된다. 그러므로 유로시장은 세계 금융시장이 통합되는 핵심 연결고리의 역할을 수행하게 된다. 외환시장의 한 현상으로서 뉴욕시장의 역외 차액결제 선물환거래(NDF) 거래가 국내 외환시장에 절대적 영향력을 행사하는 것도 이 같은 예이다. 궁극적으로 보면 국제금융시장과 국내금융시장이 경쟁하고 상호 통합되어 감으로써 국제금융시장 확대로 인해 국내금융시장이 존재하지 않는다고도 볼 수 있다.

하지만 국제금융시장 거래는 각 나라 별로 세금제도가 달라 투자수익에 대해 각기 다른 세금을 부과한다는 점과 환율의 차이에 따른 환차손이 발생할 수 있다는 점을 간과하지 말아야 한다.

② 구체적 기능

국제금융시장이 수행하는 구체적 기능에는 투자기회의 확대, 국제대차결제기능, 국제무역중개기능, 국제적 유동성 조절기능, 환위험 관리수단 제공기능 등이 있다.

■ 투자기회의 확대

국내 금융시장으로 국한되었던 투자기회를 해외로 확대함으로써 보다 넓은 투자처를 제공한다. 금융거래 자유화와 개방화로 인해 자국이 아닌 타국의 증권시장에 투자하는 것이 용이해짐으로써 국제금융시장의 중요성이 한층 커졌다.

■ 국제대차결제기능

국제무역을 통한 상품 및 서비스, 자본거래의 채권과 채무를 원활하게 결제하는 수단을 제공한다.

■ 국제무역중개기능

국제간 상품 및 서비스거래의 수출입대금을 융자, 예치함으로써 국제교역을 촉진한다. 국제금융시장 발달은 세계 무역량의 급격한 증가를 가져온 주요 요인이 되었다.

■ 국제적 유동성 조절기능

국제투자 및 시설금융까지 취급함으로써 국제수지 적자 및 국제 유동성 부족상태에 있는 국가지원을 통해 유동성 부족 문제를 해결한다.

■ 환위험 관리수단 제공

국제거래에서 야기되는 환위험에 대처할 수 있는 여러 가지 금융수단과 기법을 제공함으로써 자금 운용을 종합적으로 관리할 수 있는 시장기능을 제공한다.

(3) 국제금융시장의 형태

① 시장별 형태

국제금융시장에는 시장의 형태별로 외환시장, 유로시장, 외국상품시장, 파생상품시장이 있다.

- 외환시장(Foreign Exchange Market)
  서로 다른 국가 간의 이종통화가 거래되는 시장

- 유로시장(Euro Market)
  자국 통화가 외국에서 거래되는 시장을 통칭한다. 유로통화(Euro currency, 유로화 예금시장), 유로대출(Euro credit), 유로채권(Euro bond), 유로주식(Euro equity) 등을 취급한다. 예를 들어, 유로대출은 유로화 취급은행이 단기 유로예금을 가지고 주로 각국 정부나 정부가 보증하는 공공기관에 중·장기로 대출해주는 시장. 유로시장 중 1년 이내의 단기금융을 다루는 유로시장을 유로머니시장이라고 한다.

- 외국상품시장(Foreign Market)
  외국채권(foreign bond), 외국주식(foreign equity)

- 파생상품시장(Derivatives Market)
  선물환시장, 선물시장, 옵션시장, 스왑시장

② 상품별 형태

취급하는 상품에 따라 외환시장, 국제 단기금융시장, 국제채권시장, 국제주식시장으로 나눈다. 또한 국내 금융시장에서처럼 금융중개기관의 역할에 따라 직접금융(direct financing)상품과 간접금융(indirect financing)상품으로 구분한다. 직접금융상품에는 유로CP, 유로CD(ENCD, euro negotiable certificate of deposit), 유로중기채권(EMTN, euro median term note), 유로장기채권(euro bond), 외국채권(foreign bond) 등이 있다. 간접금융상품은 유로은행을 매개로 한 유로예금, 유로대출 등이다.

거래만기에 따라 자본시장과 단기금융시장으로 나눈다. 이 역시 국내금융시장의 분류와 동일하다. 자본시장은 국제금융시장을 이용한 중장기 금융(유로채권, 외국채권, ADR, GDR)이고, 단기금융시장은 1년 이하의 단기금융즉, 유로CP, 유로CD 등이 속한다.

기타 유로통화시장(euro currency market) 또는 유로화폐시장이 있는데, 이는 유로시장 가운데 각 통화의 정기예금시장으로서 국제금융시장의 유동성을 제공한다, 대표적인 유로통화시장은 유로달러시장, 유로엔시장 등이다. 무역, 외환, 국제금융 등 모든 형태의 국제금융거래의 지불과 결제수단이므로 국제금융시장에서 각 통화의 화폐시장, 자본시장, 외환시장 등의 각 부문을 연결하는 매개기능을 수행한다(제5장 2절 참고).

[용어 설명]

- 유로채권과 외국채권
  유로채권(유로채) : 발행지의 통화가 아닌 통화로 발행되는 채권
  외국채권(외국채) : 외국기업이나 외국정부가 다른 나라에서 그 나라 통화로 발행하는 채권

- ADR, EDR과 GDR
  원주식은 자국에 보관하고 대체증권을 발행하여 외국 주식시장에서 거래되는 것을 주식예탁증서(DR)이라고 하고, 미국에서 거래되면 ADR, 유럽에서 거래되면 EDR, 전체 국제금융시장 차원에서 GDR로 칭함

- LIBOR와 EURIBOR
  LIBOR : 런던소재 은행간 유로예금 적용금리(London inter-bank offered rate)
  EURIBOR : 유럽통합통화인 유로(euro)화를 기존의 유로(Euro)거래와 차별화하여 유로화의 은행간거래 기준금리로 적용

③ 국제금융센터와 역외금융센터

■ 국제금융센터

국제금융센터(IFC, International finance center)는 국제금융활동이 활발하게 이루어지고 있는 장소를 지칭한다. 뉴욕, 런던, 동경 등의 WFC (World finance center)와 홍콩, 싱가폴, 암스테르담, 서울 등의 RFC (Regional finance center)가 있다.

국제금융센터는 i) 국내자금이 풍부하여 외국인에게 대출자금 여력이 있거나, ii) 외국인들의 자금투자를 소화할만한 국내 자금수요가 존재 또는 iii) 외국인 상호간에 금융거래를 할 수 있는 기반시설을 갖추고 있다. 또한 정치, 경제, 사회적으로 안정되어 있고 금융규제가 완화되어 있으며, 지정학적 위치나 거래구조가 용이하다는 특징이 있다.

■ 역외금융센터

국제금융센터는 흔히 역외금융센터(offshore market, offshore finance center)의 역할도 수행한다. 좁은 의미에서 볼 때 역외금융센터는 국내 거주인이 아닌 외국인들 간에 금융거래가 이루어지는 시장을 역외금융시장이라고 하며, 역외시장의 중심이 되는 거래장소를 역외금융센터라고 한다. 위 i), ii), iii)에서 iii)의 기능만 수행하는 국제금융센터를 지칭하는 것이다. 위에서 언급한 국제금융센터 이외에 룩셈부르크, 브뤼셀, 바하마, 케이만군도, 파나마, 버뮤다, 바레인, 두바이, 타이베이, 방콕, 마닐라 등이 이에 속한다.

특히, 국제금융시장에서의 자금공급이나 자금모집의 기능만 수행하면서 유리한 세제 및 규제상의 혜택을 주는 곳이 있는데 이를 조세피난처(tax heaven, shell branch)라고도 한다. 케이만군도, 버진아일랜드 등이다.

역외금융센터 운영을 통해 각 국가는 자본시장 발전, 고용 촉진, 선진화, 조세수입, 국내경제의 국제화 등을 꾀하는데, 한편으로는 투기성 자금의 유출입으로 국내금융시장의 건전한 발전을 저해할 가능성도 상시로 존재한다.

■ 이슬람금융(Islamic Finance)
중동지역을 중심으로 오일머니를 바탕으로 성장세를 보이는 독특한 형태의 금융이다. 화폐의 상품으로서의 가치를 인정하지 않아 대출하고 이자를 받는 행위가 금지되어 대신 실물자산의 매매나 이용을 통해 얻는 이윤을 배당하는 방식으로 투자자들에게 대가를 지급한다. 대표적인 금융상품으로 수쿠크(채권), 타카풀(보험) 등이 알려져 있다.

2 국제채권시장

(1) 국제채권시장의 의의

① 개념

국제채권시장은 기업, 정부 등의 경제주체가 해외에서 채권을 발행하여 자금을 조달하고, 이렇게 발행된 국제채권이 유통되는 시장으로서 국제금융시장의 주요 부분을 차지한다. 자금조달비용 상의 자금조달비용 상의 이점 또는 투자계획에 적합한 조건을 찾아 국제금융시장에서의 채권발행을 모색하게 되는데 국제채권시장은 국내발행에 비해 규제가 적은 완전시장에 가깝고, 국내자본조달에서 올 수 있는 제한도 받지 않아 발전하게 되었다.

② 구분

국제채권시장은 크게 유로채(Euro bond)와 외국채(foreign bond)로 구분한다. 유로채는 채권금액에 표시된 통화가 아닌 다른 국가에서 발행되는 채권으로서 무기명으로 발행한다. 예를 들어, 미국기업이 일본에 가서 엔화자금을 조달하면 유로달러채권이 되고, 일본기업이 미국에 가서 달러화자금을 조달하면 유로엔채권이 된다.

외국채는 외국기업이나 정부가 채권금액 표시통화 국가에서 발행하는 채권으로서 외국채의 경우 통화표시 국가에서 발행되므로 그 나라의 규제를 받게 되며, 이러한 규제에 따라 차입비용이 상승할 수도 있다. 예를 들어, 미국기업이 일본에 가서 달러화자금을 조달하는 경우이다. 따라서 외국채는 미국, 일본 등 상대적으로 채권시장이 잘 발달되고 시장규모가 큰 나라의 금융시장에서 발행된다. 외국채로는 양키본드(미국), 사무라이본드(일본), 불독본드(영국), 김치본드(한국), 메이플본드(캐나다), 캥거루본드(호주) 등이 유명하다.

※ **외국채** : 양키본드(Yankee bond), 사무라이본드(Samurai bond)
미국이나 일본 이외의 국가소재 기관이 미국이나 일본에 가서 달러화/엔화 채권을 발행하는 것. 예를 들어, 우리나라 기업이 미국에서 달러화 채권을 발행하면 양키본드, 일본에서 엔화 채권을 발행하면 사무라이본드가 된다.
특히 2000년대 일본의 초저금리(1%~2%수준)에 따라 사무라이본드 발행이 급격히 증가하기도 하였다.

③ 유로채권시장의 발달

국제채권시장의 발전은 주로 유로채의 발전과 맥을 같이 한다. 뉴욕, 런던, 홍콩과 같은 국제금융센터에서 규제를 최소화하고 잘 발달된 시스템구조에서 유동성이 높고 낮은 자금비용에 편리하게 자금을 조달하게 되었기 때문이다.

1963년 이탈리아 도로공사가 U$15,000,000의 유로달러채권을 런던에서 발행한 것이 유로채권시장의 효시이다. 특히 미국 내 금융시장에서 발행할 경우 높은 이자소득세(interest equalization tax, regulation Q)를 부과함에 따라 미국 외 지역에서 달러채권을 발행할 유인이 커져 이 규제정책이 1974년 폐지될 때까지 유로달러채권시장이 유로채권시장 성장의 원동력이 되었다. 그리고 미국 내 규제정책을 폐지한 이후에도 변동환율제 체제하에서 각 국가에서 유로채권을 이용하게 됨으로써 유로채권 시장은 지속적으로 성장하였다. 그리하여 미국의 조세정책 조정에도 불구하고 외국채인 양키본드보다 유로달러채권이 계속 인기를 누렸다. 또한 1970년대 석유파동, 변동환율제도 시행, 1980년대 이후 금융혁신과 시장환경 변화에 따라 투자자 또는 차입자의 요구에 맞는 발전과 더불어 국제채권시장의 성장이 이어지게 되었다.

(2) 국제채권시장의 구조

① 참가자

국제채권시장의 참가자는 채권발행기관(차입자), 투자자, 중개기관으로 크게 구분한다. 채권발행기관(차입자)은 세계은행(World Bank), 아시아개발은행(ADB) 등의 국제기구, 각 국가의 중앙정부나 지방정부, 공기업, 다국적기업 등이다. 투자자는 기관(중앙은행, 연기금 등 기관투자가), 개인이 있으나 주로 기관투자가가 차지한다. 중개기관은 발행과 투자를 연결시켜주는 고리역할을 수행한다. 시장조성, 발행시장 인수 및 판매기능, 유통시장 중개 및 딜링, 자문서비스 등을 제공하며 높은 전문성이 요구되어 대형 국제투자은행으로 집중화되는 경향이 있다.

국제채권 발행의 특징은 채권의 발행이 대부분 통화스왑이나 금리스왑과 연계되어 발생되는 경우가 일반적이므로 스왑딜러로서 중개기관의 역할을 수행한다는 점이다. 즉, 다른 국가의 통화표시채권이라도 이를 발행하고, 이후 스왑을 통해 원하는 통화로 전환함으로써 보다 유리한 조건의 자금을 조달한다는 것이다.

② 중개기관의 역할

■ 발행 준비(origination)

발행기관과 인수계약을 체결하고 차입구조, 발행가격 등을 조정한다. 특히 발행가격 산정이 중요한 비중을 차지하는데, 주로 유사한 조건의 채권을 벤치마크수익률로 산정하여 이를 기준으로 발행가격을 산출한다.

■ 인수단 구성(syndication)

주간사 또는 공동간사를 중심으로 채권을 인수할 인수단(syndicate)을 구성한다. 대부분이 단일인수기관이 아닌 여러 인수기관으로 구성된 신디케이트로서 인수단에 참여하는 은행 등의 금융기관에 일정한 비율로 채권을 배정한다.

■ 판매, 배정(distribution)

인수한 채권을 시장에 판매하는 과정으로, 실제 채권이 발행되어 나오기 전에 인수계약서 등을 통해 배정받은 물량에 대한 판매가 이루어진다.

■ 시장거래 (trading)

시장의 유동성을 제고하기 위해 채권발행이 이루어지면 각 참여금융기관을 중심으로 활발한 시장거래가 이루어지기 시작한다.

③ 국제채권시장의 상품 구성

상품의 구성은 크게 채권(bond)과 노트(note)로 이루어진다. 노트(note)는 일반적으로 만기가 비교적 짧은 채권, 채권(bond)은 일반적으로 만기가 중장기이며, 고정금리로 발행된다.

전통적으로 고정금리채와 변동금리채의 비중에서는 고정금리채의 비중이 변동금리채보다 많다. 발행지역은 미국이 가장 다수를 차지하고, 기타 지역(유로지역) 가운데 일본의 비중이 큰 편이다. 발행 표시통화는 달러>유로>

표 14-1 유로 단기채와 중장기채

단기채	중장기채
• 국채 가운데 T-Bill • 기업어음(CP) • 양도성예금증서(CD) • 어음(acceptances) ※ 단기채는 별도의 인수과정없이 발행 후 바로 시장에서 판매됨.	• 국채(T-Bond, T-Note) • 회사채, 전환사채(CB), 신주인수권부사채(BW) • EMTN(euro medium term note) • 이중통화채(dual currency note) • 담보부증권(MBS, ABS)

엔>기타 통화의 순서로 달러와 유로, 엔화의 비중이 절대적이다. 유로채와 외국채를 볼 때 유로채가 외국채보다 압도적으로 많다.

발행되는 주요 상품에는 변동금리부채권(FRN, floating rate notes), 전환사채(CB), 신주인수권부사채(BW), 이중통화채권(dual currency note), 자산담보부증권(ABS), 주택저당채권(MBS), 미국국채(TB), 유로CP, EMTN 등이 있다. 변동금리부채권의 경우 통상 리보금리에 기간별(3개월리보, 6개월리보), 금리계산(3개월평균금리인가, 현재 금리인가), 스프레드(가산금리를 얼마나 할 것인가) 등을 조정하여 적용한다. 유로CP는 국내CP처럼 단기 기업자금조달수단이고, 조달한도와 일정기간을 정하여 1개월에서 3개월 만기로 발행한다. 만기연장이 가능하며 차환발행(roll over)을 하는 것이 일반적이다. 만기가 짧아 채권발행에서 인수과정이 없이 곧바로 판매되므로 발행비용이 저렴하다. EMTN은 유로CP의 만기가 1년이상 5년 이하로 길어진 형태이다.

이중통화채권(dual currency note)은 채권과 통화스왑이 결합된 형태로서 채권의 표시통화와 이자지급통화가 서로 다른 채권이다. 두 통화 가운데 금리가 높은 통화를 이자지급통화로 하는 것이 일반적이다.

(예) 엔/달러 이중통화채권
채권의 원금(액면)은 엔화표시로 일본내 투자자들의 환위험을 제거하는 한편 이자지급을 금리가 낮은 엔화가 아닌 금리가 더 높은 달러로 전환하여 투자수익률을 높임으로써 일보내 투자자의 투자유인을 제고함.
하지만 이자가 달러로 지급되는 관계로 달러가치가 이자수익 이상으로 하락하면 손실을 입게 됨.

3 국제주식시장

(1) 각 국의 주식시장과 주가지수

① 주식시장 국제화

1980년대 이후 각국 정부의 자본시장 개방 및 금융규제 완화정책(예 : 1980년대 초반 영국의 Big Bang) 등으로 국제주식투자가 양적으로, 질적으로 크게 성장하였다. 특히 주요국의 증권거래소는 외국기업의 상장을 적극 유치함으로써 주식시장 국제화의 주요 계기가 되었다. 이러한 국제화를 통해 국제금융시장에서 국제주식시장이 중요한 부분이 되었고, 1990년대 후반 이후에는 국제자본이동의 가장 중요한 흐름으로 자리잡았다. 우리나라도 1984년 외국인전용수익증권인 KF(Korea Fund) 발매로부터 자본시장 개방이 간접적으로 허용되었고, 1992년 1월부터 외국인의 직접 국내주식투자가 본격적으로 개시되었다.

② 국제주식투자의 양상과 효과

국제주식투자는 몇 가지 양상을 띠고 있는데, 다음과 같다.

- 연기금 등 투자자가 국제분산투자 차원에서 외국 거래소에 상장된 주식에 직접투자하는 방식 → 외국기업 주식을 편입시키는 포트폴리오 분산투자 기회 제공
- 기업이 ADR, GDR 등을 통해 국내와 외국 거래소에 복수상장(multiple listing)하는 방식 → 해외시장에서 주식발행을 통해 자금조달
- 각국 주식시장 제휴 또는 통합하는 방식 → 유럽 주식시장 통합, 사이버 거래의 발전 가속화

한편 국제주식시장간에 자본이동이 자유로워지면서 각 국가간의 주가의 움직임이 상관관계가 높아졌지만, 나라 별로 경제상황과 주기가 달라 국제분산투자 이점은 여전히 큰 편이다.

② 복수상장

금융의 세계화에 따라 세계적인 대기업은 다수의 세계 주요 증권거래소에 복수상장(multiple listing)되어 거래되고 있다. 우리나라의 경우도 2009년 2월 현재 3개의 외국기업이 상장되어 있다(직상장의 형태 2개 기업, DR의 형태 1개 기업). 외국기업을 자국의 거래소에 상장을 허용하는 데에는 국가마다 다른 상장요건을 적용하고 있지만 그 추세는 점점 커지고 있다. 외국에 주식을 상장하는 방법으로는 주식예탁증서(DR)를 발행하여 거래소에 상장하는 예탁증서방식(간접상장)과 원주(元株)를 직접 상장하는 직수입거래 방식이 있다.

복수상장에는 상장비용 등의 비용이 수반되지만 협소한 국내자본시장을 벗어나 규모가 큰 해외시장에서 자본을 조달할 수 있는 기회를 마련하고 해외고객들에 대해 홍보하는 등의 효과가 크기 때문에 세계적인 대기업의 입장에서는 유인이 큰 편이라고 볼 수 있다.

표 14-2 주요국 거래소와 주가지수

국 가	거래소	주가지수
한 국	한국거래소(KRX)	코스피지수, 코스닥지수
미 국	뉴욕증권거래소(NYSE) 나스닥거래소(NASDAQ) 시카고거래(CME)	다우존스공업평균지수(DJIA30) 스탠다드 앤드 푸어스지수(S&P500) 뉴욕거래소지수(NYSE Composite 1500)
캐나다	토론토거래소(TSE)	토론토지수(TSE100, TSE200)
일 본	동경거래소(TSE) 오사카거래소(OSE)	니케이지수(Nikkei 225) 토픽스지수(Topix)
홍 콩	홍콩거래소(HKSE)	항셍지수(Hans Seng Index 33)
싱가포르	싱가포르거래소	스트라이트지수(Straits Times Index 30)
호 주	시드니거래소	시드니거래소지수 (All Ordinaries)
프랑스	파리거래소	CAC 40지수 SBF 120, 250 지수
독 일	프랑크푸르트거래소	닥스지수 (Xetra DAX 30)
이탈리아	밀라노거래소	BCI All Shares 300 지수 BCI 30 지수
네덜란드	암스텔담거래소	암스텔담거래소지수 (AEX)
스위스	쥬리히거래소	스위스시장지수 (Swiss Market Index 21) SBC Index
영 국	런던거래소	FTSE 100지수 FT All shares 750 지수 Financial Times 30 지수
중 국	상하이거래소 심천거래소	상하이거래소지수 심천거래소지수

(2) 국제주식투자 수단

국제주식투자를 위한 수단으로는 해외 직접투자, 주식예탁증서 매입 및 펀드 투자가 있다.

① 해외 직접투자

외국 증권거래소에 상장된 주식을 직접 매입 또는 매도거래하는 것으로 거래하고 있는 금융투자회사의 해외지점이나 코레스관계를 체결한 현지 금융기관을 통해 매매주문을 처리한다. 예를 들면, 미국 주식시장의 주식을 직접 사고 파는 것이 가능하다. 통화의 환전서비스가 발생하고, 중개수수료가 이중으로 발생하는 등 거래비용은 일반적으로 국내보다 비싼 편이다. 하지만 대부분의 국가에서 외국인 주식투자에 대한 제한을 철폐하였고, 투자펀드 등을 통해 국제투자의 비용이 낮아지고 있는 추세이다. 최근에는 특히 통신기술의 발달로 인한 사이버거래의 활성화로 거래비용 및 거래방법이 저렴해지고 간편해졌다.

이와 같이 해외직접투자는 국내투자에 비해 환위험과 국가위험을 추가로 부담해야 하고, 개발도상국이나 신흥시장에 투자하는 경우 이러한 위험은 더욱 커진다. 따라서 투자의 기대수익률도 높다. 환위험과 국가위험을 부담하는 반면에 국내시장에만 투자할 때보다 분산투자에 의해 시장위험이나 개별주식위험이 크게 감소하므로 부정적이라기 보다 긍정적 효과가 크다고 볼 수도 있는데, 특히 펀드와 같은 간접투자상품은 이러한 효과가 더욱 크게 나타난다.

② 주식예탁증서 (DR)

은행이 대규모의 외국증권을 사들이고 이를 신탁계정(trust)에 예치한 후 신탁자산을 기초로 발행한 증권을 주식예탁증서(depository receipt, DR)이라고 하며, 이를 거래소에서 거래하게 되는 상품이다. 전술한 대로 ADR (American DR)은 미국시장에서 거래되는 미국주식예탁증서, EDR(European DR과 JDR(Japanese DR))은 각각 유럽과 일본시장에서 거래되는 유럽주식예탁증서, GDR(Global DR)은 국제금융시장 전체를 대상으로 하는 주식예탁증서이다.

우리나라에도 외국기업의 주식이 DR형태로 상장되어 있는데 신문의 주식시세면에 외국기업으로 표기되어 있고 이들을 KDR(Korean DR)이라고 한다.

■ 주식예탁증서의 주요 특징

첫째, 기초주식 한 주와 주식예탁증서 한 주가 서로 일대일(1 : 1) 대응이 아니라는 점이다. 원주와 주식예탁증서의 비율은 발행하는 신탁은행에 의해 정해지므로 가격 움직임이 동일하지 않게 된다.

둘째, 주식예탁증서 공급이 제한적이므로 해당 국가 증권거래소의 수급에 의해 가격이 결정되어 거래되지만 국내 원주의 가격과 큰 괴리를 보이지 않고 유사한 패턴을 보이게 된다. 가격이 차이를 보이는 경우도 있지만 이 때 국제적인 헤지 펀드나 투자자들이 가격차이를 이용하여 차익을 거두려는 거래(arbitrage)를 하게 되므로 다시 균형에 이르게 된다.

셋째, 주식예탁증서가 매우 활성화되는 해외투자방식이지만 주식예탁증서의 소유권이 외국증권에 대한 소유권이 아니라는 점이다. 주식예탁증서는 신탁계정에 대한 소유지분, 즉 간접적 지배권을 나타낸다.

③ 펀드투자

간접투자상품인 컨트리펀드(country fund) 또는 글로벌펀드(global fund)에 투자하는 방법으로 글로벌펀드는 특정 국가에 투자하는 컨트리펀드와 달리 전 세계지역을 대상으로 주로 개방형으로 펀드가 설정되어 있다는 차이가 있다.

컨트리펀드는 해외주식투자로 고수익을 경험한 투자자들이 외국의 주식을 포트폴리오에 편입하기 시작하면서 각광을 받기 시작하였다. 예를 들어, 미국의 투자자가 한국 주식시장의 상승세가 기대되면 포트폴리오에 한국기업의 주식을 상당량 편입하게 되는데, 이 때 개별기업 주식보다는 한국 주식시장 전체의 성장성을 보고 투자하는 것이므로 개별기업보다는 해외 주식시장 전체에 대한 전망으로 투자할 때 적절하게 이용할 수 있는 수단이 컨트리펀드이다. 대부분의 주요 국가에 대한 펀드가 형성되어 있으며, 인접지역 국가 여러 곳을 포괄하여(예 : 태평양연안, 유럽지역, 신흥국가시장, 남미지역, 브릭스지역) 이를 대상으로 한 컨트리펀드(섹터펀드)도 등장하고 있다.

글로벌펀드는 본국을 포함하여 글로벌 포트폴리오를 구성한 펀드이다. 흔히 대형 뮤츄얼펀드가 운용한다. 컨트리펀드에 비교할 때 각 국가나 특정지역이 지닌 개별적 비체계적위험을 제거하고 전체 세계시장의 체계적 위험만을 보유하게 된다는 큰 특징이 있다.

(3) 우리나라의 자본 자유화와 주식시장 국제화

① 자본 자유화

우리나라의 자본 자유화는 1984년 컨트리펀드로서 외국인의 한국주식간접투자펀드인 코리아펀드(KF)가 발매됨으로써 시작되었다. 코리아펀드는 외국거주인으로부터 자금을 모아 국내주식에 투자한 후 그 수익금을 외국 거주인에게 분배한 펀드이다. 이후 경제개방 추이와 금융시장개방압력이 높아져 단계적 자본 자유화 계획이 발표되어 1992년 1월 외국인 직접주식투자를 허용하였으나 투기자금의 유입과 시장 불안정화 우려 때문에 제한적으로 운영하였다(종목당 5% 투자한도 설정). 그러던 것이 1997년 5월 종목당 23%까지 확대되었고, 1997년 12월 외환위기와 함께 외국인투자한도를 완전 철폐, 1998년 완전 자유화를 실시하였다.

② 주식시장 국제화의 영향

주식시장 국제화는 먼저 국내 주식시장에서의 외국인의 영향력을 크게 확대하였다. 이는 우수한 경영시스템 도입, 경영 투명성 제고, 금융기법 발달, 외자도입 효과, 시장효율성 제고, 지배구조의 변화 등 긍정적인 영향을 가져오기도 했지만 시장불안정화 요인도 함께 증가하였다. 즉, 급격한 투기자금의 유출입, 외국인의 국내기업 인수합병, 여타 금융시장 자유화와의 관계 등에서 외국인 주식투자 자유화는 단점도 초래하였다.

③ 주식시장 국제화와 국제분산투자

국제분산투자는 투자대상을 국내상품에 국한하지 않고 해외 투자상품까지 포함시켜 투자포트폴리오를 구성하는 것이다. 국제분산투자는 분산투자효과, 환위험효과를 동시에 만족시킨다.

■ 분산투자효과

국내에만 투자하는 경우보다 자산 간의 상관관계가 낮은 외국증권을 포함함으로써 포트폴리오 분산투자 효과를 높이게 된다

■ 환위험효과

여러 국가의 통화에 투자하는 효과가 있어 상관관계에 의한 분산투자와 더불어 환위험을 감소시키게 된다. 즉, 한 나라의 통화가치 감소는 다른 나라의 통화가치 증가로 상쇄된다는 것이다. 하지만 새로운 환위험 발생이라는 부정적 측면으로 외국주식에 대한 투자비중은 현실적으로 아직은 국내투자에 비해 크게 낮은 수준이다.

그림 14-1 국제분산투자의 효과

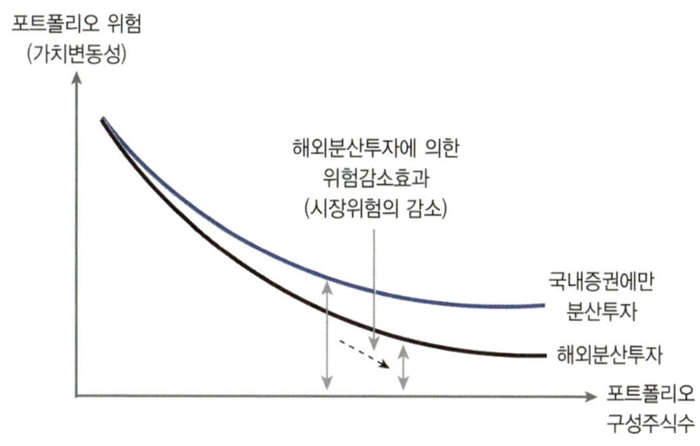

④ 세계 증권시장의 통합과 동조화

국제자본이동의 자유화로 각 국의 자본시장간 가격 차이를 이용한 차익거래가 가능해져 국가 간의 실질수익률 차이가 줄어들고, 동일한 위험에 대한 위험프리미엄도 유사해지는 등 통합현상이 나타나는 현상을 동조화(synchronization)라고 한다. 세계 증권시장이 동조화되면 국내와 외국의 실질수익률은 같아지며, 국내투자와 국제투자의 구분도 없어지게 된다. 또한 동조화 현상의 진행은 가격균형이라는 시장효율성은 제고하는 기능이 있지만 국제분산투자효과를 약화시키게 된다. 하지만 현실적으로 환위험, 국가 간 장벽, 물질적 거래비용, 정치사회적 위험, 금융제도의 차이 등으로 완전한 통합은 어렵다고 볼 수 있다.

학습정리

01 | 국제금융시장은 외환시장을 포함한 국제적 자금 대차거래의 집합을 의미한다. 유로통화시장과 같은 곳은 유로예금을 형성하여 국제금융시장에 유동성을 제공하는 역할을 수행한다.

02 | 국제금융시장의 핵심적 위치에 있는 유로시장은 이익추구와 시장원리에 따라 다른 어느 시장보다 통합된 시장으로서 높은 정보력을 가지고 최적의 거래조건을 얻기 위해 치열하고 효율적인 국제금융시장을 이루게 되었다.

03 | 국내거주인이 아닌 외국인들간에 금융거래가 이루어지는 역외시장은 자본시장을 발전시키고 국내경제의 국제화를 가져오는 장점이 있지만, 투기성자금으로 인해 건전한 자본시장 육성이 저해될 수도 있다.

04 | 국제채권시장은 국내발행에 비해 규제가 적은 완전시장에 가깝고, 국내자본조달에서 올 수 있는 규모나 자본비용상의 제한도 받지 않아 발전하게 되었다. 유로채는 채권금액 표시통화가 아닌 국가에서 발행되는 채권, 외국채는 채권금액 표시통화 국가에서 발행되는 채권이다.

05 | 이중통화채권(dual currency note)은 채권과 통화스왑이 결합된 형태로서 채권의 표시통화와 이자지급통화가 서로 다른 채권으로서 금리가 높은 통화를 이자지급통화로 하는 것이 일반적이다.

06 | 1980년대 이후 각국 정부의 자본시장 개방 및 금융규제 완화정책 등으로 국제주식투자가 양적으로, 질적으로 크게 성장하였고 1990년대 후반 이후에는 국제자본이동의 가장 중요한 흐름으로 자리잡게 되었다.

07 | 국제주식투자는 해외 직접투자, 주식예탁증서 매입, 펀드투자 등을 통해 이루어진다.

08 | 우리나라의 자본시장 자유화로 인해 외국인의 영향력이 확대되면서 우수한 경영시스템 도입, 경영 투명성 제고, 금융기법 발달, 외자도입 효과, 시장효율성 제고, 지배구조의 변화 등의 장점이 있지만 이들이 시장불안정화 요인으로 작용하는 단점도 초래하였다.

09 | 국제분산투자는 분산투자효과, 환위험감소효과 등으로 투자수익률을 제고하고 위험을 감소시키는 효과가 있는데, 각 국의 주식시장 동조화 현상은 가격균형이라는 효율성을 제고하는 반면 국제분산투자의 효과를 약화시킬 수 있다.

CHAPTER

15

외환시장 사례분석

지금까지 외환시장과 환율의 기본개념을 이해하고 균형환율이 어떻게 결정되는가와 환율의 변동에 영향을 미치는 경제적 요인들을 학습하였다. 또한 환율변동이 개인이나 기업, 정부 등 국내적으로 뿐만 아니라 수출입 관계를 가지는 외국과의 무역에도 지대한 의미를 가진다는 점도 다루었다. 엔화 대출금리가 다른 통화에 비해 상대적으로 낮기 때문에 저렴한 금리의 이점을 좇아 엔화대출을 받은 사람들이 엔화가치가 상승하여 큰 홍역을 치른 점은 환율변동의 영향력을 파악하는 좋은 예가 된다.

환율변동이 가져오는 환위험에 대해 경제주체가 사용할 수 있는 전략으로서 내부적인 기법을 사용한 내부전략과 외부기관의 금융상품을 이용한 외부전략을 살펴보았다. 이번 장에서는 실제로 외환시장에서 이상과 같은 제반 내용이 어떻게 발생하고 관리되는지를 몇 가지 사례를 통해 답습해 본다.

마지막으로 환위험관리를 효율적으로 운영하기 위해서는 최고재무의 사결정자(CFO)와 같은 전문인력을 확충하고 각 외환거래의 특징을 잘 활용하는 것이 필요하다. 그리고 정확한 환율예측을 통해 환위험을 회피할 수 있는 시스템을 구축하는 한편 연구기관의 서비스를 통해 이러한 환위험관리전략에 활용하거나 환변동보험과 같은 외부 수단을 사용하는 것도 고려해 볼 수 있다.

1 차익거래

(1) 개념

① 차익거래의 이해

차익거래(arbitrage)는 둘 이상의 자산의 가격이 일시적으로 불균형 또는 괴리를 보였을 때 이를 이용하여 최소한의 위험을 부담하면서 이익을 발생시키는 것이다. 이와 같이 두 개 이상의 자산을 매입 또는 매도하게 되므로 시세차익을 노리는 투기거래에 비해 위험수준이 낮아진다. 차익거래의 이해를 위해 다음 갈치장수의 예를 보자.

> 부산에서 트럭으로 갈치를 마리당 6,500원에 떼어다가 서울의 아파트 단지에서 10,000원에 판매하는 갈치장수는 인건비나 부대비용을 감안하더라도 마리당 3,000원의 차익을 낸다. 이에 많은 사람들이 부산 등지에서 갈치를 사다가 다른 지역에 판매하는 행위를 한 결과 부산에서는 갈치가 마리당 8,000원으로 상승하고, 서울에서는 마리당 8,500원으로 하락하였다.
> 이렇게 되자 부산에서 서울로 판매할 경우 인건비와 부대비용을 감안하면 남는 게 없는 장사가 되었고, 더 이상 그런 판매행위는 이루어지지 않았다. 부산의 갈치가격이 저렴하다고 해서 부산으로 갈치를 먹으러 가는 소비자 입장에서도 교통비 등을 생각할 때 8,000원은 결코 싼 가격이 아니다.
> 이렇게 차익이 남지 않도록 형성된 가격(서울 8,500원, 부산 8,000원)을 차익거래균형가격이라고 한다.

② 차익거래균형가격

차익거래균형가격은 수요 · 공급에 기반한 일물일가의 법칙(law of one price, LOP)에 근거하여 자산의 균형가격은 한 개의 가격으로 수렴한다는 데 기반하고 있다. 이에 관해 Ross, Ingersoll, Cox(1976) 등은 차익거래가격결정이론(재정가격이론, arbitrage pricing theory, APT)을 개발한 바 있다.

위 "갈치장수의 판매 이익"을 예에서 갈치값이 형성된 것은 차익거래가 일어나지 않도록 하는 가격이며, 이 가격이 형성된 요인에는 다양한 변수들이 포함되어 있을 것이다. 이 변수들에 대한 규명이 꾸준히 이어지고 있는데, 차익거래가격결정모형은 다음과 같이 정의할 수 있다.

> 자산의 수익률이 k개 공통요인의 영향을 받아 변동하고 차익거래 해소의 조건이 충족되면, 자산의 기대수익률은 k개 요인에 대한 민감도(체계적 위험)의 선형함수이다. 이는 ① 마찰적 요인이 없는 완전시장이며, 위험회피적 투자자이다 ② 수익률을 결정하는 공통요인이 알려져 있다는 등의 가정에 기반하지만, 무엇보다도 수요-공급에 의한 일물일가의 법칙(the Law of One Price, LOP)에 근거한다. 만일 일물일가의 법칙에 위배되는 가격이 형성되어 있다면 순투자금액이 "0"인(zero-investment portfolio)로서 수익을 내는 거래가 이루어질 것이며, 이 수익이 사라질 때 그 가격이 진정한 자산의 가격이라는 것이다.

따라서, 차익거래가격결정모형의 기본개념은 다음의 원칙에 근거하게 된다.

금융자산 균형가격 간에는 차익거래의 기회가 존재하지 않아야 한다.

③ 외환시장의 차익거래

통화의 가격 차이(환율 차이)를 이용하는 외환시장에서의 차익거래는 일반적으로 알려진 차익거래와 비교할 때 원천적으로 지리적 차익거래(geographic arbitrage)라는 특징을 가진다. 외환거래가 서로 다른 국가의 통화를 매매하는 것이므로 지리적으로 다른 두 개 국가의 외환시장에서 거래되는 통화의 가격 차이를 이용하기 때문이다. 그러므로 만일 서로 다른 통화들을 거래하는

데 있어 매도호가-매수호가 차이 등의 거래비용(transaction cost)이 발생한다면 차익거래자 혹은 외환딜러는 상대적으로 저평가된 지역에서 저렴하게 매입한 통화를 신속하게 고평가된 지역에서 매도해야 한다. 외환거래에서 발생하는 수익 즉, 스프레드(매입가격-매도가격)는 거래비용을 차감한 순수익을 의미한다.

(2) 차익거래 사례

① 환율과 주가 차이를 이용한 차익거래

뉴욕증권거래소(NYSE)와 런던증권거래소(LSE)에서 동시에 거래되고 있는

그림 15-1 ABX 주식의 예

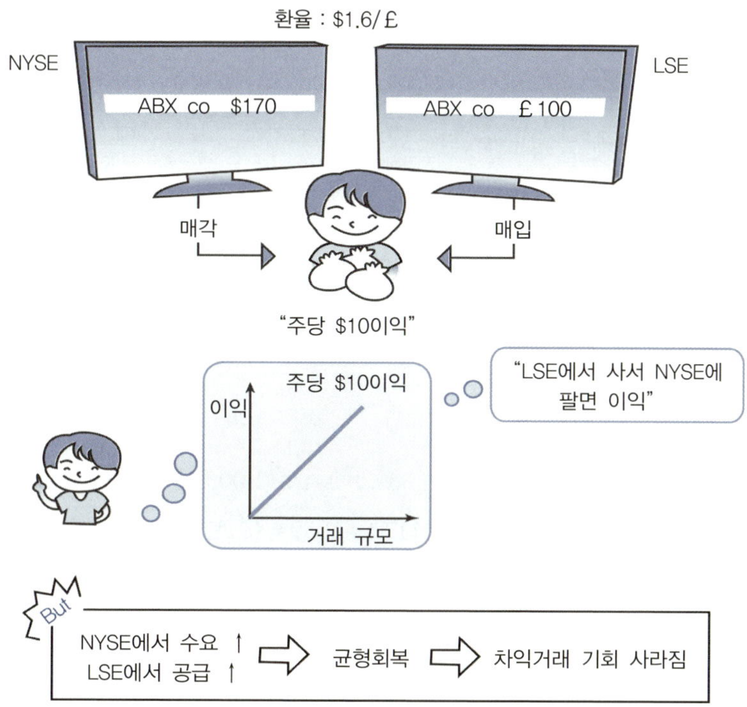

ABX Co. 주식의 예를 들어 차익거래가격결정모형을 설명해 보자. 〈그림 15-1〉에서와 같이 ABX 주식이 양 증권시장에서 거래되고 있으며, 환율은 $1.6/£이다. 그런데, 동 주식이 뉴욕에서는 $170, 런던에서는 £100에 거래되고 있다면, 런던에서 1주를 매입하여 뉴욕에서 이를 매도함으로써 주당 $10의 차익거래이익을 거둘 수 있게 된다. 이는 NYSE에서 공급을 증가시키고, LSE에는 수요를 증가시키게 되어 두 증권시장에서의 거래가격이 균형을 이루게 된다. 즉, 뉴욕에서는 가격하락이, 런던에서는 가격상승이 나타나 차익를 발생시키지 않는 가격을 형성하고, 이 가격이 ABX의 균형가격이 된다는 것이다.

② 현물환율을 이용한 차익거래

현물환율의 차이를 이용한 현물환거래에서도 어렵지 않게 차익거래를 수행할 수 있다. 외환시장에서 소위 'FX마진거래'로 알려진 투자행위가 대표적으로 현물환율을 이용한 차익거래의 하나이다. 20××년 9월 1일 현재 일본의 동경외환시장에서 달러/엔 매도환율이 $0.0085/¥이고, 프랑스 파리외환시장의 유로/엔 매입환율이 €0.0135/¥이다. 이와 함께 뉴욕외환시장에서는 유로/달러 매도환율이 €0.65/$로 형성되어 있다. 1백만달러를 가진 투자자가 지리적 차익거래를 이용하여 거둘 수 있는 차익거래이익과 절차는 다음과 같다.

먼저 동경외환시장에서 1백만달러를 엔화로 교환하고, 이 엔화를 다시 유로화로 환전한 다음 이를 뉴욕외환시장에서 매도하면 $32,353의 차익이 산출된다.

- 동경외환시장: $1,000,000=¥(1,000,000÷0.0085)=¥117,647,059
- 파리외환시장: ¥117,647,059=€(117,647,059×0.0135)=€1,588,235
- 뉴욕외환시장: €1,588,235=$(1,588,235×0.65)=$1,032,353
- 그러므로, 투자금액 대비 외환 차익거래이익=$1,032,353-$1,000,000=$32,353

이와 같은 차익은 거래비용이나 외환시장의 가격형성에 있어서의 효율성을 감안할 때 이론적으로는 가능하지만 실제로는 드물게 일어난다. 이 사례에서는 거래비용을 고려하지 않았지만 매도-매수가격의 스프레드가 존재하는 현실에서는 차익거래 규모가 상당 폭 줄어들거나 차익거래 기회가 곧바로 소멸하게 된다. 즉, 매도-매수환율 간에 스프레드 때문에 동경외환시장 매도환율이 $0.0085/¥보다 낮고, 파리외환시장에서의 매입환율이 €0.0155/¥ 수준보다 높거나 뉴욕외환시장의 매도환율이 €0.65/$보다 낮다면 차익거래이익이 발생하지 않을 수 있다는 것이다.

또한 제8장에서 학습한 바와 같이 외환시장이 효율적이고 24시간 운영되는 시장이라는 점에서 특정 외환시장의 정보가 곧바로 다른 곳의 외환시장에 전달되어 일시적으로 나타난 환율의 괴리가 소멸되거나 소수의 발빠른 차익거래자가 이익을 취한 후에 정상가격으로 환원되기 때문이다. 이로 인해 외환거래에서도 거래의 신속도가 차익 여부를 좌우하는 변수로 작용한다.

③ 이자율과 선물환율을 이용한 차익거래

위에서와 같이 각 외환시장에 형성된 현물환율을 이용한 차익거래 이외에도 두 나라 금융시장의 이자율 차이, 외환시장에서의 현물-선물환율의 괴리도 등을 이용한 차익거래도 이루어진다. 20××년 3월 1일 현재 한국과 미국의 이자율이 각각 5%와 7%이고, 선물시장에서 원화가 달러에 비해 4% 할증되어 매매되고 있다. 이러한 상황을 가정하면 미국에서 7% 이자율에 자금을 차입하여 한국에 투자하면 5% 이자율을 거둘 수 있고 이 원화를 다시 4% 할증된 선물환율에 매도할 수 있다. 그러므로 원, 달러 차익거래를 수행하면 2%에 해당하는 순수익이 발생할 수 있다. 하지만 여기서도 거래비용이나 외환시장의 효율성 및 차입과 투자에 적용되는 이자율 스프레드를 고려한다면 차익거래 이익은 소멸되거나 매우 작은 금액으로 줄어들게 된다.

- 미국 금융시장에서의 차입이자율 −7%
- 달러를 원화로 교환한 후 한국 금융시장에 투자 +5%
- 원화를 선물환시장에서 4% 할증된 선물환율로 매도 +4%
- 그러므로, 차익거래 이익 +2%

다음의 예를 살펴보자. 미국의 투자자가 미국과 영국 외환시장에서 형성된 이자율과 현물환율, 선물환율을 이용하여 차익거래를 수행하려고 한다. 현재 형성되어 있는 이자율과 환율은 다음과 같다.

현물환율(\$/￡) : 1.4298 − 1.4308
3개월만기 선물환율(\$/￡) : 1.4279 − 1.4289
3개월만기 달러화 예금금리(%) : 연이자율 4.9975 − 5.0025
3개월만기 파운드화 예금금리(%) : 연이자율 5.9975 − 6.0025

미국에 있는 투자자가 차익거래를 위해 외환시장에서 차입과 투자를 통해 차익을 거둘 수 있다. 제7장에서 학습한 것처럼 금리와 현물/선물환율 간에 균형관계 $\left[\frac{F^t_{t+1}-e_t}{e_t}=\frac{R^t_h-R^t_f}{(1+R^t_f)}\right]$가 성립하지 않고 $\left[\frac{F^t_{t+1}-e_t}{e_t}>\frac{R^t_h-R^t_f}{(1+R^t_f)}\right]$이므로 자국통화를 차입하여 외국에 투자한 다음 투자수익금을 다시 자국 선물환율로 매도하면 아래와 같이 차익을 거둘 수 있다(관련 내용은 제7장 참조).

① 미국 금융시장 : 현물환시장에서 5.0025%로 3개월짜리 \$100만 차입
→ 상환원리금 = \$1,000,000 × (1 + 0.050025/4) = \$1,012,500

② 영국 외환시장 : 차입한 \$를 ￡로 전환
→ \$1,000,000/1.4308 = ￡698,910

③ 영국 금융시장 : 전환한 £를 3개월간 투자
→ £698,910×(1+0.059975/4) = £709,389

④ 미국 외환시장 : 투자원리금을 선물환매도를 통해 $로 전환
→ £709,389×1.4279 = $1,012,937

즉, 두 나라 사이의 금리와 환율의 차이를 이용한 결과 £투자가 $투자보다 $1,012,937－$1,012,500 = $437만큼 수익이 크다.

④ 이론선물환율과 시장환율을 이용한 차익거래

이 밖에도 외환시장에서는 이론선물환율과 실제 시장환율의 차이를 이용한 차익거래도 존재한다. 다음과 같이 이론선물환율보다 시장환율이 높게 형성되어 있는 경우 선물환매도를 통해 차익을 실현할 수 있다. 현재 현물환율이 ₩1,150/U$, 달러화금리는 4%, 원화금리는 6%일 때, 이론적 선물환율은 다음과 같다.

- $1를 1년 예금하였을 때 원리금＝$1×(1＋0.04)＝$1.04
- ₩1,150을 1년 예금하였을 때 원리금＝₩1,150×(1＋0.06)＝₩1,219
- 그러므로 1년만기 이론선물환율＝1,219/1.04＝₩1,172.12

그런데 외환시장에서 1년물 선물환율이 이론선물환율인 ₩1,172.12보다 높은 ₩1,190.50일 때 아래와 같이 선물환매도를 통해 차익이 생길 수 있다.

Ⓐ 선물환매도계약 : ₩1,190.50으로 $1 매도
Ⓑ 달러현물환매입계약 : ₩1,150을 차입(이자율 6%) 하여 현물시장에서 $1을 매입하여 1년 예금(이자율 4%)
Ⓒ 1년 후, $1.04를 인출하여 ₩1,190.50에 매도하고 ₩1,238.12 수취
여기서, ₩1,238.12＝$1.04×₩1,190.50
Ⓓ 원화차입원리금 ₩1,091.8 상환

여기서, ₩1,219 = ₩1,150 × (1 + 0.06)

Ⓔ ₩1,238.12 - ₩1,219 = ₩19.12 차익 실현

2 경제적 환노출과 현금흐름

(1) 외국 현지법인의 경제적 환노출

미국에 현지법인을 두고 있는 (주)한강은 다음과 같은 외화표시 재무상태표(balance sheet)를 보이고 있다. 〈표 15-1〉에서와 같이 총자산은 $31,000이고, 현금($3,000), 외상매출금($10,000), 재고자산($10,000), 비유동자산($8,000) 등으로 구성되어 있다. 같은 금액의 부채와 자본총계는 외상매입금($5,000), 비유동부채($11,000), 자본금($15,000)이다. 환율이 ₩1,100/$일 때는 총자산의 원화표시 금액이 ₩34,100,000이지만 환율이 ₩1,000/$으로 변동한 후 원화표시 금액은 이와 다르게 된다. 이때 환율변동 후 원화표시 금액을 기록하는 데는 두 가지 방법이 이용된다.

① 현행환율법

현행환율법(current rate method)은 재무상태표의 외화항목에 현행환율을 적용하고, 포괄손익계산서 상에서는 그 기간 동안의 평균환율을 적용하는 방법이다. 국내 기업회계기준에서 적용하고 있다.

② 화폐성/비화폐성 방법(monetary/non-monetary method)

환율적용에 있어서 현금, 예금, 외상매출금 같은 화폐성 자산과 부채는 현행환율로 환산하고 재고자산, 비유동자산 등의 비화폐성 자산은 역사적 환율

표 15-1 환율변동과 경제적 환노출

	달러화 표시 (U$1,000)	환율변동적 원화표시금액 (U$1,00/U$ 적용)	환율변동 후 원화표시금액 ₩1,000/U$ 적용	
			현행환율법	화폐성/비화폐성
현 금	3,000	3,300	3,000	3,000
외상매출금	10,000	11,000	10,000	10,000
재고자산	10,000	11,000	10,000	11,000
비유동자산	8,000	8,800	8,000	8,800
총자산	31,000	34,100	31,000	32,800
외상매입금	5,000	5,500	5,000	5,000
비유동부채	11,000	12,100	11,000	11,000
자본금	15,000	16,500	15,000	16,800
부채와 자본총계	31,000	34,100	31,000	32,800
환산익(환산손)			(3,000)	(1,300)

을 적용하는 방법이다. 역시 국내 기업회계기준에서 적용하고 있다.

현행환율법과 화폐성/비화폐성 방법을 이용한 환율변동에 따른 경제적 환노출은 〈표 15-1〉과 같다. 현행환율법을 사용한 경우에는 모든 항목에 대해 변경된 현재 환율인 ₩1,000/$을 적용하되 화폐성/비화폐성 방법에서는 현금, 외상매출금에 대해서는 현재 환율로, 재고자산이나 비유동자산 등에 대해서는 환율변동 전 환율인 ₩1,100/$을 적용함으로써 환율변동 후 원화표시금액이 달라진다.

(2) 경제적 환노출 하에서의 현금흐름 추정

이번에는 포괄손익계산서를 고려하여 순현금흐름을 측정하고 재무상태표에 기재된 부채 등의 항목을 고려하여 경제적 환노출 하에서의 현금흐름을 측정한다. 순현금흐름은 감가상각비와 세후이익을 더함으로써 구해지므로 여

표 15-2 손익계산서

	판매 규모 (Units, in thousand)	판매 단가 (unit price)	금액 (U$1,000)
매출액	100	1,000	100,000
영업비용			40,000
지급이자(int., 이자율 10%)			5,000
감가상각비(dep.)			15,000
세전이익(EBT)			40,000
법인세(40%)			16,000
세후이익(EAT)			24,000
순현금흐름			39,000
순현금흐름(백만원)			₩42,900 (₩1,100/U$적용)

기서 순현금흐름은 $39,000이 된다(= 감가상각비 $15,000 + 세후이익 $24,000).

이 기업은 3차년도 말 비유동부채 U$11,000천(이자율 10%)을 상환할 예정이므로 환율이 ₩1,100/$에서 ₩1,000/$으로 하락하면 U$11,000천×100원 =11,000백만원이 되어, 3차년도의 현금유입요인(+11,000백만원)으로 작용한다. 즉, 환율하락으로 인해 U$현금흐름의 원화환산금액이 감소하다가, 3차년도의 경우 부채상환에 따라 일부 금액이 상쇄된다. 결과적으로 환위험 노출에 따른 현금흐름 감소와 이에 따른 기업가치 변동은 아래 〈표 15-3〉과 같이 88억 7천 3백만원 감소로 나타날 것으로 예상할 수 있다. 만일 이 기업이 이러한 88억 7천 3백만원의 위험(가치 감소)에 대해 기업수익에 있어서 허용할 수 없는 주요한 수준이라면 환위험관리전략을 통해 이를 헤지할 필요성이 있다. 이미 학습한 대로 환위험 내부관리전략(상계, 매칭, 리딩, 래깅), 환위험 외부관리전략(선물환, 통화선물, 통화옵션, 통화스왑, 환변동보험) 등을 이용할 수 있다.

표 15-3 경제적 환노출

(단위 : 백만원)

	환율변동전 원화현금흐름 (₩1,100/U$)	환율변동후 원화현금흐름 (₩1,000/U$)	현금흐름의 변화	현재가치 (할인율 10%)
1차년도	42,900	39,000	△3,900	△3,545
2차년도	42,900	39,000	△3,900	△3,223
3차년도	42,900	40,100 (+1,100)	△2,800	△2,105
이익 또는 손실				△8,873

3 해외투자분석

(1) 자본비용과 요구수익률

① 자본비용

자본비용(cost of capital)은 자본을 조달하는 자본조달자 입장에서 사용하는 자본에 대한 대가로 투자자에게 지불하는 비용이다. 은행에서 10%의 이자율로 10억을 조달한 기업이 있다면 이자율은 은행의 요구수익률이 되는 반면 기업 입장에서는 자본비용이 된다. 그러므로 요구수익률과 자본비용은 동전의 앞뒷면과 같은 관계이다.

이처럼 자본비용은 조달된 자본의 청구권자(주주, 채권자)에게 자본을 이용한 대가로 배당 또는 이자 등의 형태로 지불되는 비용이다. 그러므로 배당률과 이자율은 할인율(discount rate)로 사용할 수 있으며, 미래가치나 현재가치를 구하는 데도 이용된다. 그러므로 자본비용은 투자자 입장에서는 투자결정의 기준, 자본을 조달하는 입장에서는 자본조달 결정의 기준, 자본조달 방법과 자본구조의 결정 기준이 된다. 그리고 시장이나 분석가의 입장에서는 해당 기업의 가치를 평가하는 주요 요인이 된다.

② 요구수익률

위에서와 같이 요구수익률(required rate of return)은 투자자 입장에서 공급한 자본에 대한 대가로 자본을 조달하여 사용하는 자에 대하여 요구하는 수익률이다.

③ 투자안의 가치평가에의 이용

투자를 하는 이유는 조달된 자본에 지불하는 대가 즉, 자본비용보다 투자로부터 얻는 수익이 크기 때문이다. 따라서 투자안의 투자수익률(investment rate of return)이 자본비용보다 크면, 투자안의 순현재가치(net present vakue, NPV)가 0보다 크게 되어 투자가치를 가지게 되므로 이 투자안을 채택하여 실시하는 것이 유리하다. 이렇게 자본비용은 투자가치 결정 즉, 투자의 손익분기점 기준이 되므로 이를 절삭률(cut-off rate) 또는 넘어서야 하는 투자수익률이라는 의미에서 허들레이트(hurdle rate)라고도 부른다.

④ 기회비용(opportunity cost)의 개념

모든 경제적 행위에는 기회비용이 수반된다. 은행에 예금하는 것은 증권시장의 주식이나 채권에 투자하여 얻을 수 있는 수익을 포기하는 데 따른 기회비용이 발생한다. 대학 졸업 후 기업에 취직하지 않고 자기 사업을 영위하는 것은 취직으로부터 얻을 수 있는 안정된 급여를 포기하는 데에 대한 기회비용이 있다. 심지어는 휴식을 위해 해변을 찾는 것은 산이나 계곡을 찾지 않은 데 따른 기회비용이 있으며, 주말에도 쉬지 않고 자기계발을 하는 사람은 집에서 가족과 함께 휴식을 취하지 않은 기회비용이 있게 된다.

조달한 자본을 기업의 활동에 투자함으로써 다른 투자안에 투자할 수 있는 기회를 잃게 되므로 자본비용은 기회비용의 개념을 가진다. 따라서 조달된 자본을 특정 활동에 사용하는 것은 다른 투자안으로부터 얻을 수 있는 수익을 상실하게 되는 암묵적 비용(implicit cost)이 발생시킨다. 즉, 자본비용은 이자나 배당처럼 조달된 자본에 지불되는 명시적 비용(explicit cost)뿐만 아니라 암묵적인 기회비용까지 포함한다.

(2) 해외투자의 가치평가

① 가치평가기준 : 순현재가치법

순현재가치법(NPV method)은 아래와 같이 어떤 투자안에 현재 투입하는 자본($-C_0$)과 이를 통해 실현가능한 미래 현금흐름의 현재가치의 합계 $\left(\sum_{t=1}^{n}\frac{CF_t}{(1+r)}\right)$가 0보다 큰지의 여부로 투자안의 선택 여부를 결정하는 것이다. 만일 현재 10,000원을 투자하는 투자안의 미래 현금흐름의 현재가치의 합계가 11,000원이라면 $NPV = 11,000 - 10,000 = 1,000$원으로서 0보다 크기 때문에 경제성을 가지는 투자안이 된다.

$$NPV = -C_0 + \sum_{t=1}^{n}\frac{CF_t}{(1+r)}$$

② 현금흐름 추정

자본비용이 크다는 것은 자본을 공급해 주는 투자자의 요구수익률이 높다는 의미이므로 보다 바람직한 투자의 결과를 가져오기 위해서는 자본비용을 최대한 낮추도록 해야 한다. 투자안으로부터 현재 발생한 (이익+비현금비용+기타 현금수익) 등을 합한 현금흐름이 1,000원인데 자본비용이 10%라면 약 900원이 기업에 귀속되는 순현금흐름이고, 자본비용이 20%라면 800원이 순현금흐름으로 자본비용에 따라 달라지기 때문이다.[1)]

---

1) 여기에서 내년도에 발생하는 예상 현금흐름도 1,000원이라면 시간가치를 고려하여 순현금흐름은 900원이 아니라 원이 된다.

■ 초기 투자 방법 및 자금조달 방법 선택

미래 투자안으로부터 가능한 현금흐름을 추정하는 데에는 직접생산, 아웃소싱, 현지생산(판매) 등의 투자 방법과 대출, 증권발행, 프로젝트파이낸싱, 자본의 국내 또는 현지 조달 등의 자금조달 방법 선택이 영향을 준다. 어떤 방법을 선택하느냐에 따라 자본비용이 달라지기 때문이다.

■ 기타 전략 수립

국내 및 해외의 규제내용, 조세전략, 판매전략, 원자재 수급 등의 관련 전략을 수립하여 현금흐름에 미치는 영향을 추정한다.

자본비용이 다소 높더라도 이들 전략을 적절하게 수립하게 되면 해외투자로부터의 현금흐름을 높이게 되어 고자본비용으로 인한 부담을 커버할 수 있으므로 사전에 충분히 알아볼 필요가 있다. 예를 들어 이중과세방지협약(tax treaty)과 같은 조세전략을 숙지하여 세금의 누수를 방지하면 현금흐름에 큰 도움이 된다.

(3) 해외투자분석 사례

(주)대한은 미국에 전자부품 조립공장을 세우기로 결정하고 투자 후 3년 동안의 현금흐름을 다음과 같이 예상하고 있다. 그리고 이 투자안에 대해 14%(원화 기준)의 수익률을 기대하고 있다. 우리나라와 미국의 명목이자율은 현재 각각 8%와 9%이며, 두 국가 간의 실질이자율은 같다. 우리나라의 기대 인플레이션율은 6%이다. 현재 환율이 ₩1,100/$일 경우 이 투자안의 현재가치는 얼마인가를 구해 보고 투자안에 ₩5,000,000(원화)을 투자할 경우 투자가치가 있는가를 판단해 보자. 먼저 투자안의 추정 포괄손익계산서는 〈표 15-4〉와 같다.

표 15-4 추정 포괄손익계산서

(단위 : 달러)

연도	1	2	3
매출액	5,000	5,500	5,700
판매 및 일반관리	1,000	1,200	1,400
감가상각비	500	500	500
영업이익	3,500	3,300	3,800
지급이자	500	800	1,300
경상이익	3,000	3,000	2,500
법인세(미국세율 : 30%)	900	900	750
세후이익(당기순이익)	2,100	2,100	1,750
배 당	100	100	750
유보금	2,000	2,000	1,000
순현금흐름	2,600	2,600	2,250

* 순현금흐름 = 감가상각비 + 세후이익(당기순이익)

① 두 가지 방법

해외투자안의 경제성을 평가하는 데에는 두 가지 방법이 있다. 하나는 외화를 기준으로 평가하는 것(외화접근법)이고, 다른 하나는 원화를 기준으로 평가하는 것(자국통화접근법)이다. 외화를 기준으로 평가하는 경우 자본비용이나 요구수익률을 외화로 적용한 다음 맨 나중에 원화로 바꾸는 것이며, 원화를 기준으로 한 경우 외화 현금흐름을 매기마다 원화로 바꾼 다음 자본비용이나 요구수익률도 매기 원화로 적용하는 것이다. 여기서는 보다 일반적으로 사용하는 두 번째 방법을 이용한다.

② 피셔효과

피셔효과는 명목이자율(R)이 실질이자율(r)과 기대인플레이션율(E1)로 결정된다는 이론으로서 이들의 관계에 의해 아래와 같이 실질이자율(r)을 구할 수 있다. 또한 실질이자율은 국가 간에 동일하다는 가정 하에서 미국의 기대인플레이션율은 7%로 추정된다.

$$1+R=(1+r)(1+E_i)=(1+0.08)(1+r)$$

$$\text{그러므로 } (1+r)=\frac{(1+0.08)}{(1+0.06)}=1.019 \rightarrow r=0.019(1.9\%)$$

미국의 기대인플레이션율은 아래와 같이 7%가 된다.

$$(1+E_i)=\frac{(1+0.09)}{(1+0.0.19)}=1.07 \rightarrow E_i=0.07(7\%)$$

$1+R=(1+r)(1+E_i)$
한국 1.08 = (1 + 0.019) (1 + 0.06)
미국 1.09 = (1 + 0.019) (1 + 0.07)

③ 불편기대가설

현재 환율이 ₩1,100/$이고 원화의 기대인플레이션율이 달러화의 기대인플레이션율보다 낮으므로 불편기대가설에 의해 원화의 선물환율은 현물환율에 비해 매년 1% 감소한다고 추정한다. 따라서, 연도별 현물환율 예측치는 다음과 같다.

$$t\text{기의 선물환율} = \text{현물환율} \times \frac{(1+\text{기대인플레이션율}_{₩})^t}{(1+\text{기대인플레이션율}_{\$})^t}$$

$$\rightarrow \text{1년 후 선물환율}=1{,}100\times\frac{1.06}{1.07}=1{,}090/\$$$

$$\rightarrow \text{2년 후 선물환율}=1{,}100\times\left(\frac{1.06}{1.07}\right)^2=1{,}080/\$$$

$$\rightarrow \text{3년 후 선물환율}=1{,}100\times\left(\frac{1.06}{1.07}\right)^3=1{,}069/\$$$

④ 투자안의 채택 여부

추정 현금흐름을 각 기간의 선물환율을 적용하여 원화를 계산한 다음, 원화의 자본비용 14%로 할인한 현재가치(PV)를 구한다.

이 투자안에 대한 투자금액이 5,000,000원이고 투자안으로부터 예상되는 현금흐름의 현재가치가 6,205,105원으로서 투자금액보다 크므로 투자안을 채택, 수행하는 것이 유리하다. 즉, 여기서 순현재가치(NPV)는 6,270,105원 - 5,000,000원 = 1,270,105원이다.

표 15-5 연도별 원화 현금흐름

연도	1	2	3
현금흐름 (천 달러)	2,600	2,600	2,250
적용 선물환율 (₩/$)	₩1,090/$	₩1,080/$	₩1,069/$
원화현금흐름 (천 원)	2,834,000	2,808,000	2,405,250

$$= \frac{2,834,000}{1.14} + \frac{2,808,000}{1.14^2} + \frac{2,405,250}{1.14^3}$$

$$= 2,485,965 + 2,160,665 + 1,623,475 = 6,270,105\text{원}$$

4 통화선물, 통화스왑 및 통화옵션(키코)

(1) 통화선물을 통한 환위험관리

① 환위험 발생 상황

미국의 금리, 국제수지, 재정적자, 물가상승률 등을 고려하여 원/달러 환율

IF물산(주)는 국내 소재 원유수입업체로서 20××년 3월 1일 미국 정유회사로부터 원유를 수입하면서 3개월 후인 6월 1일에 U$10,000,000의 자금을 결제해야 한다. 이 회사의 CFO(chief financial executives, 최고 재무책임자)는 결제일까지 원/달러 환율이 상승한다면 결제해야 할 원화자금 부담이 증가하기 때문에 환위험이 발생할 수 있다는 사실에 직면하여야 한다. 즉, 미국 정유업체에 대한 수입대금 지급의무가 있어 달러현물 short position에 처해 있다.
이러한 환위험을 CFO는 통화선물전략을 이용하려 한다.

을 예측해 본 결과 3월 1일 현재 환율 1,050원/달러가 6월 1일에 가서는 1,150원/달러로 상승할 것이 전망된다. 이러한 예측에 근거하여 달러가치 상승을 대비, 통화선물을 1,055원/달러에 200계약을 매입하려 한다. 1계약 단위는 U$50,000이며, 거래수수료는 1계약당 10,000원이다. 매입 후 매도(즉, 환매)를 고려하면 거래수수료는 1계약당 20,000원, 총 4,000,000원(＝200계약×20,000원)이 소요된다.

② 통화선물매입전략

- 3월 1일 1,050원/달러였던 현물환율이 예상대로 환율이 상승하여 6월 1일 1,100원/달러가 되었다. 선물환율은 1,110원으로 형성되어 현물매입, 선물매도로 거래를 종결하였다. 이들 거래의 환율변동은 다음과 같다.

3월 1일	현물 : 1,050원/달러 선물 : 1,055원/달러 (initial basis = 1,055－1,050＝5) 통화선물 200계약 매입
6월 1일	현물 : 1,100원/달러 선물 : 1,115원/달러 (cover bais = 1,115－1,100＝15) 현물매입, 선물매도로 거래종결

③ 거래손익분석

	현물거래	선물거래
3월 1일	1,050원/달러×U$10,000,000 =10,500,000,000원	1,055원/달러×U$10,000,000 =10,550,000,000원 매입포지션
6월 1일	1,100원/달러×U$10,000,000 =11,000,000,000원	1,115원/달러×U$10,000,000 =11,150,000,000원 매도종결
거래손익	△500,000,000원(손실)	+600,000,000원(이익)
순현금흐름	선물시장 이익 – 현물시장 손실 =+600,000,000원 – 500,000,000원 =+100,000,000원 이익 여기서, 거래수수료 4,000,000원을 감안하면 순현금흐름은 96,000,000원 이익	

- 현물과 선물가격의 베이시스(basis) 변화로 볼 때, 베이시스가 확대(5원 →15원)되어 선물매입거래자인 이 회사는 선물로 인한 헤지효과 이외에 차익의 기회가 존재함을 알 수 있다. 만일 반대로 베이시스가 축소되었다면 손실의 기회가 존재하였을 것이다.
- 베이시스 변화에 의해 손익을 계산하면 다음과 같다. 여기서 주지해야 할 점은 베이시스에 의해 이익이나 손실이 났더라도 거래 본연의 목적인 헤지효과에는 영향이 없다는 것이다.

initial basis=1,055-1,050=5원
cover basis=1,115-1,100=15원
(5원에서 15원으로 베이시스 확대 → 통화선물 매입포지션 유리)
손익=(15원-5원)×10,000,000= +100,000,000원
순손익=100,000,000원-4,000,000원=96백만원

- 환율 상승으로 이 회사는 현물시장에서는 손실을 보게 되었지만, 선물매

그림 15-2 통화선물 매입헤지

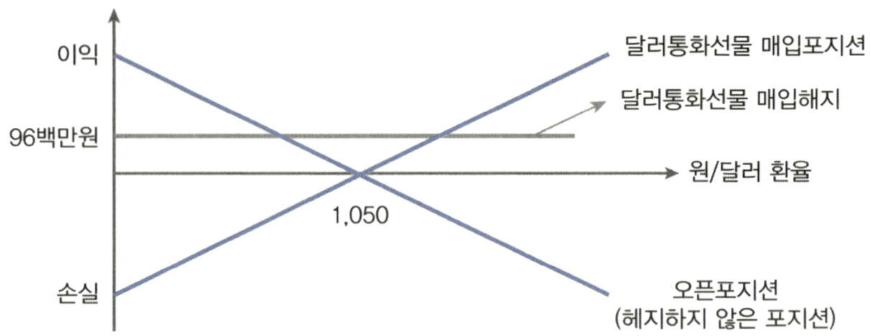

입포지션으로부터 이익을 얻어 결과적으로 원하는 헤지를 수행하였다. 그렇지만 베이시스의 변동으로 완전헤지는 이루어지지 않고 일정 이득을 본 경우이다.

결과적으로 볼 때, 통화선물 매입헤지를 통해 현물시장의 이익은 선물시장의 손실로 상쇄되고, 현물시장 손실은 현물시장 이익으로 상쇄되어 환율을 고정시킬 수 있다. 이 과정에서 여기서와 같이 베이시스가 달라져 시장이 불균형(즉, 현물가격과 선물가격 간 괴리가 발생함)인 상태에서는 베이시스위험 때문에 일정한 이득 또는 손실이 발생하게 된다. 그러나 약간의 손익에도 불구하고 통화선물을 통해 헤지효과를 달성하였다는 데 더 큰 의미가 있다. 이를 그림으로 나타내면 〈그림 15-2〉와 같다.

(2) 통화스왑을 통한 환위험관리

통화스왑(외환스왑)을 통해서도 환위험은 효과적으로 관리된다. 달러자금이 필요한 국내법인인 한강테크(주)와 미국 현지법인인 실리콘반도체(주)는 각각 원화자금과 달러자금을 뱅크오브아메리카(BOA)와 씨티은행으로부터 차입한 후 원금과 이자를 교환하는 통화스왑계약을 체결하였다.

현물환율은 1,000원/달러이고, 차입금액과 차입금리는 다음과 같다. 즉, 한강테크는 은행으로부터 원화에 대해서는 LIBOR+1.0%의 변동금리, 달러화에 대해서는 5.2%의 고정금리로 자금을 조달할 수 있는 한편 실리콘반도체는 원화에 대해서는 LIBOR+2.2%의 변동금리, 달러화에 대해서는 4.0%의 고정금리로 자금을 조달할 수 있다. 그러므로 한강테크는 원화차입금리, 실리콘반도체는 달러화차입금리에 대해 상대적 우위에 있다.

	한강테크	실리콘반도체
차입금액	100억원	1천만달러
차입은행	BOA	씨티은행
원화 차입금리	LIBOR + 1.0%	LIBOR + 2.2%
달러화 차입금리	5.2%	4.0%

- 초기원금교환
  → 한강테크는 원화자금 100억원을 실리콘반도체에 인도하고, 실리콘반도체는 U$1천만을 인도함으로써 원금 교환
- 이자교환
  → 한강테크는 실리콘반도체에 LIBOR+2.2%에 해당하는 이자를 지급하고, 실리콘반도체는 한강테크에 5.2% 고정금리를 지급함으로써 이자 교환
- 만기원금교환
  → 한강테크는 U$1천만을 인도하고, 실리콘반도체는 100억원을 인도함으로써 스왑계약 종결

통화스왑을 통해 한강테크(주)는 원하는 달러표시 자금을 조달하고, 달러금리기준으로 볼 때 (LIBOR+2.2%)-(LIBOR+1.0%)=1.2% 정도의 이자절감을 누리게 되었다. 또한 실리콘반도체는 한강테크(주)로부터 LIBOR+2.2%를 받고 시티은행에 원래의 차입금리인 LIBOR+1.0%를 지불함으로써 역시

1.2%의 이자절감 효과가 발생한다. 변동금리를 고정금리로 전환한 데에서 온 것이다.

만일 만기 환율이 1,000원/달러에서 950원/달러로 하락한다면 한강테크(주)의 입장에서는 50원×U$10,000,000＝5억원의 추가 이득이 발생할 수 있다. 반대로 환율이 오르면 실리콘반도체의 추가 이득이 된다.

(3) 통화옵션(키코) 사례

은행이 판매한 키코(knock-in knock out option, KIKO)는 통화옵션상품을 통해 490여 개 수출 중소기업이 2008년 말까지 4조5,000억원대의 손실을 기록한 환위험 헤지 상품이다. 동일한 행사가격의 풋옵션 매입과 콜옵션 매도의 합성포지션으로서 옵션이 무효화되거나(knock-out) 옵션의 효력이 생겨나는(knock-in) 환율변동 범위를 사전에 약정한 상품이다. 보다 구체적으로, 통화옵션 만기 이전 특정 기간 내 환율이 한 번이라도 변동 범위 아래로 하락하면 콜옵션매도옵션이 무효가 되어 환율하락 헤지효과가 없어지고, 변동범위 이상으로 상승하면 최고 시장환율 또는 행사가격에 매도해야 하는 상품이다.

이 통화옵션의 특징은 풋옵션매입＋콜옵션매도이므로 헤지비용을 제로(0)로 만든 상품이어서 옵션프리미엄 등 환위험관리 비용에 부담을 느꼈던 많은 수출 중소기업이 가입하였으나 2008년과 2009년 초까지의 원/달러 환율 폭등으로 대규모 손실을 기록하였다.

이 통화옵션 상품은 2000년대 후반 환율변동으로부터 발생 가능한 환위험을 관리하기 위한 새로운 수단으로 국내 유망 수출기업에게 각광 받아 실제로 많은 기업이 키코상품을 이용하였다. 그러나 2008년 글로벌 금융위기가 닥쳐옴에 따라 세계의 투자자산이 금, 달러화, 유로화, 엔화, 파운드화 등의 안전자산(safety asset)에 몰리게 되어 원/달러 환율이 크게 치솟아 상당 수 기업들이 손실을 입게 되었다. 키코상품을 간단히 사례로 들어본다.

현재 환율이 1달러당 1,200원이고 월 평균 수출액이 100만달러인 수출업체KH(주)가 있다.

1) 이 기업은 환율인하에 따른 환위험을 커버하기 위해 행사가격이 1,200원인 풋옵션을 매입하려 하는데 풋옵션프리미엄이 20원이어서 총 2,000만원(100만달러×20원)의 헤지비용이 소요된다.
2) 풋옵션 매입의 헤지비용이 너무 커서 헤지비용 절감 차원에서 환율이 1,200원에서 1,100원까지 하락할 경우에만 효력이 있고 더 떨어지면 효력이 소멸되는 knockout 풋옵션을 은행으로부터 10원에 매입한다. 헤지비용 절감이 되지만 환율이 1,100원 이하로 떨어지면 풋옵션 효력이 소멸되어 현물환으로 매도함으로써 환차손이 그대로 발생한다.
3) 헤지비용을 0으로 만들기 위해 해당 은행과 1대2 키코계약을 한다. 10원의 KO풋옵션 매입비용을 얻기 위해 환율이 1,300원까지는 효력이 없다가 한 번이라도 1,300원 이상으로 오르면 효력이 발생하는(knock−in) 콜옵션 2개(옵션프리미엄 5원)를 10원에 은행에 매도한다. 그렇게 되면 이 기업의 순비용은 2)와 3)을 합하여 0이 된다(제로코스트옵션).

그림 15-3 키코상품의 손익구조

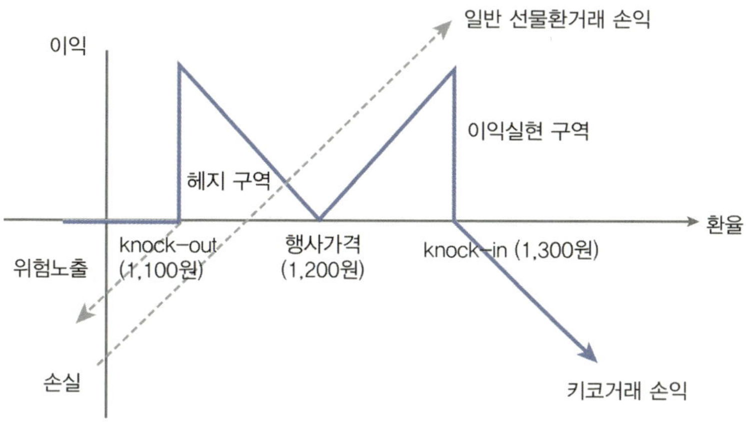

환율이 knock-out 수준인 1,100원 이하에서는 현물환으로 매도하여 환위험에 노출되고, 환율이 knock-out과 knock-in의 범위에서는 헤지와 이익이 차례대로 실현된다. 그리고 환율이 knock-in 수준인 1,300원을 초과할 경우 콜옵션이 행사되므로 200만달러(100만달러×2개 콜옵션)를 은행에 달러당 1,200원에 넘겨야 한다. 즉, 수출대금 100만달러 전부를 넘기고 나머지 100만달러는 시장에서 1,300원에 매입하여 1,200원에 인도해야 하므로 큰 손실이 발생하게 되는 것이다. 나아가 환율이 1,300원을 넘어서 큰 폭으로 상승할 경우 이 손실은 더욱 커진다.

그런데 실제로 2008년 글로벌 금융위기 당시 원화의 환율이 한 동안 달러당 1,500원을 상회하면서 큰 폭의 손실이 발생하였는데 이는 환위험관리상품이 환위험 헤지 수준을 넘어서 환투기가 되어 환위험헤지전략이 기업의 생존을 위협하는 큰 위험요소로도 작용할 수 있다는 사례가 되고 있다. 현재까지도 키코는 외환시장 환위험의 대표적 사례로 거론된다.

*찾아보기

ㄱ

가격정책 239
간접금융 15
개시증거금 287
거래적 동기 131
거래적 환노출 208, 215, 216
결제통화조정전략 237
경매시장 43
경상수지 121, 122
경제적 환노출 208, 213, 356
계좌이체 55
고정환율제도 23, 55, 134
교차환율 65, 110
구매력평가설 90, 149, 150, 205
구상무역 142
국제금융기구 325
국제금융센터 331
국제분산투자 343
국제수지 121
국제수지표 122, 124
국제주식투자 339
국제통화시장 30, 284
국제피셔효과 158
군중심리 38
균형환율 180
글로벌펀드 341
금리위험 209
금리의 균형관계 166
금리평가설 160, 163
금본위제도 99
금융선물 252
금융시장 14
금환본위제도 99
기대현물환율 189
기본적 분석 192
기본적 요인 20, 79
기술적 분석 192
기술적 요인 20, 79
기업어음(CP) 15
기준환율 64
기축통화 11
기한부어음결제율 70
기회비용 360
김치본드 333

ㄴ

내가격옵션 299
내부관리전략 9, 21, 358
내생적 관계 91
네거티브 방식 107

노스트로 구좌 49

ㄷ

단기금융시장 315
단기재정증권 16
달러라이제이션 11, 100, 325
달러연동환율제도 110
당일 결제 39
당일물 272
대고객환율 39, 60, 112
도표분석 195
동조화 344
등가격옵션 299
딜러 19
딜러시장 43

ㄹ

래깅 225, 232
롱포지션 216
리딩 10, 225, 232
리보금리 31

ㅁ

마진시스템 250
마진콜 287
매도율 71
매도초과포지션 64
매입률 71
매입초과포지션 47, 63, 85
매칭 225, 229
명목환율 57, 149
무역가중환율 59
무역금융 138, 143, 325
무역보험공사 318
무위험금리차익거래 163
물가 166
뮤츄얼펀드 17

ㅂ

버블 38
베이시스 367
베이시스거래 290
변동환율제도 56, 101, 135
보스트로 구좌 49
보통거래 61
복수상장 338
복수통화바스켓 107
복수통화바스켓제도 110
본선인도가격 124
불편기대가설 160
브레튼우즈협약 247
브로커 19
브로커시장 43
블록체인 46
빅맥지수 58, 90, 150

ㅅ

사건연구 186
사무라이본드 333
삼각균형관계 65
상계 225, 226
상관관계위험 210
상대적 구매력평가설 152
상품수지 124
상품인도결제 140

상호대출 311
생돈선물 289
서비스수지 124
선도계약 249
선도금리계약 278
선물 247
선물계약 248
선물교차환율 274
선물환 33
선물환 할증(할인) 73
선물환거래 87, 275
선물환마진 273
선물환보호약정 277
선물환율 61, 86, 189
선적서류결제 139
섹터펀드 341
소득수지 125
송금환 30
숏포지션 216
수출입금융 143
순현재가치법 361
스미소니언체제 101
스왑 247
스왑계약 261
스왑딜러 33
스왑률 62, 274
스왑의 손익 262
스퀘어포지션 48, 216
스팟물 61, 272
스프레드 69, 71, 351
스프레드전략 259
시장평균환율 111
시장평균환율제도 108
신용장 49, 50, 140
신용장 결제 140
실질환율 58, 149

ㅇ

아웃라이트 포지션 거래 281
아웃라이트 표시법 62, 273
IMF 쿼터 100
안전자산 100
안전자산 11
약형효율성 183
양(+)의 제로섬 263
양도성예금증서(CD) 15
양방향호가 71
양키본드 333
FX마진거래 35
NDF 거래 40
역사적 환율 208
역외금융센터 331
역외금융시장 13, 18, 325
역외시장 326
연방기금금리 31
오픈포지션 131
옵션 247, 297
옵션계약 255
옵션계약의 손익구조 257
옵션발행자 300
옵션프리미엄 298
외가격옵션 299
외국채 332, 333
외국채권 329
외국환평형기금 113
외국환평형기금채권 57, 130, 114
외부관리전략 9, 21, 358
외화 29
외환 29

외환보유고 121
외환스왑 33, 368
외환시장 5, 17, 19
외환의 수요 · 공급곡선 176
외환중개인 45
외환포지션 84
운임보험료포함가격 124
유러피안표시법 68
유럽중앙은행 104
유럽통화단위 103, 105
유럽통화제도 103
유로달러 시장 325
유로시장 326
유로중기채권 329
유로채권시장 333
유리보 104
유리보금리 32
유지증거금 287
은행간시장 35, 36
은행간환율 39, 59
은행인수어음 143
이동평균선 194
이슬람금융 332
이자율평가설 160
이전거래수지 125
이중기축통화 100
이중통화채권 336
익일 결제 39
익일물 61, 272
인덱스펀드 17
인위적 국제통화 11
일물일가의 법칙 150
일일정산 250, 286

ㅈ

자국통화표시법 68, 72
자본수지 121, 122, 123
자본시장 14, 16
자산부채종합관리전략 225, 235
자산시장접근법 80
자유변동환율제도 13, 23
장외시장 6, 20, 42
재정증권(TB) 16
재정환율 65
전신환매매율 69
제로섬 37
제로섬시장 44
제로코스트옵션 305
J－커브 효과 155
조세피난처 331
주가연동형증권 266
주식선물 253
주식예탁증서 340
주식워런트 264
주요 국제통화 10
준강형효율성 183
증거금 300
증권시장 15, 16
지리적 차익거래 350
직접금융 15

ㅊ

차액결제선물환거래 40, 132
차익 37
차익거래 349
청산소 251

추심환 30

ㅋ

컨트리펀드 341
콜시장 15
콜옵션 258, 297
크롤링페그 107
키코 306, 370
킹스턴체제 13

ㅌ

터널 속의 뱀 103
통화선물 77, 283
통화선물매입전략 366
통화스왑 33, 78, 309, 369
통화안정증권 16
통화옵션 78, 305
투기 37
투기적 동기 131
특별인출권 11

ㅍ

파생금융상품시장 16
팩토링 144
평가절상 6, 78
평가절하 6, 78
포페이팅 144
풋옵션 258, 297
플라자 합의 102
피셔효과 157, 363
필터기법(filter rule) 184

ㅎ

해외직접투자 211
행사가격 302, 303
헤지 37, 63
현금결제 139
현물환 33
현물환거래 39
현물환율을 이용한 차익거래 352
현찰매매율 69
현행환율 208
현행환율법 356
화폐성/비화폐성 방법 356
화폐시장 14
환노출 204
환매조건부채권매매(RP) 16
환변동보험 317, 318
환보험 317
환어음 141
환위험 5, 203
환위험관리 9
환위험관리전략 358
환위험 내부관리전략 9, 225
환율 5, 166
환율예측 188
환율인상 7
환율인하 7, 88
환차손익 204
회계적 환노출 208, 217
효율적 시장 가설 183

*Index

A

ALM 235
appreciation 6, 78
arbitrage 37, 349
arbitrated rate 65
artificial international currency 11
asset market approach 80
at–the–money option, ATM 299
auction market 43

B

back–to–back loan 311
balance of payment 121
banker's acceptance, B/A 143
basic rate 64
basis trading 290
basis 367
bid rate 71
Big mag index 90
bill of exchange, draft 141
Block Chain 46
Brettonwoods agreement 247
broker market 43
broker 19

C

call market 15
call option 258, 297
capital account balance 122
capital market 14
CIF 124
CMA 16
COD 140
collection 30
commodity balance 124
country fund 341
COVID–19 92, 135
crawling peg 107
cross rate 65, 110
currency futures 77, 283
currency option 78
currency swap 33, 78, 309
current account balance 122
current rate 208
customer rate 39
customer exchange rate 60

D

daily settlement 250

dealer 19
dealer market 43
depreciation 6, 78
direct financing 15
dollar pegged exchange rate system 110
dollariazation 11
dollarization 100, 325
DR 340
dual currency note 336
dual vehicle currency 100

E

ECB 104
economics exposure 213
ECU 11, 103, 105
EMTN 329
endogenous relation 91
equity linked securities, ELS 266
equity linked warrants, ELW 264
ETF(exchange traded fund) 17
Euribo 104
EURIBO 32
Euromarket 326
event study 186
exchange equalization fund 113
exchange rate 5
exchange risk 5
exercise price 302, 303
external strategy 21

F

factoring 144
FDI 211
FFR 31
financial futures 252
financial market 14
Fisher effect 157
FOB 124
foreign bond 329, 332
foreign currency 29
Foreign Exchange margin trading 35
foreign exchange market 5, 17
foreign exchange reserve 121
foreign exchange risk 203
foreign exchange 29
forfaiting 144
forward contract 249
forward cross rate 274
forward exchange 33
forward margin 273
forward protection agreement 277
forward rate agreement 278
FRA 278
fundamental analysis 192
fundamentals 20, 79
futures contract 248
futures 247

G

geographic arbitrage 350
gold exchange standard system 99
gold standard system 99

H

hedge 37, 63
historical rate 208

hog futures 289

I

IFC 331
IMM 30
income balance 125
indirect financing 15
initial margin 287
inter-bank rate 39, 59
inter-bank market 35, 36
interest rate parity theory, IRPT 160
internal strategy 21
international fisher effect 158
International Monetary Market, IMM 284
in-the-money option, ITM 299
Islamic Finance 332

K

KIKO 306, 370

L

L/C 49
lagging 225, 232
law of one price, LOP 150
leading 10, 225, 232
letter of credit, L/C 49, 140
LIBOR 31
long position 47, 63, 85, 216

M

maintemance margin 287
major international currency 10
MAR 111
margin 287, 300
margin system 250
market average exchange rate system, MAR 108
marking to market 250
matching 225, 229
MMF 16
money market 14, 315
moving average, MA 194
multi currency basket 107, 110
multiple listing 338
mutual fund 17

N

NDF 40, 131, 132
negative system 107
netting 226
netting, offset 225
nominal exchange rate 57
nominal rate 149
non-deliverable forward 40
non-floor market 6, 20, 42
nostro account 49

O

offer rate 71
offshore financial market 13, 18
offshore market 326
open position 131
opportunity cost 360
option contract 255

option premium 298
option 247
out-of-the-money option, OTM 299
outright position 281
outright quotation 273

P

parallel loan 311
plaza agreement 102
Positive Zero-sum Swap 263
Protective Put 259
purchasing power parity, PPP 90, 149
put option 258, 297

R

real exchange rate 58
real rate 149
remittance 30

S

safe asset 100
safety asset 11
SDR 11, 100
securities market 15
semi-strong form efficiency 183
service balance 124
short position 64, 216
snake in the tunnel 103
speculation 37
spot exchange 33
spot exchange transaction 39
spread 69, 71
square position 48, 216
strike price 302, 303
swap contract 261
swap dealer 33
swap rate 62, 274
swap 247
synchronization 344

T

T/T rate 69
tax heaven 331
technicals 79
technical analysis 192
telegraphic transfer 55
telegraphic transfer rate 69
transactional exposure 215
transfers balance 125
Treasury Bill 16
two-way quotation 71

U

unbiased expectation theory, UET 160
usance bill rate 70

V

Value at Risk 219
value spot 61, 272
value today 39, 272
value tomorrow 39, 61, 272
VaR 219
vehicle currency 11
vostro account 49

W

Wag the dog 41, 132
weak form efficiency 183
writer 300

Z

zero-cost option 305
zero-sum 37
zero-sum market 44

백 재 승 (白宰昇)

[약 력]

- 고려대학교 경영대학 및 동대학원 졸업(경영학박사, 재무금융전공)

[주요 경력]

- 현재, 한국외국어대학교 국제금융학과 교수
- 공인회계사 출제위원
- 한국산업증권, 현대해상화재보험 근무
- 미국 하와이대학교 경영대학 강의교수
- 한국과학기술원(KAIST) 대우교수(adjunct professor)
- 한국경영학회, 한국증권학회, 재무학회, 재무관리학회 이사 및 편집위원 역임
- 미국 풀브라이트(Fulbright) 재단 연구자상 수상
- 한국외국어대학교 경상대학장 역임

[주요 연구논문]

- "Do Controlling Shareholder's Expropriation Incentive derives a link between Corporate Governance and Firm Value? Theory and Evidence", *Journal of Financial Economics* 105, 2012.
  - 2010, 2011년도 아시아-태평양 증권학회, 재무학회 최우수논문상
- "Business Groups and Tunneling: Evidence from Private Securities Offerings by Korean Chaebols", *Journal of Finance* 51, 2006.
  - 2004, 2007년도 아시아-태평양 재무학회 최우수논문상
- "Corporate Governance and Firm Value: Evidence from Korean Financial Crisis", *Journal of Financial Economics* 71, 2004.
- "국제금융시장 자본조달과 기업지배구조의 효율성"
  - 2008년도 한국국제경영학회 "국제경영연구" 최우수논문상
- "기업집단(재벌)의 효율성과 주주 부의 극대화: 신주발행을 중심으로". 한국재무학회, 재무연구, 2002.
  - 2002년도 한국재무학회 "재무연구" 최우수논문상 외 다수

[저 서]

- 증권시장의 이해(제3판), 명경사(2020)
- 금융시장의 이해, 예림(2019)
- 글로벌시대의 국제경영, 한국외국어대학교 출판부(2009)
- 재무정보와 주가, 한국학술정보(2008)
- 미래지향적인 증권결제시스템, 한국증권예탁결제원(2005)

E-mail : jbaek85@gmail.com

제2판 **외환시장의 이해**

2011년 8월 25일 초 판 1쇄 발행
2020년 9월 1일 제 2 판 1쇄 인쇄
2020년 9월 5일 제 2 판 1쇄 발행

저 자 **백 재 승**
발행인 **한 의 명**
발행처 **명 경 사**
(본사) 서울특별시 강남구 선릉로 120
우성 B/D 3-102
전화: 010-6211-8981, 02) 2164-1591(代)
팩스: 02) 2164-1594, 070-4064-8981
(지사) 경기도 파주시 맥금동 557-24
팩스: 0504-338-2135
Home-Page : www.mkspub.com
E-mail : mkspub@daum.net
등록 2000년 8월 9일 제10-2024(倫)

• **정가 30,000원**

* 저자와의 협의하에 인지 생략함. ISBN 979-11-88052-34-9